Gerenciamento de Projetos de Preparação Esportiva

Passo a passo para **elaborar** um **plano** de **projeto**

Gustavo Bastos Moreno Maia

Gerenciamento de Projetos de Preparação Esportiva

Passo a passo para **elaborar** um **plano** de **projeto**

Copyright© 2016 por Brasport Livros e Multimídia Ltda.

Todos os direitos reservados. Nenhuma parte deste livro poderá ser reproduzida, sob qualquer meio, especialmente em fotocópia (xerox), sem a permissão, por escrito, da Editora.

Editor: Sergio Martins de Oliveira
Diretora: Rosa Maria Oliveira de Queiroz
Gerente de Produção Editorial: Marina dos Anjos Martins de Oliveira
Preparação de texto: Camila Britto da Silva
Editoração Eletrônica: SBNigri Artes e Textos Ltda.
Capa: Trama Criações

Técnica e muita atenção foram empregadas na produção deste livro. Porém, erros de digitação e/ou impressão podem ocorrer. Qualquer dúvida, inclusive de conceito, solicitamos enviar mensagem para **editorial@brasport.com.br**, para que nossa equipe, juntamente com o autor, possa esclarecer. A Brasport e o(s) autor(es) não assumem qualquer responsabilidade por eventuais danos ou perdas a pessoas ou bens, originados do uso deste livro.

M217g   Maia, Gustavo Bastos Moreno

Gerenciamento de projetos de preparação esportiva: passo a passo para elaborar um plano de projeto / Gustavo Bastos Moreno Maia – Rio de Janeiro: Brasport, 2016.

ISBN: 978-85-7452-777-2

1. Gestão de projetos 2. Projetos esportivos I. Título

CDD: 658.40401

Ficha catalográfica elaborada por bibliotecário – CRB7 6355

BRASPORT Livros e Multimídia Ltda.
Rua Pardal Mallet, 23 – Tijuca
20270-280 Rio de Janeiro-RJ
Tels. Fax: (21) 2568.1415/2568.1507
e-mails: **marketing@brasport.com.br**
            vendas@brasport.com.br
            editorial@brasport.com.br
site: **www.brasport.com.br**
Filial SP
Av. Paulista, 807 – conj. 915
01311-100 – São Paulo-SP

Esta obra foi avaliada por pares.

Comissão editorial

- **Anderson Marques de Moraes, Prof. Dr.**
  Pontifícia Universidade Católica de Campinas.

- **Dirce Maria Correa da Silva, Profa. Dra.**
  Universidade Vila Velha.

- **Eliana de Toledo, Profa. Dra.**
  Universidade Estadual de Campinas.

- **Julio Araujo Carneiro da Cunha, Prof. Dr.**
  Universidade Nove de Julho.

- **Marcela Rodrigues de Castro, Profa. Dra.**
  Universidade Federal do Maranhão.

- **Michel Milistetd, Prof. Dr.**
  Universidade Federal de Santa Catarina.

- **Paulo de Tarso Veras Farinatti, Prof. Dr.**
  Universidade do Estado do Rio de Janeiro.

- **Ricardo João Sonoda Nunes, Prof. Dr.**
  Universidade Federal do Paraná.

- **Riller Silva Reverdito, Prof. Dr.**
  Universidade do Estado de Mato Grosso.

- **Tatiana Passos Zylberberg, Profa. Dra.**
  Universidade Federal do Ceará.

Apresentação

> Saiba como integrar conhecimentos da área de preparação esportiva e da área de gerenciamento de projetos e alavanque a sua carreira.

Neste livro você vai aprender a integrar conhecimentos da área da preparação esportiva e da área de gerenciamento de projetos a partir do emprego do Método de Gerenciamento de Projetos de Preparação Esportiva (MGPPE). Esse método mostra, passo a passo, como elaborar na prática o planejamento de um projeto de preparação esportiva.

O MGPPE é uma ferramenta eficaz, capaz de auxiliar as organizações esportivas a aumentar o nível de maturidade de gerenciamento dos projetos de preparação dos atletas. Sua aplicação irá melhorar a eficiência da preparação esportiva de equipes e atletas.

A fim de facilitar seu aprendizado, no Capítulo 8 apresento um exemplo do plano de gerenciamento de um projeto de preparação esportiva elaborado a partir do emprego do MGPPE.

Para que seu aprendizado seja relevante leve em consideração as seguintes recomendações:

- **O processo de criação do plano do projeto de preparação esportiva de uma equipe e/ou atleta não deve seguir uma ordem linear. Sinta-se livre para ir de um ponto a outro do livro, avançando e retornando a algum tópico específico que considerar necessário.**
- **Utilize seus pontos fortes, como criatividade, intuição, capacidade analítica, dentre outros, para criar o plano.**
- **A criação do plano deve ser uma jornada compartilhada com outras pessoas! Se você puder, envolva pessoas com conhecimentos e pontos fortes diferentes dos seus, isso trará diferentes enfoques e certamente beneficiará a elaboração de um plano mais robusto.**

> Este livro é uma experiência de aprendizado. Isso significa que, à medida que avança, caso realmente queira aprender a elaborar seus próprios planos de gerenciamento de projetos de preparação esportiva, você terá que praticar. Portanto, coloque a mão na massa!

Sobre o autor

Gustavo Bastos Moreno Maia é diretor do Instituto Brasileiro de Desenvolvimento do Esporte. Elabora projetos de preparação esportiva e captação de patrocínio para organizações esportivas. É Mestre em Educação Física e Especialista em Ciência do Treinamento Desportivo pela Unicamp. Certificado pelo Project Management Institute como Project Management Professional. Autor do curso *on-line* "**Gerenciamento de Projetos de Preparação Esportiva**[1]" e coautor do livro "Gerenciamento de Projetos Esportivos", também publicado pela Brasport.

Contato: gustavo.maia@inbrade.com.br / www.inbrade.com.br

---

[1] Para mais detalhes sobre o curso *on-line* "Gerenciamento de Projetos de Preparação Esportiva" acesse <http://inbrade.com.br/cursos/>.

Prefácio

– Senhoras e senhores, em primeiro lugar nos Jogos Olímpicos Rio 2016, a atleta...

Que profissional ou organização que desenvolve o esporte de alto rendimento não sonha com um anúncio desse tipo? Podemos afirmar que esta é a meta almejada por técnicos, gestores, dirigentes, empresas patrocinadoras e, especialmente, por um país como o nosso, que vislumbra ser uma potência olímpica.

Os países que são grandes potências no esporte conseguem, consistentemente, alcançar resultados esportivos que os posicionam na vanguarda do desenvolvimento nessa área. Já a realidade do esporte no Brasil é movida, muitas vezes, apenas pela paixão, que por aqui é abundante, porém, em termos organizacionais e de gestão, somos um país classificado como incipiente, para não dizer caótico e defasado.

Temos um potencial enorme a ser realizado e, em alguns casos específicos, já construímos importantes casos de sucesso. Neste cenário, o autor identifica que o maior problema das organizações esportivas brasileiras é a falta de capacidade de resolver problemas gerenciais e técnicos. O autor não se limita a identificar esses problemas: ele apresenta um método eficiente e ferramentas práticas capazes de auxiliar organizações esportivas a solucionar problemas para que possam alcançar metas por elas desejadas.

Se você está com este livro em suas mãos, provavelmente possui interesse ou envolvimento na área esportiva. Se este é o seu caso, você irá, nas próximas páginas, ter a oportunidade de aprender, passo a passo, como gerenciar projetos de preparação esportiva de equipes de competição, seja lá qual for a modalidade de seu interesse.

Gustavo Maia foi muito feliz ao integrar, de forma prática e didática, conhecimentos da área de gerenciamento de projetos com os conhecimentos específicos da moderna preparação esportiva de atletas. Ao reunir tais conceitos, o autor aponta um caminho possível que, seguramente, poderá ajudar as organizações esportivas a conquistar resultados esportivos de excelência.

Momento mais oportuno não haveria para desfrutar dos conhecimentos apresentados nesta obra. Estou segura de que eles constituem-se em um valioso legado para os que efetivamente pretendem promover o desenvolvimento do esporte do nosso país.

Desejo a você uma ótima leitura e excelentes projetos esportivos!

Luisa Parente,
Gerente de Esportes Terrestres do Clube de Regatas do Flamengo
Ex-atleta olímpica de ginástica artística, representante brasileira nos Jogos Olímpicos de Seul, 1988, e Barcelona, 1992

Sumário

Introdução 1

1 Conceitos básicos sobre o sistema de preparação esportiva 3
    1.1. Sistema de competições 4
    1.2. Sistema de treinamento 5
    1.3. Sistema de apoio ao treinamento 8

2 Conceitos básicos sobre gerenciamento de projetos 9
    2.1. Project Management Institute 9
    2.2. Projeto 10
    2.3. Projeto de preparação esportiva 11
    2.4. Projetos *versus* operações 12
    2.5. Ciclo de vida dos projetos 13
    2.6. Gerenciamento de projetos 15
    2.7. Gerenciamento de projetos de preparação esportiva 16
        2.7.1. Método de Gerenciamento de Projetos de Preparação Esportiva (MGPPE) 16

3 Como iniciar o projeto de preparação esportiva 18
    Passo 1: Definir a equipe de planejamento do projeto 18
    Passo 2: Elaborar o termo de abertura do projeto 20
    Passo 3: Identificar as partes interessadas 22

4 Como planejar o projeto de preparação esportiva – Parte I 24
    Passo 4: Planejar o gerenciamento do escopo 24
        Passo 4.1: Definir o escopo 24
        Passo 4.2: Criar a estrutura analítica do projeto (EAP) 25
        Passo 4.3: Criar a Descrição da entrega da EAP dos pacotes de trabalho do projeto 27
        Passo 4.4: Criar o Plano de gerenciamento do escopo 29

5 Como planejar o projeto de preparação esportiva – Parte II 30
    Passo 5: Planejar o gerenciamento do cronograma 30
        Passo 5.1: Definir e sequenciar as atividades 30
        Passo 5.2: Estimar os recursos das atividades 32

    Passo 5.3: Estimar a duração das atividades e desenvolver o cronograma..........................33
    Passo 5.4: Criar o Plano de gerenciamento do cronograma 35
  Passo 6: Criar o Plano de gerenciamento dos custos 36
  Passo 7: Criar o Plano de gerenciamento da qualidade 36

6 Como planejar o projeto de preparação esportiva – Parte III.. 38
  Passo 8: Criar o Plano de gerenciamento dos recursos humanos...38
  Passo 9: Criar o Plano de gerenciamento das comunicações..39
  Passo 10: Criar o Plano de gerenciamento dos riscos 40
  Passo 11: Criar o Plano de gerenciamento das aquisições..47
  Passo 12: Criar o Plano de gerenciamento das partes interessadas 48

7 Como executar, monitorar e controlar o projeto de preparação esportiva............................. 50
  Passo 13: Orientar e gerenciar a execução do projeto..50
  Passo 14: Monitorar e controlar o trabalho do projeto 51
  Passo 15: Realizar o controle integrado de mudança 51
  Passo 16: Finalizar o relatório de lições aprendidas..52
  Passo 17: Encerrar o projeto ou fase..53

8 Exemplo de plano do projeto.. 54
  Gerenciamento da integração..55
  Gerenciamento do escopo 61
  Gerenciamento do tempo..165
  Gerenciamento dos custos...215
  Gerenciamento da qualidade...223
  Gerenciamento dos recursos humanos 235
  Gerenciamento das comunicações 247
  Gerenciamento dos riscos..253
  Gerenciamento das aquisições 265
  Gerenciamento das partes interessadas 271

Referências..**285**

Introdução

Muitas gerações de atletas talentosos, submetidos a um sistema de preparação esportiva inadequado, estão sendo impedidos de revelar todo seu potencial competitivo. Esse ciclo vem se repetindo ano após ano nas organizações esportivas do Brasil e, apesar disso, nada, ou quase nada, acontece para mudar essa situação.

O Brasil, considerando a sua importância econômica somada à sua população numerosa e diversificada, deveria estar produzindo resultados esportivos muito melhores do que os que estão sendo produzidos. O modesto histórico de resultados alcançados pelo Brasil nos Jogos Olímpicos e em campeonatos mundiais evidencia de maneira contundente que, na grande maioria das modalidades, o Brasil ainda está muito distante do desempenho obtido pelos melhores países do mundo.

É evidente que não se pode imputar às organizações esportivas toda a responsabilidade pelo fraco desempenho alcançado até o presente momento, pois o resultado esportivo de classe mundial deriva, e não se pode fugir disso, de um contexto social amplo e complexo, onde diversas variáveis são determinantes (MATVÉEV, 1983; PLATONOV, 2001; BOMPA, 2002; ZAKHAROV, 2003). Porém, não faz sentido afirmar que não cabe às organizações esportivas nenhuma responsabilidade, não é mesmo?

> As principais organizações esportivas do nosso país não conseguem desenvolver atletas com potencial para a conquista de resultados de classe mundial. Por que será que isso acontece?

Acontece porque a maioria dessas organizações não sabe como resolver problemas gerenciais e técnicos. A falta de capacidade de resolver problemas, nesse caso, é um grande problema! Isso tem dificultado, ou mesmo impedido, o desenvolvimento de muitas modalidades esportivas.

A realização dos Jogos Olímpicos no Brasil representa uma janela de oportunidades que, se bem aproveitada, poderá contribuir para reverter esse cenário desfavorável. Aproveitar essas oportunidades significa desenvolver competências para analisar e solucionar problemas.

Mas...

...será que as organizações esportivas vão aproveitar esse momento ou vão desperdiçá-lo?

A seguir relato uma história recente que dá algumas pistas sobre esse contexto. Alguns meses depois do encerramento dos Jogos Olímpicos de Londres recebi o telefonema do presidente da Confederação Brasileira de um determinado esporte[1].Os dirigentes da Confederação e os presidentes das Federações associadas a ela iam se reunir em um seminário para debater os rumos que aquele esporte deveria tomar nos próximos anos. Por conta disso, ele me ligou e me convidou para fazer uma palestra no seminário. Ele queria eu falasse sobre "planejamento estratégico de uma organização esportiva olímpica".

Aceitei o desafio e tratei de me preparar para o evento!

---

[1] O nome da modalidade foi omitido a fim de preservar a identidade dos envolvidos.

No dia combinado iniciei a palestra dizendo que eu abordaria os seguintes temas: sistema de preparação esportiva e planejamento estratégico.

> Antes de prosseguir fiz questão de esclarecer aos dirigentes que o entendimento do primeiro tópico beneficiaria diretamente o trabalho deles, relacionado ao planejamento estratégico da organização.

Enquanto eu estava discorrendo sobre o sistema de preparação esportiva, estimo que tenha se passado uns quatro ou cinco minutos, o presidente da Confederação pediu a palavra: "gostaria que você pulasse essa primeira parte. Isso porque o assunto que você está abordando, no meu entendimento, deve ser tratado especificamente com o pessoal da área técnica".

Minha resposta foi a seguinte: "presidente, me perdoe, acho que não fui claro no início da apresentação; disse agora há pouco que o entendimento do primeiro tópico iria beneficiar o trabalho relacionado ao planejamento estratégico, que, segundo você mesmo me informou, será feito a partir desse seminário. Por esse motivo, peço que tenha um pouco de paciência...; irei continuar. Fique tranquilo, esse esforço não será em vão, eu prometo". Naquele momento, os presentes no auditório se entreolharam, surpresos com a situação de impasse, quando então eu prossegui com uma indagação:

"Vocês concordam que os resultados alcançados pelos atletas da seleção brasileira causam impacto no futuro desse esporte?" Depois de um breve silêncio eu mesmo providenciei a resposta:

"Eles causam enorme impacto! Os resultados alcançados pelos atletas da seleção brasileira atrairão, ou não, patrocinadores. Determinarão se a modalidade terá, ou não, espaço na mídia. Além disso, poderão despertar, ou não, o interesse dos jovens pela prática desse esporte".

Prossegui: "daqui a pouco os senhores tomarão uma série de decisões que, dentre outras coisas, poderão beneficiar, ou não, o sistema de preparação esportiva dos atletas de todo o país. Se os senhores desconhecerem os principais problemas do sistema de preparação dos atletas, como vão fazer para solucioná-los?"

Logo depois apresentei alguns fatos e dados que revelavam de maneira explícita graves problemas do sistema de preparação dos atletas daquela modalidade. Conforme eu havia prometido, abordei em seguida o tópico sobre planejamento estratégico.

Ao final da palestra a maioria dos dirigentes afirmou que não tinha conhecimento da maior parte dos problemas que estavam afetando a preparação dos atletas. Disseram ainda que consideravam aquelas informações imprescindíveis para decidir sobre o futuro da modalidade. Esse contexto de desconhecimento dos problemas do sistema de preparação esportiva por parte dos dirigentes, salvo raríssimas exceções, parece ser o que impera nas principais organizações esportivas de nosso país.

> Como é possível superar esse contexto desfavorável que impede que problemas que afetam a preparação dos atletas sejam solucionados?

As organizações esportivas que desejarem alcançar resultados de classe mundial precisarão criar mecanismos para que dirigentes e profissionais que atuam diretamente com a preparação dos atletas desenvolvam e compartilhem conhecimentos. Fazendo isso, terão dado o primeiro passo para explorar oportunidades de inovar, implantar melhorias e solucionar problemas relacionados à preparação esportiva.

Nos capítulos a seguir você vai conhecer conceitos básicos sobre preparação esportiva e gerenciamento de projetos que o ajudarão a auxiliar as organizações esportivas a resolver problemas.

1 Conceitos básicos sobre o sistema de preparação esportiva

Neste capítulo você vai conhecer conceitos básicos sobre o sistema de preparação esportiva. O entendimento desses conceitos é pré-requisito para explorar oportunidades de inovar, implantar melhorias ou, ainda, eliminar problemas relacionados à preparação dos atletas.

A preparação de atletas no esporte de rendimento acontece dentro do contexto do sistema de preparação esportiva. Esse sistema, por sua vez, é constituído por três subsistemas: sistema de competição, sistema de treinamento e sistema de apoio ao treinamento, conforme mostrado na figura a seguir. Cada um dos componentes do sistema de preparação esportiva exerce influência específica no processo de preparação dos atletas.

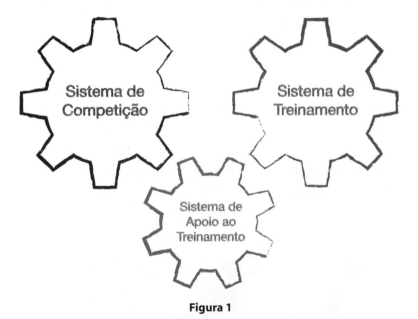

Figura 1

Dirigentes esportivos, profissionais da área técnica e profissionais da área de apoio ao treinamento, caso estejam interessados em proporcionar melhores condições de preparação para os atletas, vão precisar compartilhar informações. Para isso, é importante que adquiram alguns conhecimentos básicos sobre cada um dos componentes do sistema de preparação dos atletas. A seguir você vai conhecer o sistema de competição a fim de dar os primeiros passos nessa direção.

1.1. Sistema de competições

O sistema de competição é formado pelo conjunto de competições oficiais regulamentadas por organizações esportivas internacionais, nacionais e estaduais que dirigem diferentes modalidades. Além das competições oficiais, pode-se ainda considerar aquelas de caráter amistoso, promovidas por outras organizações: por exemplo, secretarias de esportes dos estados e municípios, entidades sem fins lucrativos, empresas patrocinadoras de eventos, dentre outras.

A análise minuciosa dos requisitos impostos pelas competições forma o alicerce para a determinação do conjunto de diretrizes que orientarão a preparação esportiva dos atletas. A partir do entendimento dos requisitos impostos pelas competições, o treinador, junto com os demais membros da área técnica e da área de apoio ao treinamento, inicia o processo de elaboração de um plano de ação.

Esse plano, quando posto em prática, auxilia os atletas a desenvolver competências e habilidades necessárias para obtenção do melhor desempenho possível nas competições.

Veja a seguir alguns exemplos de requisitos que podem ser levantados a partir da análise do sistema de competição:

- Os treinadores, quando estão planejando a preparação esportiva anual dos atletas, levam em consideração o calendário das competições. Com isso, eles conseguem, com base no tempo disponível e nas leis de adaptação do organismo, definir as estratégias de preparação dos atletas.

- O estudo do volume e da intensidade das ações motoras realizadas nas competições permite estimar as demandas energéticas impostas ao organismo dos atletas. A partir dessas informações, técnicos e preparadores físicos selecionam os exercícios mais adequados ao aperfeiçoamento de um conjunto de capacidades físicas que são consideradas chave para a obtenção de um bom desempenho em determinada modalidade.

- A análise das técnicas e táticas eficazes, utilizadas pelos melhores atletas da modalidade, permite que os técnicos e os preparadores físicos selecionem os exercícios considerados mais adequados ao aperfeiçoamento dessas variáveis.

Imagine dois técnicos de uma mesma modalidade: um conhece bem os requisitos do sistema de competições (representado na figura a seguir pelo jato) e o outro, ao contrário, possui muitas lacunas de conhecimento sobre o assunto (representado na figura pelo aviãozinho de papel). Você não teria dúvida ao afirmar qual deles teria maiores chances de obter vantagem competitiva, não é mesmo?

Figura 2

Apesar de ser muito importante que os profissionais da área técnica conheçam a fundo os requisitos do sistema de competições, ainda assim isso será insuficiente para proporcionar condições adequadas à preparação dos atletas. Além disso, é preciso que os dirigentes esportivos, responsáveis pelo estabelecimento dos regulamentos das competições, adquiram noções, pelo menos no nível básico, a respeito dos demais componentes do sistema de preparação dos atletas. Quando isso é negligenciado, **os dirigentes, mesmo sem intenção, acabam "jogando contra"**.

> Dirigentes esportivos, ao tomar decisões relacionadas às datas de realizações das competições, deveriam avaliar o impacto causado em todo o sistema de preparação dos atletas; no entanto, quase nunca isso acontece no Brasil!

O dirigente que conhece o funcionamento básico do sistema de preparação esportiva certamente estará mais bem preparado para apoiar a área técnica a fim de garantir aos atletas melhores condições de preparação.

Não importa a modalidade esportiva; sempre será necessário, em primeiro lugar, entender os requisitos do sistema de competição, para somente então, a partir daí, planejar as estratégias de preparação esportiva. As estratégias de preparação, previamente definidas, são colocadas em prática dentro do contexto do sistema de treinamento, como você vai ver a seguir.

1.2. Sistema de treinamento

Poderíamos comparar as etapas de preparação esportiva às diferentes etapas do ensino formal. A cada uma das diferentes etapas do ensino – infantil, fundamental, médio e superior – há uma série de conteúdos específicos que são elaborados pelos professores a fim de desenvolver diversas competências e habilidades nos alunos.

No caso do treinamento esportivo, a formação de atletas se dá, assim como no ensino, ao longo de muitos anos. Conforme mostra a figura a seguir, em cada etapa da preparação esportiva é dada ênfase a diferentes aspectos. Isso permite que se desenvolvam competências específicas que resultarão no aumento de desempenho dos atletas ao longo dos anos.

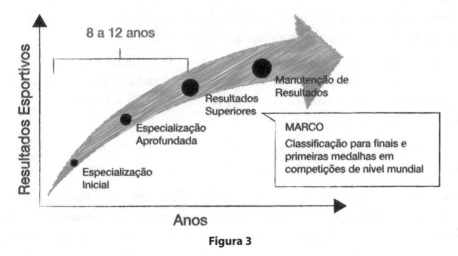

Figura 3

Com a finalidade de facilitar o gerenciamento da preparação esportiva dos atletas, as etapas de preparação comumente são desdobradas em estruturas de menor duração. Essas estruturas, uma vez mais, podem ser comparadas às estruturas temporais adotadas na área de ensino, conforme mostra o quadro a seguir:

Ensino	Preparação esportiva
Ano letivo ou semestre	Macrociclo – duração de 4 a 12 meses aproximadamente
Mês ou bimestre	Mesociclo – duração de 2 a 6 semanas aproximadamente
Semana	Microciclo – duração de 7 a 10 dias aproximadamente
Dia	Sessão de treino – duração de 1 a 4 horas aproximadamente

A principal tarefa das pessoas responsáveis pelo gerenciamento[2] do sistema de treinamento consiste, em primeiro lugar, em organizar de maneira eficaz a distribuição dos conteúdos do treinamento ao longo do tempo. Esses conteúdos, por sua vez, são constituídos pelos exercícios dirigidos ao aperfeiçoamento da técnica, da tática e da preparação física.

Além de organizar a distribuição dos conteúdos, os responsáveis pela preparação esportiva deverão também se dedicar a avaliar a eficiência do treinamento. Isso possibilita, caso haja necessidade, que sejam feitas correções no rumo do treinamento dos atletas. Vamos esclarecer esse ponto nos servindo, uma vez mais, da analogia com a área de educação, como veremos a seguir.

> O Brasil ficou na penúltima posição em um índice comparativo de desempenho educacional feito com dados de 40 países. O ranking [...] mede os resultados de três testes internacionais aplicados em alunos do 5º e do 9º ano do ensino fundamental. A Finlândia e a Coreia do Sul ficaram com os dois primeiros lugares do topo. Já o Brasil só ficou à frente da Indonésia.
>
> Os dados saíram do Programa Internacional de Avaliação de Estudantes [...] compreendem o aprendizado de matemática, leitura e ciência dos alunos. (G1 EDUCAÇÃO, 2013).

A realização dessas medições possibilita comparar os resultados alcançados com os padrões de desempenho de alunos de outros países. Nesse caso, é possível afirmar, com base nos dados dessas avaliações, que o desempenho do sistema de ensino do Brasil é muito baixo. Evidentemente, essa informação deveria fazer com que os gestores, responsáveis pelo gerenciamento do sistema de ensino, tomassem medidas que visassem eliminar os problemas. Porém, infelizmente, nem sempre isso acontece!

No caso do esporte, para avaliar a eficiência do treinamento dos atletas é preciso antes de qualquer coisa definir quais padrões serão utilizados para verificar se estão ocorrendo progressos ou não. Os principais padrões utilizados para avaliar o desempenho dos atletas incluem, mas não se limitam a:

- Padrão de desempenho competitivo
- Padrão de desempenho técnico e tático
- Padrão de desempenho em testes físicos

Esses padrões são definidos com base no desempenho alcançado pelos melhores atletas do mundo. A partir desses padrões de referência pode-se então determinar os limites de controle para cada uma das etapas da preparação de muitos anos. Depois de definir os padrões e os limites de controle, comparam-se os resultados obtidos pelos atletas nas competições e nos testes de controle com os padrões previamente definidos.

---

[2] O significado que está sendo adotado para a palavra gerenciar é o proposto por Campos (2004, p. 46): "gerenciar é atingir metas".

Caso os indicadores de desempenho do sistema de treinamento estejam dentro dos limites de valores definidos como metas, serão estabelecidas novas metas mais desafiadoras para os atletas. Caso as metas não estejam sendo alcançadas, o processo de treinamento deve ser analisado para que se possa determinar as prováveis causas. A partir da identificação das causas fundamentais dos problemas, deve-se propor ações direcionadas para eliminar os problemas. O fluxograma a seguir exemplifica esse processo.

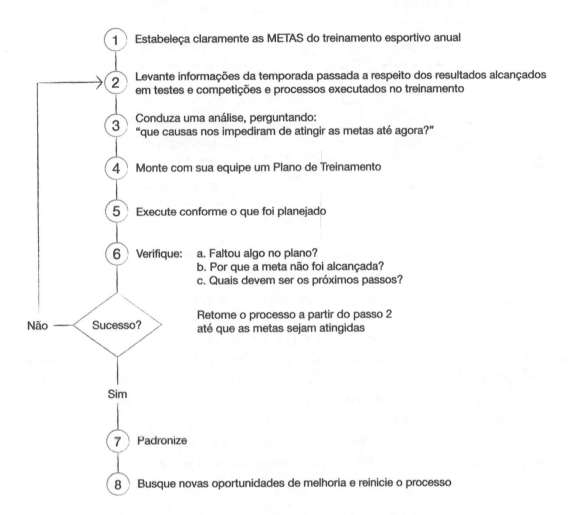

Figura 4

De nada adianta detectar problemas e não agir. Por outro lado, se os problemas nem sequer forem detectados, não há chance de agir de maneira intencional a fim de melhorar o desempenho dos atletas.

Além dos profissionais que atuam na área técnica, as estratégias de preparação dos atletas contam também com a intervenção dos profissionais que atuam dentro do contexto do sistema de apoio ao treinamento, como veremos a seguir.

1.3. Sistema de apoio ao treinamento

O sistema de apoio ao treinamento é constituído por uma série de serviços prestados por especialistas das mais diversas áreas, com a finalidade de aumentar o desempenho dos atletas. As especialidades da área de apoio podem incluir, mas não se limitam às seguintes áreas:

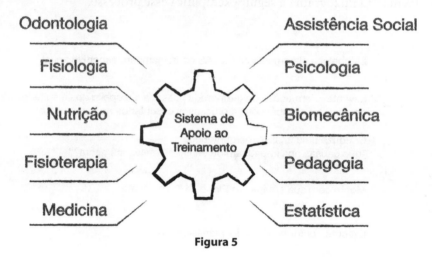

Figura 5

Os atletas submetidos ao sistema de treinamento, bem como os profissionais da área técnica, são os clientes desses serviços.

Um problema frequente do sistema de preparação esportiva está relacionado ao pobre processo de interação e comunicação que ocorre entre profissionais da área técnica e da área de apoio ao treinamento. Isso porque dificilmente essas áreas se reúnem para planejar conjuntamente as estratégias que serão empregadas na preparação dos atletas. O que ocorre muitas vezes é o seguinte: os profissionais que atuam na área técnica planejam uma série de atividades e em seguida simplesmente as comunicam aos profissionais da área de apoio. Com isso, perdem a oportunidade de realizar um planejamento verdadeiramente integrado. Em vez disso, esse planejamento é, de fato, fragmentado.

A utilização do Método de Gerenciamento de Projetos de Preparação Esportiva (MGPPE), como vai ser mostrado mais adiante, representa uma solução para superar essa deficiência.

2 Conceitos básicos sobre gerenciamento de projetos

> Neste capítulo você vai conhecer conceitos básicos sobre gerenciamento de projetos. O entendimento e a aplicação desses conceitos vão auxiliar você a aumentar o nível de maturidade do gerenciamento dos projetos de preparação esportiva de equipes e/ou atletas.

2.1. Project Management Institute

O Project Management Institute (PMI), fundado no ano de 1969 nos EUA, é a maior entidade sem fins lucrativos na área de gerenciamento de projetos. A organização possui atualmente mais de quinhentos mil associados em 185 países. Os associados do PMI praticam, estudam e compartilham conhecimentos sobre gerenciamento de projetos nas mais diversas áreas da atividade humana. O PMI é responsável por publicar e atualizar periodicamente uma série de documentos, chamados de padrões, que auxiliam pessoas e organizações a gerenciar portfólios[3], programas[4] e projetos.

O padrão mais conhecido do PMI é o Guia do Conhecimento em Gerenciamento de Projetos, ou simplesmente *PMBOK® Guide*.

> *O PMBOK® Guide* contém um padrão e guia globalmente reconhecidos para a profissão de gerenciamento de projetos [...]. Um padrão é um documento formal que descreve normas, métodos, processos e práticas estabelecidas. Assim como em outras profissões, o conhecimento contido nesse padrão evolui a partir das boas práticas reconhecidas por profissionais de gerenciamento de projetos que contribuíram para o seu desenvolvimento (PROJECT MANAGEMENT INSTITUTE, 2013, p.1).

---

[3] "Portfólio. Projetos, programas, subportfólios e operações gerenciados em grupo para alcançar objetivos estratégicos" (PROJECT MANAGEMENT INSTITUTE, 2013, p. 558).

[4] "Programa. Um grupo de projetos, subprogramas e atividades do programa relacionados e que são gerenciados de modo coordenado para obtenção de benefícios e controle que não estariam disponíveis se eles fossem gerenciados individualmente" (PROJECT MANAGEMENT INSTITUTE, 2013, p. 558).

O *PMBOK® Guide* descreve 47 processos que estão associados a dez áreas de conhecimento de gerenciamento de projetos, conforme mostrado a seguir:

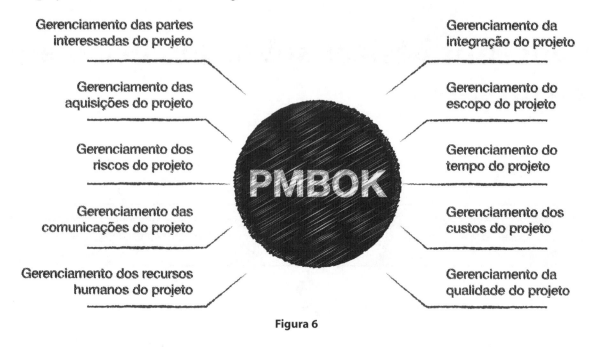

Figura 6

Os processos descritos no *PMBOK® Guide* auxiliam os gerentes de projetos a atingir dois objetivos principais:

- Aumentar as chances dos projetos gerarem benefícios.
- Minimizar as chances dos projetos fracassarem.

2.2. Projeto

Geralmente múltiplas fontes de mudanças agem simultaneamente no ambiente interno e/ou externo das organizações. Por exemplo, no caso das organizações esportivas:

- A aprovação de uma nova regulamentação legal exige que as federações esportivas cumpram requisitos relacionados à segurança do torcedor nos estádios.
- A disponibilidade de aplicação de novas tecnologias possibilita a utilização de componentes que barateiam o custo de transmissão dos eventos esportivos pela TV.
- A mudança de comportamento do torcedor exige modificações no canal de venda e distribuição dos ingressos.
- A negociação de um acordo com o sindicato de jogadores de uma determinada modalidade exige mudanças que impactam nas datas de realização das competições da temporada.

Adaptar-se às mudanças significa fazer as coisas de maneira diferente do que tem sido feito para que se possa conseguir resultados diferentes daqueles alcançados até então. Para isso projetos terão que ser executados!

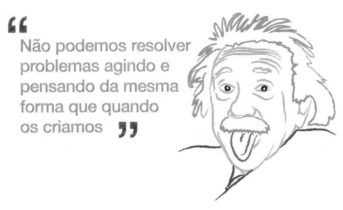

Figura 7

Mas afinal, qual é o conceito de projeto?

O Project Management Institute apresenta a seguinte definição para o conceito de projeto: "é um esforço temporário empreendido para criar um produto, serviço ou resultado único (2013, p. 3)". Projetos, além de serem esforços temporários e gerarem resultados exclusivos, geralmente estão cercados de incertezas e instabilidades, e ainda exigem que profissionais de diferentes áreas interajam para atingir determinados objetivos, ou seja, são esforços multidisciplinares.

2.3. Projeto de preparação esportiva

Conhecimentos e práticas da área de gerenciamento de projetos vêm dando mostras de sua capacidade de agregar valor a diferentes projetos em diferentes campos da atividade humana, mas...

...será que podem beneficiar a preparação esportiva de atletas e/ou equipes? Minha opinião: é claro que podem! Você poderia se perguntar: então por que essas práticas não estão presentes nas organizações esportivas do país? Tenho duas hipóteses para isso:

- Falta de conhecimento dos profissionais que atuam no esporte a respeito das boas práticas de gerenciamento de projetos.
- Falta de vontade dos dirigentes esportivos de solucionar problemas.

A preparação esportiva é temporária, exclusiva, ocorre em um ambiente instável e depende da colaboração de equipes multidisciplinares. Essas características justificam o fato de poder ser classificada como projeto. As evidências mostradas no quadro a seguir sustentam essa afirmação.

Temporária	Exclusiva
• O calendário de competições é levado em consideração para a definição do início, do término e do encerramento da temporada de preparação e participação nas competições • Pode-se considerar, por exemplo, sua duração anual, ou mesmo quadrienal, muito comum por ser este o período de tempo entre duas diferentes edições dos Jogos Olímpicos	• Equipes confrontam adversários diferentes a cada temporada • Competições são realizadas em diferentes regiões, por exemplo, com clima frio ou ainda quente e úmido
Instável	**Multidisciplinar**
• Entrada e/ou saída de jogadores ao longo da temporada • Pressão exercida por parte da imprensa • Conflitos causados por problemas de comportamento dos atletas	• Geralmente há interação de profissionais da área técnica (técnicos, auxiliares técnicos, preparadores físicos) e profissionais da área de apoio ao treinamento (assistente social, pedagoga, psicólogo, nutricionista, fisioterapeuta, médico, estatístico, dentre outros)

2.4. Projetos *versus* operações

Não importa se estamos falando de organizações públicas ou privadas, com ou sem fins lucrativos, ou, ainda, não importa em qual setor econômico elas desenvolvam suas atividades. Caso as organizações não atendam às necessidades dos seus clientes, sócios, acionistas e, ainda, seus colaboradores internos, elas terão seríssimos problemas de sobrevivência. Para dar conta do desafio de satisfazer diferentes necessidades, basicamente elas utilizam duas estratégias:

Estratégias	Exemplos
Executam operações de rotina	1. Mantêm seus processos administrativos de apoio dentro do padrão 2. Mantêm seus processos de produção dentro do padrão 3. Mantêm seus produtos e/ou serviços dentro do padrão
Executam projetos	1. Modificam ou criam novos processos administrativos de apoio 2. Modificam ou criam novos processos de produção 3. Modificam ou criam novos produtos e/ou serviços

Uma organização esportiva precisa, necessariamente, executar operações padronizadas relacionadas à sua rotina do dia a dia para manter seu funcionamento. Veja alguns exemplos:

- Manutenção das instalações do centro de treinamento.
- Gerenciamento das operações da arena esportiva.
- Realização de pagamento de despesas de fornecedores.
- Gerenciamento do departamento de recursos humanos.
- Fornecimento de informações para a imprensa.

Além disso, elas também executam projetos, por exemplo:

- Construção de um novo centro de treinamento.
- Realização de eventos de promoção da equipe esportiva junto ao patrocinador.
- Desenvolvimento de produtos que serão licenciados.
- Produção de cursos de capacitação para profissionais que atuam diretamente na preparação esportiva.

O quadro a seguir exemplifica algumas semelhanças e diferenças entre o conceito de projeto e o conceito de operação.

		Projeto	Operação (processo de rotina)
Semelhanças		Executado por pessoas	
		Limitado aos recursos disponíveis	
		Planejado, executado e controlado para atingir metas da organização	
Diferenças		Prazo determinado para encerrar	Sem prazo determinado para encerrar
		Produz produto ou serviço exclusivo	Produz produto ou serviço padronizado
		Muitas solicitações de mudanças são esperadas	Poucas solicitações de mudanças são esperadas

2.5. Ciclo de vida dos projetos

O ciclo de vida demonstra de maneira lógica as fases e o fluxo de trabalho do projeto, desde o seu início até o seu encerramento. Podem existir muitos nomes para essas fases, dependendo da natureza do projeto, do campo de atividade humana onde esse projeto é realizado ou da equipe responsável pelo seu gerenciamento. Porém, todos os projetos, sem exceção, possuem começo, meio e fim. O *PMBOK® Guide* descreve 47 processos que estão associados a dez áreas de conhecimento relacionadas ao gerenciamento de projetos.

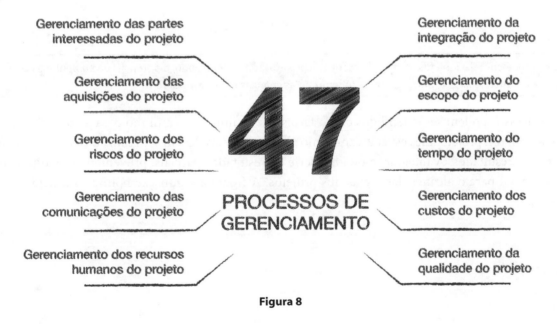

Figura 8

Cada processo pode, ainda, ser agrupado conforme mostrado na figura a seguir:

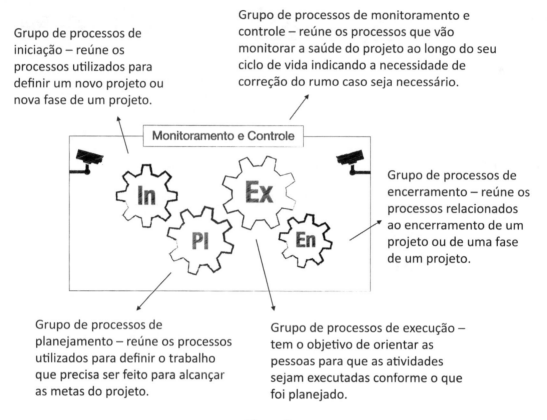

Figura 9

> Por que os processos relacionados ao gerenciamento de projetos têm, por um lado, o potencial de aumentar as chances dos projetos gerarem benefícios e, por outro lado, minimizam as chances deles fracassarem?

Os processos podem ser entendidos como faróis que iluminam o caminho para a obtenção de resultados parciais em um projeto. Eles especificam como algumas tarefas devem ser realizadas de modo a produzir determinados resultados. A integração de uma série de resultados parciais, provenientes de diferentes processos, contribui para o alcance das metas dos projetos. A figura a seguir exemplifica o funcionamento de um processo.

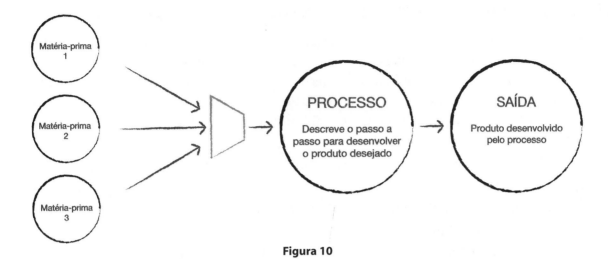

Figura 10

É preciso ficar claro que os processos contidos no *PMBOK® Guide* necessariamente deverão sofrer adequações para que possam ser empregados em projetos específicos. Outro aspecto que cabe ser destacado é que o gerente do projeto e a equipe de gerenciamento devem decidir, de acordo com a natureza e as características singulares de um determinado projeto, quais processos e em que nível de rigor eles deverão ser empregados. Ou seja, em um projeto de alta complexidade pode ser necessária a aplicação de um maior número de processos de gerenciamento, ao passo que em um projeto de baixa complexidade um número menor de processos poderia ser utilizado para atingir os objetivos do projeto.

2.6. Gerenciamento de projetos

Segundo o Project Management Institute:

> "Gerenciamento de projetos é a aplicação de conhecimentos, habilidades, ferramentas e técnicas às atividades do projeto para atender aos seus requisitos" (2013, p. 5).

Dito de outra forma: trata-se dos esforços de gerenciamento que devem ser empreendidos, na prática, para se atingir a meta exclusiva de um projeto, considerando-se uma série de condições e restrições.

As práticas de gerenciamento de projetos têm sido responsáveis por trazer benefícios a projetos nas mais variadas atividades humanas, como a indústria de construção civil, indústria de desenvolvimento de software, farmacêutica, entretenimento, dentre muitas outras. As organizações que conquistaram um elevado nível de maturidade de gerenciamento de seus projetos citam como principais benefícios:

- O alinhamento dos projetos aos objetivos estratégicos da organização.
- O emprego de recursos de maneira mais racional, consequentemente causando redução de custos.
- A melhoria da comunicação entre a equipe do projeto.
- A satisfação das partes interessadas (cliente, fornecedores, diretoria, etc.).
- A obtenção de vantagem competitiva em relação à concorrência.
- A capacidade de solucionar problemas mais rapidamente.
- O aumento do desempenho de futuros projetos devido ao legado de conhecimentos que é disponibilizado a partir das lições aprendidas a cada projeto.

2.7. Gerenciamento de projetos de preparação esportiva

Um amigo meu que presta consultoria para organizações esportivas foi contratado pela diretoria de um importante clube do estado de São Paulo para diagnosticar o estado do processo de preparação esportiva dos jogadores de futebol das categorias de base. Os dirigentes queriam que o meu amigo respondesse à seguinte pergunta: do jeito como as coisas estão sendo feitas é possível formar jogadores que possam ser revelados no time profissional? Quando meu amigo terminou o diagnóstico ele apresentou um relatório com as seguintes informações:

- O clube não possui processo padronizado para realização do planejamento da preparação esportiva nas categorias de base.
- Não existe documentação formal contendo as principais informações a respeito do treinamento anual de cada uma das equipes.
- Os documentos que evidenciam algum tipo de planejamento encontram-se salvos nos *notebooks* pessoais dos técnicos e preparadores físicos, porém não há padronização da nomenclatura nem da formatação desses documentos.
- Não existe banco de dados com informações históricas sobre o sistema de preparação dos atletas.
- Não existe integração entre conteúdos de treinamento das categorias sub-15, sub-17 e sub-20.
- Não foram encontradas evidências de processo sistemático para controle da carga de treinamento.
- Não existe procedimento padrão para a realização de testes físicos.

É evidente que a diretoria do clube estava interessada em aumentar o desempenho das receitas financeiras, provenientes de negociações envolvendo a transferência de jogadores. Por isso, ela tomou a iniciativa de diagnosticar o estado atual dos processos relacionados à preparação esportiva dos jogadores. Se esse clube, que disputa competições profissionais de futebol, estava nessa situação...

...imagine você o que acontece em relação ao processo de preparação em outras modalidades esportivas que, como você sabe, têm muito menos recursos do que aqueles que são empregados no futebol!

Quantas organizações esportivas possuem problemas parecidos aos que foram mostrados na história relatada anteriormente? Você tem ideia? Na minha opinião, a situação exemplificada muito provavelmente retrata o contexto de várias organizações esportivas do Brasil. Isso mostra que há um enorme potencial de melhoria ainda não explorado.

2.7.1. Método de Gerenciamento de Projetos de Preparação Esportiva (MGPPE)

O que é necessário para solucionar problemas? Resposta: método! A palavra método é de origem grega e significa caminho para chegar à meta!

O Método de Gerenciamento de Projetos de Preparação Esportiva (MGPPE[5]) integra conhecimentos da área da preparação esportiva e da área de gerenciamento de projetos e foi concebido para ajudar pessoas de alto desempenho a alcançar metas. O MGPPE é constituído de 17 passos, conforme mostra a figura a seguir.

---
[5] Os processos que compõem o MGPPE foram elaborados a partir da adequação de alguns dos processos de gerenciamento de projetos contidos na quinta edição do *PMBOK® Guide*.

Conceitos básicos sobre gerenciamento de projetos 17

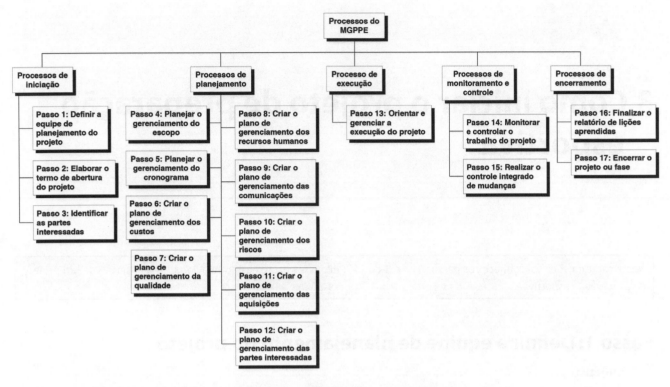

Figura 11

A integração dos resultados parciais produzidos pelos 17 passos do MGPPE fornece um procedimento padronizado para que você possa gerenciar, de maneira eficaz, projetos de preparação esportiva de equipes e/ou atletas. Nos próximos capítulos você vai conhecer cada passo do MGPPE detalhadamente.

3 Como iniciar o projeto de preparação esportiva

> Neste capítulo você vai conhecer os passos 1, 2 e 3 do MGPPE. Esses passos estão relacionados à iniciação de um projeto de preparação esportiva.

Passo 1: Definir a equipe de planejamento do projeto

Objetivo

Este processo tem o objetivo de colocar as pessoas certas nos lugares certos. Além disso, ele pretende assegurar que as pessoas que exercerão as atividades de planejamento do projeto possuam competências e habilidades para tal.

Produtos resultantes

- Documento denominado **Descrição de requisitos de recursos humanos**, preenchido com informações sobre as pessoas envolvidas na fase de planejamento do projeto.
- Documento denominado **Matriz de responsabilidades**, preenchido com informações a respeito da fase de planejamento do projeto.
- Comunicado oficial da diretoria da organização com a nomeação dos membros da equipe do projeto.

Importante

O recrutamento de pessoas que vão fazer parte da equipe de planejamento do projeto de preparação esportiva deve seguir duas regras básicas, porém muito importantes:

- É preciso definir os requisitos que cada um dos membros da equipe deverá ter.
- É preciso definir as atribuições que deverão ser especificamente assumidas por cada membro da equipe do projeto.

O documento **Descrição de requisitos de recursos humanos** contém informações a respeito dos requisitos de competências e habilidades que as pessoas da equipe de planejamento deverão ter. Além disso, esse documento define também as principais atribuições das pessoas.

A **Matriz de responsabilidades** relaciona trabalhos que precisam ser feitos às pessoas que serão responsáveis por eles. Além disso, esse documento mostra também quem vai apoiar a realização do trabalho e as pessoas que devem ser informadas sobre o processo de produção do trabalho.

Exemplo de documentos de um plano de projeto

Localize no Capítulo 8 os seguintes documentos: **Descrição de requisitos de recursos humanos** e **Matriz de responsabilidades**. Nesse momento faça somente uma leitura rápida a fim de se familiarizar com a sua estrutura e o seu conteúdo. Posteriormente, em um outro momento, você poderá fazer uma leitura mais detalhada.

Como desenvolver os produtos do Passo 1

- Depois que o gerente do projeto for designado pela diretoria da organização esportiva, ele deve, em primeiro lugar, levantar informações que o ajudem a estimar as necessidades iniciais de recursos para planejar o projeto.
- Em seguida, ele deve definir o número de pessoas e os requisitos necessários para o preenchimento das vagas da equipe de planejamento do projeto. Para isso, ele deve preencher, para cada uma das vagas necessárias, o modelo de documento denominado **Descrição de requisitos de recursos humanos**.
- Posteriormente, o gerente do projeto deve negociar com o patrocinador executivo do projeto a fim de obter os recursos humanos necessários que o apoiarão na fase de planejamento do projeto.
- Quando a negociação estiver concluída, o documento padrão denominado **Matriz de responsabilidades** deve ser preenchido e enviado para a diretoria da organização esportiva a fim de obter aprovação.
- Por fim, o gerente do projeto solicita que o patrocinador executivo do projeto emita um comunicado para as partes interessadas chave informando sobre a posse dos membros da equipe de planejamento do projeto.

Importante

Você já viveu a desagradável experiência de participar de reuniões que não levam a lugar nenhum? Teve conhecimento de projetos de preparação esportiva que fracassaram porque a equipe de profissionais a todo tempo ficava "apagando incêndios"?

Não faz sentido exigir alto desempenho dos atletas nas competições se os profissionais que atuam na área técnica, na área de apoio ao treinamento ou mesmo na área administrativa das organizações esportivas não reúnem as mínimas condições para atuar profissionalmente, não é mesmo? Jim Collins, autor de "Empresas feitas para vencer", afirma:

> "Os executivos que alavancaram a transformação de empresas boas em empresas excelentes não decidiram primeiro para onde o barco seria dirigido e depois escolheram as pessoas para conduzi-lo. Não; *primeiro* colocaram as pessoas certas dentro do barco (e as erradas para fora) e *depois* resolveram para onde iriam levá-lo. Em essência, eles disseram: 'olha, eu não tenho certeza para onde deve-

mos tocar o barco. Mas o que eu sei é isso: depois que tivermos as pessoas certas dentro do barco, aí é que vamos descobrir como levá-lo a algum lugar importante'.

Os líderes das empresas 'feitas para vencer' compreenderam três verdades simples. A primeira: se você começa com "quem", e não com "o quê", pode se adaptar facilmente a um mundo em constante mudança. Se as pessoas sobem no barco em função de para onde ele está indo, o que acontece se você navegar 10 milhas e precisar mudar o rumo? Passa a ter um problema. Mas se as pessoas estiverem no barco por causa de outras que também estão lá, é bem mais fácil mudar de rota. 'Ei, eu entrei nesse barco por causa das outras pessoas que também estão aqui; então, se precisarmos mudar o rumo para ter mais sucesso, por mim tudo bem'. A segunda: se você está com as pessoas certas no barco, o problema de motivar e gerenciar pessoas praticamente deixa de existir. As pessoas certas não precisam ser excessivamente gerenciadas ou estimuladas; elas se automotivarão pelo impulso interior de produzir os melhores resultados e ser parte da criação de algo grande. A terceira: se você está com as pessoas erradas, não importa se você descobriu a direção certa; *mesmo* assim, não terá uma empresa excelente. Uma grande visão sem grandes pessoas é irrelevante." (2013, p. 63-64)

Garantir que as pessoas certas estejam atuando nos lugares certos é dever da diretoria de qualquer organização. Essa é uma tarefa que não pode ser negligenciada!

Os cuidados tomados no **Passo 1: Definir a equipe de planejamento do projeto** possivelmente contribuirão para que as pessoas, de fato, possam agregar valor às atividades de planejamento do projeto. Porém, nem tudo são flores! Pode ser que a organização esportiva não disponha de pessoas com as competências e habilidades necessárias para compor a equipe de planejamento do projeto. O gerente do projeto deverá, nesse caso, estar preparado para negociar esses recursos com a diretoria da organização e para selecionar pessoas e capacitá-las para a função requerida.

Passo 2: Elaborar o termo de abertura do projeto

Objetivo

Este processo tem o objetivo de autorizar formalmente o início do projeto perante a diretoria da organização esportiva. Além disso, ele fornece informações que irão guiar o gerente e a equipe de planejamento a detalhar a estratégia para atingir as metas do projeto.

Produto resultante

- Documento denominado **Termo de abertura do projeto**.

Importante

O **Termo de abertura do projeto** é o documento que formalmente autoriza, perante a administração da organização esportiva, o início do projeto. As informações contidas nesse documento devem ser entendidas como a bússola que vai guiar a equipe responsável pela fase de planejamento do projeto.

Ao elaborar o termo de abertura de um projeto é preciso levar em consideração restrições e premissas que irão nortear o planejamento do projeto. Veja a seguir o significado dado pelo Project Management Institute (2013) a essas duas palavras:

"Premissa. Um fator do processo de planejamento considerado verdadeiro, real ou certo, sem a necessidade de prova ou demonstração (p.558)."

"Restrição. Um fator limitador que afeta a execução de um projeto, programa, portfólio ou processo (p. 561)."

Exemplo de documento de um plano de projeto

Localize no Capítulo 8 o **Termo de abertura do projeto**. Por ora apenas "passe os olhos" no documento para fazer um rápido reconhecimento. Em um outro momento você poderá fazer uma leitura mais minuciosa. Enquanto você lê o texto imagine-se coordenando o trabalho de planejamento do seu projeto de preparação esportiva. Reflita como esse documento poderia ajudá-lo a detalhar o plano do projeto!

Como desenvolver o produto do Passo 2

- O gerente do projeto e a equipe de planejamento coletam a opinião da diretoria, de especialistas de áreas funcionais da organização esportiva, da área técnica e da área de apoio ao treinamento.
- As coletas podem ser feitas a partir da realização de reuniões, entrevistas ou questionários.
- As coletas deverão ajudar a equipe do projeto a responder às seguintes perguntas:
    o Qual é a justificativa para a realização do projeto?
    o Qual é o objetivo do projeto?
    o Quais são os benefícios do projeto?
    o Quais são os produtos do projeto?
    o Quais são os requisitos que cada produto deverá cumprir?
    o Quem são as partes interessadas do projeto?
    o Quem é a equipe do projeto?
    o Quais são as premissas do projeto?
    o Quais são os grupos de entregas do projeto?
    o Quais são as restrições do projeto?
    o Quais são os riscos do projeto?
    o Qual é a estimativa de tempo para a realização dos grupos de entregas?
    o Qual é a estimativa de custo do projeto?
- Preencher o modelo de documento padrão denominado **Termo de abertura do projeto**.

Importante

Como redigir a justificativa do projeto?

A justificativa deve expressar uma situação negativa que, com a execução do projeto, deverá ser superada. Por exemplo, a diretoria de um clube de futebol decidiu que a equipe profissional deverá ser composta por no máximo 40% de atletas revelados e desenvolvidos nas categorias de base de outros clubes. Para cumprir esse objetivo, o diretor de futebol nomeou a equipe do projeto e solicitou que preparassem o **Termo de abertura do projeto**.

Após a equipe de planejamento ser nomeada, ela se reúne e analisa dados das últimas temporadas, a fim de entender o contexto e as causas do problema. Depois disso, juntos, ou com a ajuda de consultores, idealizam possíveis justificativas para a condução do projeto. Após debaterem e explorarem diversas ideias, devem eleger aquela que apresenta, com base nos fatos e dados analisados, evidências que a sustentem. A equipe de planejamento, nesse caso, poderia ter redigido, com base na análise da situação negativa e atual, a seguinte justificativa:

> As categorias de base do clube não têm conseguido desenvolver atletas com capacidades e habilidades para integrar o time profissional do clube. Por conta disso, atualmente o time profissional é constituído de 80% de atletas desenvolvidos em categorias de base de outros clubes do país.

Como redigir o objetivo do projeto?

O objetivo do projeto deve ser escrito de modo a tornar positiva a situação negativa identificada anteriormente que justificou a autorização do projeto. Ou seja, deve expressar uma situação positiva a ser alcançada pelo projeto no futuro. Levando-se em consideração o exemplo citado anteriormente, a equipe de planejamento poderia ter definido o seguinte objetivo:

> O projeto irá recrutar, selecionar e desenvolver jovens que possuam grande probabilidade de integrar a equipe profissional do clube, de modo que dentro de quatro anos a equipe profissional possa ser composta por, no mínimo, 60% de atletas desenvolvidos nas categorias de base do próprio clube.

Passo 3: Identificar as partes interessadas

Objetivo

Este processo tem o objetivo de fornecer informações a respeito de pessoas e organizações que poderão influenciar positiva ou negativamente o projeto. Posteriormente isso irá permitir que o gerente e a equipe de planejamento detalhem as estratégias para potencializar, neutralizar ou minimizar essas influências no projeto.

Produto resultante

- Documento denominado **Registro das partes interessadas**.

Importante

O documento **Registro das partes interessadas** identifica todas as partes interessadas, pessoas ou organizações, que poderão influenciar positiva ou negativamente o projeto. Esse processo, além disso, documenta as expectativas e interesses de cada parte interessada em relação ao projeto. A lista a seguir exemplifica algumas das possíveis partes interessadas em um projeto de preparação esportiva:

- Membros da assembleia geral da organização esportiva.
- Membros do conselho fiscal da organização esportiva.
- Presidente da organização esportiva.
- Vice-presidente da organização esportiva.
- Membros da diretoria da organização esportiva.

- Colaboradores das diferentes unidades/áreas da organização esportiva.
- Atletas e seus familiares.
- Árbitros.
- Federações.
- Outras organizações esportivas.
- Organizações públicas.
- Organizações privadas.
- Mídia.
- Patrocinadores.
- Voluntários.
- Torcedores.
- Dentre outros.

Qual a importância de se fazer o registro das partes interessadas? Isso possibilita que o gerente do projeto assuma uma postura ativa quanto à adoção de estratégias para o gerenciamento das partes interessadas, conforme será mostrado adiante no **Passo 12**.

Quais dados das partes interessadas devem ser registrados? Convém registrar informações relativas aos interesses, explícitos ou ocultos, que cada parte interessada tem em relação ao projeto, e, ainda, se é apoiadora, neutra ou opositora. Nome da pessoa, telefone e endereço eletrônico também são imprescindíveis. Garanta que as principais partes interessadas sejam identificadas no seu projeto. Não negligencie, em hipótese nenhuma, esse processo!

Exemplo de documento de um plano de projeto

Localize no Capítulo 8 o documento **Registro das partes interessadas**. Por ora faça apenas uma rápida leitura para reconhecer sua estrutura e seu conteúdo. Posteriormente, em uma outra ocasião, você poderá fazer uma leitura mais atenta. Enquanto você lê o documento imagine-se coordenando o trabalho de planejamento do seu projeto de preparação esportiva. Reflita como essa ferramenta poderia ajudá-lo!

Como desenvolver o produto do Passo 3

- O gerente do projeto e a equipe de planejamento coletam a opinião de pessoas-chave, internas ou externas à organização esportiva, que possam fornecer informações que ajudem na identificação das partes interessadas, ou seja, pessoas e organizações que poderão influenciar positiva ou negativamente o projeto.
- As coletas podem ser feitas a partir da realização de reuniões, entrevistas ou questionários.
- Preencher o modelo de documento padrão denominado **Registro das partes interessadas**.

4 Como planejar o projeto de preparação esportiva – Parte I

> Neste capítulo você vai conhecer o Passo 4, que foi subdividido em quatro subpassos (Passo 4.1 a Passo 4.4). Eles foram agrupados dessa maneira porque todos estão relacionados ao gerenciamento do escopo do projeto. Escopo do projeto é definido como o trabalho que precisa ser feito para produzir os resultados esperados pelo projeto.

Passo 4: Planejar o gerenciamento do escopo

Passo 4.1: Definir o escopo

Objetivo

Este processo tem o objetivo de fornecer informações que especificam o trabalho que deverá ser feito para atingir as metas do projeto ou, dito de outra forma, tem o objetivo de definir todo o trabalho que precisa ser feito no projeto (e apenas o trabalho que precisa ser feito[6]) para atingir as metas do projeto!

Produtos resultantes

- Documento denominado **Declaração do escopo do projeto**.
- Atualização dos documentos do projeto, quando necessário.

Exemplo de documento de um plano de projeto

Localize no Capítulo 8 o documento **Declaração do escopo do projeto**. Faça uma leitura breve apenas para se familiarizar com ele. Em um outro momento você poderá fazer uma leitura mais detalhada.

Como desenvolver os produtos do Passo 4.1

- O gerente do projeto e a equipe de planejamento coletam a opinião de especialistas com o propósito de definir o trabalho que deve ser feito para que se possa alcançar as metas do projeto de preparação esportiva.

---

[6] É importante realizar no projeto somente atividades que contribuam para alcançar os objetivos do projeto. Deve-se evitar ativamente todo tipo de trabalho supérfluo e/ou desnecessário.

- O grupo de pessoas consultadas inclui, mas não está limitado a, especialistas de áreas funcionais da organização esportiva, especialistas da área técnica e especialistas da área de apoio ao treinamento. É muito importante consultar pessoas que realizaram projetos, ou parte de projetos, que tenham similaridade com o projeto de preparação esportiva que será executado.
- As coletas podem ser feitas a partir da realização de reuniões, entrevistas ou questionários.
- A partir das opiniões coletadas deve-se priorizar, dentre diversas alternativas possíveis, aquelas que tragam o maior benefício para o projeto.
- Uma primeira versão do documento **Declaração do escopo do projeto** deve ser preparada e distribuída aos membros da equipe de planejamento do projeto.
- Deve haver oportunidade para os membros debaterem até que haja consenso de que o documento pode ser considerado apto a receber aprovação.
- Caso necessário, deve-se atualizar os documentos do projeto.

Passo 4.2: Criar a estrutura analítica do projeto (EAP)

Objetivo

Este processo tem o objetivo de organizar e representar graficamente todo o trabalho que precisa ser feito no projeto.

Produtos resultantes

- Documento denominado **Estrutura analítica do projeto**.
- Atualização dos documentos do projeto, quando necessário.

Importante

A estrutura analítica do projeto, ou simplesmente EAP, é semelhante a um organograma. A EAP fornece uma visão de todas as entregas[7] necessárias para completar o projeto. Além disso, ela permite que rapidamente sejam identificadas as fases de um projeto e os respectivos pacotes de trabalho[8] associados a cada uma delas. Cada pacote de trabalho, por sua vez, irá abarcar dezenas, centenas ou milhares de atividades que serão necessárias realizar para que a entrega, ou seja, o produto de cada um dos pacotes de trabalho seja completado. Pacotes de trabalho com duração maior que quarenta a oitenta horas implicam em um esforço de gerenciamento considerável. Para facilitar, especialistas recomendam que os pacotes de trabalho da EAP tenham no mínimo de quatro a oito horas e no máximo de quarenta a oitenta horas.

---

[7] "**Entrega.** Qualquer produto, resultado ou capacidade para realizar um serviço único e verificável e cuja execução é exigida para concluir um processo, uma fase ou um projeto" (PROJECT MANAGEMENT INSTITUTE, 2013, p. 541).

[8] "**Pacote de trabalho.** O trabalho definido ao nível mais baixo da estrutura analítica do projeto para o qual o custo e a duração podem ser estimados e gerenciados" (PROJECT MANAGEMENT INSTITUTE, 2013, p. 555).

Exemplo de documentos de um plano de projeto

Localize no Capítulo 8 os documentos **Declaração do escopo** e **Estrutura analítica do projeto**. Detenha-se por alguns instantes comparando as informações contidas na EAP com o item **XVIII. Principais atividades e estratégias do projeto** contido na **Declaração do escopo**. Perceba o alinhamento entre esses dois documentos.

Como desenvolver os produtos do Passo 4.2

- Levando em consideração as informações que foram definidas na **Declaração do escopo do projeto**, produzidas no **Passo 4.1: Definir o escopo**, conforme você viu anteriormente, a equipe de planejamento decompõe o projeto em fases e, em seguida, subdivide cada fase em pacotes de trabalho com no mínimo quatro e no máximo quarenta horas. Nesse caso, o tempo para completar o pacote de trabalho deve ser a somatória do tempo estimado para a realização de cada atividade a ele associada.

- Caso o projeto tenha muitos pacotes de trabalho, a utilização de um software[9] poderá auxiliar a equipe de planejamento a organizá-los. Porém, isso não é mandatório. A equipe poderia, por exemplo, anotar cada um dos pacotes de trabalho do projeto em folhas autoadesivas de um bloco tipo *post-it*®. Em seguida, a partir da opinião do grupo, os pacotes de trabalho do projeto seriam distribuídos em diferentes fases do projeto.

- Caso seja necessário, deve-se consultar especialistas que possam fornecer opiniões relevantes que auxiliem na definição das entregas do projeto.

- À medida que a EAP vai sendo construída deve ser possível visualizá-la. Para isso, pode-se utilizar um quadro, folhas de papel ou ainda projeções em uma tela.

- Esse processo deve permitir a simulação de diversas representações gráficas até que a equipe de planejamento considere que chegou a uma versão lógica, ou seja, até que a EAP faça sentido dentro do contexto específico do projeto de preparação esportiva.

- Durante a execução desse processo a equipe de planejamento pode se dar conta de que as informações contidas na **Declaração do escopo do projeto** estavam incompletas, ou seja, a equipe pode perceber que algum trabalho que precisará ser feito para atingir as metas do projeto não foi documentado. Nesse caso, a equipe de planejamento deve atualizar a **Declaração do escopo do projeto**.

- A versão da EAP considerada mais apropriada deve passar por um teste de consistência. Nesse caso, os membros da equipe do projeto devem se perguntar, enquanto a observam:
    - Todas as entregas necessárias para completar o projeto estão representadas?
    - Está faltando algum pacote de trabalho?
    - Existe algum pacote de trabalho que não faz parte do escopo e que, portanto, deve ser excluído?
    - Existem pacotes de trabalho que foram representados mais de uma vez desnecessariamente?
    - O que pode ser melhorado?
    - Todos compreendem e estão de acordo com a EAP?

---

[9] Por exemplo, o software WBS Chart Pro® da Critical Tools®.

- Deve haver oportunidade para debater até que haja consenso entre a equipe de planejamento do projeto de que o documento **Estrutura analítica do projeto** pode ser considerado apto a receber aprovação.
- Caso necessário, deve-se atualizar os documentos do projeto.

Passo 4.3: Criar a Descrição da entrega da EAP dos pacotes de trabalho do projeto

Objetivo

Este processo tem o objetivo de produzir informações sobre como as entregas dos pacotes de trabalho devem ser produzidas. Fazendo aqui uma analogia: este processo descreve as características de cada uma das "peças do quebra-cabeça" do projeto e como elas devem ser produzidas.

Produtos resultantes

- Documentos denominados **Descrição da entrega da EAP** de cada um dos pacotes de trabalho que fazem parte da EAP.
- Atualização dos documentos do projeto, quando necessário.

Importante

O documento **Descrição da entrega da EAP**, denominado pelo PMI de **Dicionário da estrutura analítica do projeto**[10], pode ser comparado a um manual de instruções. Esse manual fornece informações sobre como as "peças do quebra-cabeça" deverão ser produzidas e quais serão as atividades e os recursos que deverão ser empregados para que isso se concretize.

Exemplo de documento de um plano de projeto

Localize no Capítulo 8 o documento **Descrição da entrega da EAP – 1.1. Contratação RH**. Agora faça uma breve leitura e descubra o que precisa ser feito para completar esse pacote de trabalho.

Depois de ter explorado a **Descrição da entrega da EAP – 1.1. Contratação RH**, abra o documento **Declaração do escopo**. Compare a descrição da entrega desse pacote com as informações sobre ele, descritas na **Declaração do escopo**, item **XVIII. Principais atividades e estratégias do projeto**. Percebe como as informações estão alinhadas?

Por fim, repita o procedimento descrito com alguns outros pacotes de trabalho constantes na EAP do projeto exemplificado no Capítulo 8.

---

[10] "**Dicionário da EAP.** Um documento que fornece informações detalhadas sobre entregas, atividades e agendamento de cada componente da estrutura analítica do projeto." (PROJECT MANAGEMENT INSTITUTE, 2013, p. 540)

Como desenvolver o produto do Passo 4.3

- A equipe do projeto deverá preencher, para cada um dos pacotes de trabalho da EAP, o modelo de documento denominado **Descrição da entrega da EAP**. Esse documento deve conter, no mínimo, as seguintes informações:
    - Responsável pelo pacote de trabalho.
    - Estimativa de tempo para completar o pacote.
    - Estimativa de custo para completar o pacote.
    - Atividades a serem realizadas para produzir as entregas do pacote.
    - Instruções para a realização das atividades do pacote.
    - Critério de aceitação das entregas que serão produzidas no pacote.
    - Recursos necessários para a realização das atividades do pacote.
    - Principais atividades predecessoras do pacote.
    - Principais atividades sucessoras do pacote.
    - Riscos associados ao pacote.
- O propósito desse documento é facilitar o entendimento do trabalho que precisa ser feito para completar um determinado pacote de trabalho. Por conta disso, caso seja necessário, deve-se acrescentar informações adicionais ao documento a fim de facilitar o entendimento.
- Caso a equipe do projeto perceba que a descrição de um determinado pacote de trabalho está ficando muito extensa ou muito complexa, talvez seja necessário decompor o pacote de trabalho em um ou mais pacotes menores e mais fáceis de serem gerenciados. Nesse caso, será necessário revisar e atualizar a EAP.
- Caso o gerente do projeto e a equipe de planejamento não tenham conhecimentos suficientes para criar a descrição de algumas das entregas da EAP, será necessário coletar a opinião de especialistas.
- O grupo de pessoas consultadas inclui, mas não está limitado a, especialistas de áreas funcionais da organização esportiva, especialistas da área técnica e especialistas da área de apoio ao treinamento. É muito importante consultar pessoas que realizaram projetos, ou parte de projetos, que tenham similaridade com o projeto de preparação esportiva que será executado.
- As coletas podem ser feitas a partir da realização de reuniões, entrevistas ou questionários.
- Depois que a equipe do projeto finalizar o preenchimento do modelo de documento **Descrição da entrega da EAP** de um determinado pacote de trabalho, submete-se o documento a um teste de consistência. Os membros da equipe do projeto devem-se perguntar:
    - As informações contidas no documento são claras e suficientes para o entendimento do trabalho que deve ser realizado para desenvolver o(s) produto(s) desse pacote de trabalho?
    - Está faltando algo?
    - O que pode ser melhorado?
    - Todos compreendem e estão de acordo com a Descrição da entrega da EAP?
- Deve haver oportunidade para debater, até que haja consenso entre a equipe de planejamento do projeto, de que o documento pode ser considerado apto a receber aprovação. Esse passo deve ser repetido até que todos os documentos com a descrição das entregas de todos os pacotes de trabalho tenham sido considerados aptos a receber aprovação.

Passo 4.4: Criar o Plano de gerenciamento do escopo

Objetivo

Este processo tem o objetivo de documentar como o escopo do projeto será planejado, gerenciado e controlado. Dito de outro modo, esse processo irá definir as "regras do jogo" sobre como o escopo será planejado, gerenciado e controlado.

Produtos resultantes

- Documento denominado **Plano de gerenciamento do escopo**.
- Atualização dos documentos do projeto, quando necessário.

Importante

O **Plano de gerenciamento do escopo** responde às seguintes questões:

- Como iremos determinar qual é o trabalho necessário para alcançar os objetivos do projeto?
- Como esse trabalho será validado?
- Como esse trabalho será controlado?
- Caso seja necessário solicitar modificações no escopo, como isso será feito?

Exemplo de documento de um plano de projeto

Localize no Capítulo 8 o documento **Plano de gerenciamento do escopo**. Passe os olhos nele para se familiarizar com a sua estrutura e o seu conteúdo. Por ora, basta apenas que você faça uma leitura preliminar. Posteriormente você terá a chance de fazer a leitura detalhada.

Como desenvolver os produtos do Passo 4.4

- O gerente do projeto define, em comum acordo com o patrocinador executivo ou outras partes interessadas, as "regras do jogo" que serão utilizadas para planejar, gerenciar e controlar o escopo do projeto.
- Depois disso, as informações são documentadas no modelo de documento padrão denominado **Plano de gerenciamento do escopo**.
- Caso necessário, deve-se atualizar os documentos do projeto.

5 Como planejar o projeto de preparação esportiva – Parte II

Neste capítulo você vai conhecer os passos 5, 6 e 7 do MGPPE. Esses passos estão relacionados ao planejamento de um projeto de preparação esportiva.

Passo 5: Planejar o gerenciamento do cronograma

O Passo 5 foi subdividido em quatro subpassos (Passo 5.1 a Passo 5.4). Eles foram agrupados dessa maneira porque todos estão relacionados ao gerenciamento do cronograma do projeto.

Passo 5.1: Definir e sequenciar as atividades

Objetivo

Este processo tem o objetivo de definir quais atividades serão necessárias para produzir as entregas do projeto e, ainda, em que ordem elas deverão ser executadas.

Produtos resultantes
- Documento denominado **Lista das atividades**.
- Documento denominado **Lista de marcos**.
- Documento denominado **Diagrama de rede do cronograma**.
- Atualização dos documentos do projeto, quando necessário.

Importante

O processo de criação do plano do projeto de preparação esportiva de uma equipe e/ou atleta não deve seguir, necessariamente, uma ordem linear. Apesar dos processos do MGPPE terem sido apresentados de maneira sequencial, se você julgar necessário, experimente executar paralelamente os seguintes passos:
- **Passo 4.2:** Criar a estrutura analítica do projeto (EAP).
- **Passo 4.3:** Criar a Descrição da entrega da EAP dos pacotes de trabalho do projeto.
- **Passo 5.1:** Definir e sequenciar as atividades.

Fazendo isso, pode ser que você descubra oportunidades de aperfeiçoar o plano do seu projeto de preparação esportiva!

Exemplo de documentos de um plano de projeto

Localize no Capítulo 8 os documentos **Lista das atividades**, **Lista de marcos** e **Diagrama de rede do cronograma**. Em seguida, faça uma leitura rápida a fim de se familiarizar com a estrutura e o conteúdo de cada um deles. Por ora, basta apenas que você faça uma leitura preliminar. Em um outro momento você terá a chance de ler com mais atenção.

Como desenvolver os produtos do Passo 5.1

- O gerente do projeto e a equipe de planejamento decompõem cada um dos pacotes de trabalho do projeto em uma série de atividades que são necessárias realizar para completar o pacote.
- Caso seja necessário, deve-se consultar especialistas que possam fornecer opiniões relevantes sobre um determinado pacote ou conjunto de pacotes de trabalho.
- À medida que as atividades relacionadas a um determinado pacote de trabalho vão sendo decompostas, deve ser possível visualizá-las, por exemplo, em um quadro.
- Esse processo deve permitir a simulação de diversas representações gráficas até que a equipe de planejamento considere que chegou a uma versão lógica, ou seja, até que a relação entre as atividades sucessoras e predecessoras faça sentido dentro do contexto específico do projeto de preparação esportiva.
- A versão considerada mais apropriada deve passar por um teste de consistência; nesse caso, os membros da equipe do projeto devem se perguntar, enquanto observam o quadro:
    - Todas as atividades necessárias para completar cada um dos pacotes de trabalho do projeto estão representadas?
    - Está faltando alguma atividade?
    - Existe alguma atividade que não contribui para a finalização do pacote de trabalho e que, portanto, deve ser excluída?
    - Existem atividades que foram representadas mais de uma vez desnecessariamente?
    - O que pode ser melhorado?
    - Todos compreendem e estão de acordo com as atividades definidas em cada um dos pacotes de trabalho?
- Deve haver oportunidade para debater até que haja consenso entre a equipe do projeto de que as atividades representadas possam integrar o documento **Lista das atividades do projeto**.
- Em seguida, o gerente do projeto e a equipe de planejamento devem passar a organizar a sequência em que as atividades deverão ser realizadas, seguindo um fluxo que parte do início e vai até o término do projeto.
- Depois de sequenciar as atividades da **Lista das atividades**, a equipe do projeto deve elaborar o documento **Lista de marcos**. Um marco é um ponto ou evento específico do projeto considerado de grande relevância: por exemplo, o encerramento de uma determinada fase do projeto ou, ainda, a finalização de um relatório, o encerramento do processo de seleção de atletas que irão compor a equipe, a participação em alguma competição, etc.
- Caso o projeto tenha muitas atividades, a utilização de um software específico poderá auxiliar a equipe de planejamento a organizar a sequência de atividades. Porém, isso não é mandatório. De maneira mais simples, a equipe pode anotar cada uma das atividades do projeto, por exemplo, em

uma folha de bloco tipo *post-it*, e, em seguida, a partir da opinião do grupo, as atividades seriam ordenadas do início até o fim do projeto. Nesse caso, setas ligando cada uma das folhas indicariam o relacionamento entre as atividades e o fluxo do trabalho.

- Esse processo deve permitir a simulação de diversas representações gráficas até que a equipe de planejamento considere que chegou a uma versão lógica, ou seja, até que o(s) diagrama(s) de rede do cronograma do projeto faça(m) sentido dentro do contexto específico do projeto de preparação esportiva.
- A(s) versão(ões) considerada(s) mais apropriada(s) deve(m) passar por um teste de consistência. Os membros da equipe do projeto devem se perguntar, enquanto observam o(s) diagrama(s):
    - O sequenciamento proposto faz sentido?
    - O que pode ser melhorado?
    - Todos compreendem e estão de acordo com a(s) representação(ões) gráfica(s)?
- Deve haver oportunidade para debater até que haja consenso entre a equipe do projeto de que o(s) diagrama(s) de rede do cronograma do projeto pode(m) ser considerado(s) apto(s) a ser(em) aprovado(s).
- Caso necessário, deve-se atualizar os documentos do projeto.

Importante

A **Lista de atividades** de um projeto de preparação esportiva passado pode ser utilizada como ponto de partida para a elaboração da **Lista de atividades** de um novo projeto. Esse fato evidencia a importância de documentar formalmente, ou seja, por escrito, os planos de projetos. Com isso os profissionais podem aperfeiçoar a cada temporada esportiva a sua capacidade de planejamento.

Passo 5.2: Estimar os recursos das atividades

Objetivo

Este processo tem o objetivo de estimar os recursos que serão necessários para produzir as entregas do projeto.

Produtos resultantes

- Documento denominado **Requisitos de recursos das atividades**.
- Documento denominado **Estrutura analítica dos recursos**.
- Atualização dos documentos do projeto, quando necessário.

Exemplo de documento de um plano de projeto

Localize no Capítulo 8 o documento **Requisitos de recursos das atividades**. Em seguida, faça uma breve leitura para que você se familiarize com a estrutura e o conteúdo desse documento. Posteriormente, se você desejar, terá a chance de fazer uma leitura com mais atenção.

Como desenvolver os produtos do Passo 5.2

- O gerente do projeto e a equipe de planejamento analisam cada uma das atividades e determinam os tipos e quantidades de recursos que serão necessários para completá-las com sucesso. Por exemplo: qual a quantidade de pessoas e respectiva qualificação necessária? Quais equipamentos e materiais de consumo serão utilizados? Em que quantidade?
- Caso seja necessário, deve-se consultar especialistas que possam fornecer opiniões relevantes sobre os tipos e as quantidades de recursos necessários para completar as atividades.
- Os recursos devem ser agrupados em uma representação gráfica denominada **Estrutura analítica de recursos**. Depois disso, os membros da equipe do projeto devem se perguntar:
    - Todos os recursos necessários para completar as atividades do projeto estão definidos?
    - Está faltando algum recurso?
    - Existe algum recurso que não contribui para a finalização da atividade e que, portanto, deve ser excluído?
    - O que pode ser melhorado?
    - Todos compreendem e estão de acordo com os recursos das atividades?
- Deve haver oportunidade para debater até que haja consenso entre a equipe do projeto de que os documentos denominados **Requisitos de recursos das atividades** e **Estrutura analítica de recursos** podem ser considerados aptos a receber aprovação.
- Caso necessário, deve-se atualizar os documentos do projeto.

Passo 5.3: Estimar a duração das atividades e desenvolver o cronograma

Objetivo

Este processo tem o objetivo de estimar a duração de cada uma das atividades e, a partir disso, desenvolver um cronograma realista para o projeto.

Produtos resultantes

- Documento denominado **Estimativas de duração das atividades**.
- Documento denominado **Cronograma do projeto**.
- Atualização dos documentos do projeto, quando necessário.

Exemplo de documentos de um plano de projeto

Localize no Capítulo 8 os documentos **Estimativas de duração das atividades** e **Cronograma do projeto**. Faça uma leitura breve apenas para se familiarizar com eles. Em um outro momento, se você quiser, faça uma leitura mais detalhada. Por ora, basta apenas que você faça uma leitura rápida.

Como desenvolver os produtos do Passo 5.3

- O gerente do projeto e a equipe de planejamento analisam cada uma das atividades e determinam, com base na experiência das pessoas, a estimativa de duração para que cada atividade seja completada com sucesso.

- Caso seja necessário, deve-se consultar especialistas que possam fornecer opiniões relevantes sobre atividades nunca antes realizadas pelos membros da equipe do projeto.
- Pode-se ainda recorrer a estimativas análogas, disponíveis em documentos de projetos de preparação esportiva passados que tenham semelhança com o projeto atual.
- Quando não há estimativas disponíveis, a equipe pode ainda utilizar a técnica de estimativa de três pontos (*PMBOK® Guide*, 2013). Nessa técnica cada um dos membros da equipe do projeto responde às seguintes questões:
    - Em condições ótimas, ou seja, se tudo der certo, quanto tempo determinada atividade demoraria para ser completada?
    - Em condições normais, quanto tempo determinada atividade demoraria para ser completada?
    - Em condições adversas, ou seja, caso ocorram problemas, quanto tempo determinada atividade demoraria para ser completada?
- Em seguida, calcula-se a média para cada um dos cenários, conforme mostrado a seguir:

Atividade: finalizar relatório da etapa de competição			
Equipe de planejamento	Duração otimista (dias)	Duração mais provável (dias)	Duração pessimista (dias)
Gerente do projeto	2	4	6
Secretária	4	6	15
Técnico esportivo	1	3	7
Auxiliar técnico	2	5	7
Médico	1	3	7
Fisioterapeuta	1	2	5
Nutricionista	5	10	15
Média	2	5	9

- Depois disso, calcula-se a duração esperada com base na seguinte fórmula:

$$\text{Duração} = \frac{\text{Otimista} + (4 \times \text{mais provável}) + \text{pessimista}}{6}$$

$$\text{Duração} = \frac{2 + (4 \times 5) + 9}{6} = 5 \text{ dias}$$

- O gerente do projeto e a equipe de planejamento analisam a lista das atividades, os diagramas de rede do cronograma do projeto, os requisitos de recursos das atividades, a declaração do escopo, as estimativas de duração das atividades e o calendário de competições. Com base nessas informações, definem as datas de início e de término para cada uma das atividades do projeto de preparação esportiva.
- Com as estimativas em mãos, a equipe do projeto passa então a agendar as datas de início e término das atividades, buscando conciliar restrições do projeto, disponibilidade de recursos, dentre outros fatores que influenciem o agendamento das atividades. Caso o projeto tenha muitas atividades, a utilização de um software de gerenciamento de projetos poderá auxiliar a equipe de planejamento a desenvolver o cronograma. Porém, isso não é mandatório.

- Esse processo deve permitir a simulação de diversas possibilidades até que a equipe de planejamento considere que chegou a uma versão lógica, ou seja, até que o cronograma faça sentido dentro do contexto específico do projeto de preparação esportiva.
- A versão considerada mais apropriada deve passar por um teste de consistência: para isso, os membros da equipe do projeto devem se perguntar, enquanto observam o cronograma:
    - O cronograma faz sentido?
    - O que pode ser melhorado?
    - Todos compreendem e estão de acordo com o cronograma proposto?
- Caso sejam detectados problemas, a equipe de planejamento deverá negociar com a(s) devida(s) parte(s) interessada(s) até que se chegue a uma versão pactuada e crível para o calendário.
- Deve haver oportunidade para debater até que haja consenso entre a equipe do projeto de que o cronograma do projeto pode ser considerado apto a ser aprovado.
- Caso necessário, deve-se atualizar os documentos do projeto.

Passo 5.4: Criar o Plano de gerenciamento do cronograma

Objetivo

Este processo tem o objetivo de documentar como o cronograma do projeto será planejado, gerenciado e controlado. Dito de outro modo, este processo irá definir as "regras do jogo" para planejar, gerenciar e controlar o cronograma do projeto.

Produtos resultantes

- Documento denominado **Plano de gerenciamento do cronograma**.
- Atualização dos documentos do projeto, quando necessário.

Exemplo de documento de um plano de projeto

Localize no Capítulo 8 o documento **Plano de gerenciamento do cronograma**. Por ora, basta apenas que você faça uma leitura preliminar dele a fim de se familiarizar com a sua estrutura e o seu conteúdo. Mais adiante, caso deseje, faça uma leitura mais detalhada.

Como desenvolver os produtos do Passo 5.4

- O gerente do projeto define, em comum acordo com o patrocinador executivo, ou, ainda, com outras partes interessadas, as "regras do jogo" que serão utilizadas para planejar, gerenciar e controlar o cronograma do projeto.
- Depois disso, as informações são documentadas no modelo de documento padrão denominado **Plano de gerenciamento do cronograma**.
- Caso necessário, deve-se atualizar os documentos do projeto.

Passo 6: Criar o Plano de gerenciamento dos custos

Objetivo

Este processo tem o objetivo de documentar como os custos do projeto serão gerenciados e controlados. Dito de outro modo, este processo irá definir as "regras do jogo" para planejar, gerenciar e controlar os custos do projeto.

Produtos resultantes

- Documento denominado **Plano de gerenciamento dos custos**.
- Documento denominado **Orçamento do projeto**.
- Documento denominado **Cronograma de desembolso do projeto**.
- Atualização dos documentos do projeto, quando necessário.

Exemplo de documentos de um plano de projeto

Localize no Capítulo 8 os documentos **Plano de gerenciamento dos custos** e **Orçamento do projeto**. Em seguida, faça uma leitura rápida desses documentos a fim de se familiarizar com a estrutura e o conteúdo de cada um deles. Posteriormente, caso deseje, faça uma leitura mais detalhada.

Como desenvolver os produtos do Passo 6

- O gerente do projeto define, em conjunto com o patrocinador executivo do projeto e o responsável pela área financeira da organização esportiva, quais mecanismos serão utilizados para planejar e controlar os custos do projeto de preparação esportiva.
- Depois disso, as informações são registradas no modelo de documento padrão denominado **Plano de gerenciamento dos custos**.
- Além disso, o modelo de documento denominado **Orçamento do projeto** deverá ser preenchido.
- Caso necessário, deve-se atualizar os documentos do projeto.

Passo 7: Criar o Plano de gerenciamento da qualidade

Objetivo

Este processo tem o objetivo de documentar como a qualidade do projeto será planejada, gerenciada e controlada. Dito de outro modo, este processo irá definir as "regras do jogo" para planejar, gerenciar e controlar a qualidade do projeto.

Produtos resultantes

- Documento denominado **Plano de gerenciamento da qualidade**.
- Documentos auxiliares que especificam requisitos e padrões de qualidade adotados no projeto.
- Atualização dos documentos do projeto, quando necessário.

Exemplo de documentos de um plano de projeto

Localize no Capítulo 8 os documentos **Plano de gerenciamento da qualidade**, **Lista de requisitos e padrões de qualidade do projeto** e **Padrão básico de qualidade no remo**. Em seguida, faça uma leitura rápida desses documentos a fim de se familiarizar com a estrutura e o conteúdo de cada um deles. Posteriormente, caso deseje, faça uma leitura mais detalhada.

Como desenvolver os produtos do Passo 7

- O gerente do projeto e a equipe de planejamento reúnem-se para planejar as estratégias que serão adotadas para gerenciar a qualidade do projeto de preparação esportiva.
- Depois definem e documentam os requisitos de qualidade e os padrões que deverão ser alcançados para cumprir os respectivos requisitos.
- Esse processo deve permitir, em um primeiro momento, a criação de diversas alternativas possíveis. Posteriormente, a equipe de planejamento deverá selecionar o conjunto de alternativas que possua a melhor relação custo-benefício para o projeto.
- As alternativas consideradas mais apropriadas devem passar por um teste de consistência; nesse caso, os membros da equipe do projeto devem se perguntar:
    - Todos os requisitos e padrões necessários para garantir a qualidade do projeto de preparação esportiva estão definidos?
    - Está faltando algo?
    - Existe algum requisito que não contribui para garantir a qualidade dos produtos e serviços do projeto e que, portanto, deve ser excluído?
    - O que pode ser melhorado?
    - Todos compreendem e estão de acordo com os requisitos e respectivos padrões que deverão alcançados?
    - Todos compreendem e estão de acordo com padrões que deverão ser seguidos para monitorar e controlar a qualidade dos produtos e serviços do projeto?
- Depois que o **Plano de gerenciamento da qualidade** for preenchido deve haver oportunidade para debater até que haja consenso entre a equipe do projeto de que o documento pode ser considerado apto a receber aprovação.
- Caso necessário, deve-se atualizar os documentos do projeto.

6 Como planejar o projeto de preparação esportiva – Parte III

> Neste capítulo você vai conhecer os passos 8, 9, 10, 11 e 12 do MGPPE, que estão relacionados ao planejamento de um projeto de preparação esportiva.

Passo 8: Criar o Plano de gerenciamento dos recursos humanos

Objetivo

Este processo tem o objetivo de documentar como os recursos humanos do projeto serão planejados, gerenciados e controlados. Dito de outro modo, este processo irá definir as "regras do jogo" para planejar, gerenciar e controlar os recursos humanos do projeto.

Produtos resultantes

- Documento denominado **Plano de gerenciamento dos recursos humanos**.
- Atualização dos documentos do projeto, quando necessário.

Exemplo de documento de um plano de projeto

Localize no Capítulo 8 o documento **Plano de gerenciamento dos recursos humanos**. Por ora, basta apenas que você faça uma leitura preliminar dele a fim de se familiarizar com a sua estrutura e o seu conteúdo. Mais adiante, caso deseje, faça uma leitura mais detalhada.

Como desenvolver os produtos do Passo 8

- O gerente do projeto e a equipe de planejamento reúnem-se para planejar as estratégias que serão adotadas para gerenciar os recursos humanos do projeto de preparação esportiva.
- Definem os requisitos de competências, habilidades, formação e experiência profissional desejada para o desempenho de cada uma das funções do projeto.
- Em seguida, definem como será feito o processo de recrutamento e seleção de pessoas para o projeto.
- Estabelecem o sistema de avaliação de desempenho do pessoal que trabalha no projeto.

- Por fim, estabelecem, caso seja necessário, um plano para a capacitação dos recursos humanos do projeto.
- Depois disso, essas e outras informações são documentadas no modelo padrão denominado **Plano de gerenciamento dos recursos humanos**.
- Caso necessário, deve-se atualizar os documentos do projeto.

Passo 9: Criar o Plano de gerenciamento das comunicações

Objetivo

Este processo tem o objetivo de documentar como as comunicações do projeto serão planejadas, gerenciadas e controladas. Dito de outro modo, este processo irá definir as "regras do jogo" para planejar, gerenciar e controlar as comunicações do projeto.

Produtos resultantes

- Documento denominado **Plano de gerenciamento das comunicações**.
- Atualização dos documentos do projeto, quando necessário.

Importante

Imagine-se tentando conversar com as pessoas em uma sala de reunião barulhenta onde todos falam ao mesmo tempo. Você precisa entender o que os membros da equipe estão tentando lhe dizer, mas isso é simplesmente impossível. Em um projeto, quando as comunicações não são planejadas é com isso que se parece.

Mulcahy (2009) cita que gerentes de projeto dedicam cerca de 90% de seu tempo gerenciando as comunicações; além disso, segundo a autora, estudos mostram que "as comunicações são o problema mais frequente do gerente de projetos em um projeto" (p. 347). Felizmente, existe o **Plano de gerenciamento das comunicações**, que o ajuda a se preparar com antecedência para os desafios de comunicação do seu projeto. Planejar as comunicações, seguramente, vai poupar você de ter que administrar muitos aborrecimentos que poderiam ter sido evitados nessa área!

Exemplo de documento de um plano de projeto

Localize no Capítulo 8 o documento **Plano de gerenciamento das comunicações**. Por ora, basta apenas que você faça uma leitura preliminar dele a fim de se familiarizar com a sua estrutura e o seu conteúdo. Mais adiante, caso deseje, faça uma leitura mais detalhada.

Como desenvolver os produtos do Passo 9

- O gerente do projeto e a equipe de planejamento reúnem-se para planejar as estratégias que serão adotadas para gerenciar as comunicações do projeto de preparação esportiva. Para isso, devem levar em consideração as informações documentadas no **Registro das partes interessadas**, produzido no **Passo 3: Identificar as partes interessadas**, conforme mostrado anteriormente.

- Com o **Registro das partes interessadas** em mãos, os membros da equipe de planejamento idealizam para cada uma das partes interessadas:
  - O que precisa ser comunicado?
  - Por quê?
  - Entre quem?
  - Qual é o melhor método de comunicação? Quais são os conjuntos de métodos aplicáveis?
  - Quem será o responsável pelo envio da comunicação?
  - Qual é o momento mais apropriado para que a comunicação seja feita?
  - No caso da necessidade regular de comunicar informações, qual deve ser a frequência?
- A versão considerada mais apropriada desse esboço deve passar por um teste de consistência; nesse caso, os membros da equipe do projeto devem "sair a campo" a fim de validar o que foi idealizado. Isso deve ser feito da seguinte maneira: os membros da equipe do projeto, individualmente ou em pequenos grupos, se reúnem com as principais partes e apresentam a proposta concebida para comunicar-se com ela.
- Depois disso, verificam se o que foi imaginado atende às necessidades daquela parte interessada específica. Nesse ponto, as partes interessadas podem se mostrar satisfeitas com o que foi proposto em termos de requisitos e métodos de comunicação ou, caso seja necessário, podem solicitar ajustes.
- A equipe do projeto deve assumir uma postura proativa a fim de analisar as oportunidades de tornar as experiências de comunicação melhores para as diferentes partes interessadas. Esse processo deve gerar um acordo entre a equipe do projeto e as partes interessadas a respeito dos requisitos e padrões de comunicação que deverão ser atendidos.
- Pode ser que uma determinada parte interessada deseje se comunicar de uma forma específica que não poderia ser atendida pela equipe do projeto. Por exemplo, os custos de se fazer a comunicação assim seriam inviáveis. Nesse caso, a equipe do projeto deve deixar claro para a parte interessada em questão que não conseguirá cumprir determinado requisito de comunicação. Porém, como foi dito anteriormente, os membros da equipe de planejamento do projeto, ao negociar a questão da comunicação com determinada parte interessada, devem assumir uma postura ativa a fim de encontrar a melhor opção possível, dentro das restrições e do contexto do projeto.
- Depois que o acordo a respeito dos requisitos e padrões de comunicação for selado com as principais partes interessadas, aí então as informações devem ser registradas no modelo de documento denominado **Plano de gerenciamento das comunicações**.
- Caso necessário, deve-se atualizar os documentos do projeto.

Passo 10: Criar o Plano de gerenciamento dos riscos

Objetivo

Este processo tem o objetivo de documentar como os riscos do projeto serão identificados e avaliados, e como serão planejadas as respostas a eles.

Produtos resultantes

- Documento denominado **Plano de gerenciamento dos riscos**.
- Documento denominado **Identificação e avaliação qualitativa dos riscos**.
- Documento denominado **Plano de respostas aos riscos**.
- Atualização dos documentos do projeto, quando necessário.

Contexto do gerenciamento dos riscos em projetos

O risco, segundo o PMI, é "um evento ou condição incerta que, se ocorrer, provocará um efeito positivo ou negativo em um ou mais objetivos do projeto" (2013, p. 562).

Risco pode ser positivo ou negativo, é isso mesmo?

Ter um plano de gerenciamento de riscos ajuda a manter as pessoas atentas para explorar oportunidades ou as mantém focadas para que EVITEM ameaças. Segundo o PMI, "os objetivos do gerenciamento dos riscos são aumentar a probabilidade e o impacto dos eventos positivos e reduzir a probabilidade e o impacto dos eventos negativos do projeto".

Riscos negativos

Como não se pode prever o futuro, caso algum problema ocorra, os procedimentos de respostas aos riscos poderão minimizar os seus impactos.

> Ter um plano de gerenciamento de riscos é uma forma de proporcionar autocontrole para a equipe do projeto em um ambiente difícil de ser controlado.

Riscos positivos

O gerente de um projeto intitulado Projeto de Desenvolvimento de Ciclistas lê no noticiário que uma empresa de grande porte irá instalar suas operações na mesma cidade onde ele está executando o projeto. Na matéria, o diretor de marketing declara que a empresa aprovou um orçamento de quatro milhões de reais para apoiar projetos esportivos locais, voltados para o desenvolvimento de jovens atletas. O diretor diz ainda que, em breve, a empresa irá divulgar um edital com as informações necessárias para que organizações esportivas interessadas possam concorrer ao processo seletivo.

Retorno sobre a sorte

"A sorte não é uma estratégia, mas obter sobre ela um retorno positivo é" (p. 220). Essa citação foi extraída do livro intitulado *Vencedoras por opção: incerteza, caos e acaso – por que algumas empresas prosperam apesar de tudo*. Essa obra, imperdível, de Jim Collins e Morten Hensen, deveria ser estudada por todos aqueles que desenvolvem atividades relacionadas ao alto desempenho. Nela, os autores trazem o conceito de retorno sobre a sorte. A história, narrada a seguir, exemplifica uma situação onde o retorno sobre a sorte fica evidente.

O plano de gerenciamento de riscos do Projeto de Desenvolvimento de Ciclistas previa que, com a realização da Copa do Mundo e dos Jogos Olímpicos no Brasil, havia a probabilidade de empresas de diferentes setores destinarem recursos para patrocinarem projetos de preparação esportiva. Por conta disso, o gerente do projeto e a sua equipe prepararam, antecipadamente, um material cuidadosamente elaborado com informações sobre o projeto.

Algumas semanas depois que o gerente de projetos leu a matéria sobre a instalação da empresa, o edital para concorrer ao processo seletivo para a captação de patrocínio foi divulgado e o Projeto de Desenvolvimento de Ciclistas foi inscrito. Depois de alguns dias, o gerente do projeto recebeu o seguinte comunicado:

Caro Fernando,
Informamos que o Projeto de Desenvolvimento de Ciclistas, inscrito no processo seletivo edital nº 000/0071 foi selecionado pelo departamento de marketing de nossa empresa e está apto a receber os recursos de patrocínio. Parabéns!
O responsável legal pelo projeto deverá comparecer no departamento de marketing da nossa empresa no período de 10/02/2014 a 17/02/2014, munido de todos os documentos necessários, conforme informação constante no referido edital, para a assinatura do contrato de patrocínio.
O não comparecimento na data mencionada, ou ainda a não apresentação da documentação, fará com que o projeto seja desclassificado.
Saudações,
Joaquim Britto
Diretor de marketing
SAGE Tech

Figura 12[11]

O gerente do projeto não tinha como garantir que haveria essa oportunidade para o projeto dele, porém, se viesse a ocorrer, ele queria estar preparado para agarrar a oportunidade. A conquista do patrocínio, nesse caso, foi celebrada por ele e pela equipe do projeto como um excelente retorno sobre a sorte!

Estratégias de respostas aos riscos

Como você viu anteriormente, os riscos podem trazer oportunidades ou ameaças para os objetivos do projeto. Cada um desses tipos de risco, evidentemente, irá demandar um tipo específico de resposta, conforme você verá a seguir.

---
[11] A imagem da bicicleta, utilizada na Figura 12, foi desenhada por Freepik (disponível em: <http://www.freepik.com>).

Tabela 1

	Respostas possíveis frente às ameaças
Prevenir	"A prevenção de riscos é uma estratégia de resposta ao risco onde a equipe do projeto age para eliminar a ameaça ou proteger o projeto contra seu impacto. Ela envolve a alteração do plano de gerenciamento do projeto para eliminar totalmente a ameaça. O gerente do projeto também pode isolar os objetivos do projeto do impacto do risco ou alterar o objetivo que está em perigo. Exemplos disso incluem estender o cronograma, alterar a estratégia ou reduzir o escopo. A estratégia de prevenção mais radical é a suspensão total do projeto. Alguns riscos que venham a surgir no início do projeto podem ser evitados esclarecendo os requisitos, obtendo informações, melhorando a comunicação ou adquirindo conhecimentos especializados." (Project Management Institute, p. 344, 2013)
	Exemplo – Digamos que a sua equipe se classificou para uma competição internacional importantíssima. Essa equipe possui chances reais de conquistar o título nessa competição. Nesse caso, o gerente do projeto poderia solicitar ao técnico da equipe que coloque os atletas das categorias de base para disputar o Campeonato Estadual no lugar da equipe principal. Com isso, o risco de atrapalhar a preparação para a competição principal seria eliminado.
Transferir	"A transferência de riscos é uma estratégia de resposta ao risco em que a equipe do projeto transfere o impacto de uma ameaça para terceiros, juntamente com a responsabilidade pela sua resposta. Transferir o risco simplesmente passa a responsabilidade de gerenciamento para outra parte, mas não o elimina." (Project Management Institute, p. 344, 2013)
	Exemplo – Imagine que você está gerenciando um projeto de preparação esportiva no hipismo. Sua equipe irá disputar uma competição internacional na Nova Zelândia e os cavalos precisam ser transportados para lá. Você e a equipe de gerenciamento de projetos optam por contratar um seguro para transferir para a seguradora o ônus financeiro caso algum problema ocorra no transporte dos cavalos.
Mitigar	"Mitigação de riscos é uma estratégia de resposta ao risco em que a equipe do projeto age para reduzir a probabilidade de ocorrência ou impacto do risco. Ela implica na redução da probabilidade e/ou do impacto de um evento de risco adverso para dentro de limites aceitáveis. Adotar uma ação antecipada para reduzir a probabilidade e/ou o impacto de um risco ocorrer no projeto em geral é mais eficaz do que tentar reparar o dano depois de o risco ter ocorrido." (Project Management Institute, p. 345, 2013)
	Exemplo – O Projeto de Desenvolvimento de Ginastas foi aprovado e terá a duração de quatro anos. Nesse projeto há um técnico esportivo chefe e, subordinados a ele, outros seis técnicos. O técnico chefe determina que exercícios de determinada dificuldade só poderão ser executados pelos atletas no fosso da ginástica[12]. Somente depois de mostrarem evidências de que os exercícios estão sendo executados com determinada estabilidade técnica é que os atletas poderão treinar no aparelho de competição específico.
Aceitar	"A aceitação de risco é uma estratégia de resposta pela qual a equipe do projeto decide reconhecer a existência do risco e não agir, a menos que este ocorra. Essa estratégia é adotada quando não é possível ou econômico abordar um risco específico de qualquer outra forma. Essa estratégia indica que a equipe do projeto decidiu não alterar o plano de gerenciamento do projeto para lidar com um risco, ou não conseguiu identificar outra estratégia de resposta adequada. Essa estratégia pode ser passiva ou ativa. A aceitação passiva não requer qualquer ação exceto documentar a estratégia, deixando que a equipe do projeto trate dos riscos quando eles ocorrerem, e revisar periodicamente a ameaça para assegurar que ela não mude de forma significativa. A estratégia de aceitação ativa mais comum é estabelecer uma reserva para contingências, incluindo tempo, dinheiro ou recursos para lidar com os riscos." (Project Management Institute, p. 345, 2013)
	Exemplo – A probabilidade de um jogador de futebol profissional sofrer até o encerramento de sua carreira algum tipo de cirurgia por conta de alguma lesão, sobretudo nos membros inferiores, é muito alta. Aqueles que decidirem se engajar em projetos de preparação esportiva para disputas de jogos de futebol profissional devem aceitar correr esse tipo de risco.

---

[12] "Um grande buraco, como uma 'piscina', cheio de blocos de espuma, utilizado para aprendizagem de exercícios de maior risco, onde os ginastas podem cair de diferentes formas sem sofrerem lesões" (SCHIAVON, 2009, p. 194).

Tabela 2

	Respostas possíveis frente às oportunidades
Explorar	"A estratégia explorar pode ser selecionada para riscos com impactos positivos quando a organização deseja garantir que a oportunidade seja concretizada. Essa estratégia procura eliminar a incerteza associada com um determinado risco positivo, garantindo que ele realmente aconteça. Exemplos de respostas de exploração direta incluem designar o pessoal com mais talento da organização para o projeto a fim de reduzir o tempo de conclusão, ou usar novas tecnologias ou atualizações de novas tecnologias para reduzir o custo e duração requeridos para alcançar os objetivos do projeto." (Project Management Institute, p. 345, 2013)
	Exemplo – Atletas das categorias de base que chegam à seleção e apresentam uma série de deficiências. Por conta disso, a Confederação Brasileira organizou um seminário e expôs o problema para os técnicos dos clubes. Os técnicos saíram desse seminário dispostos a colaborar para resolver os problemas. A Confederação, além disso, aprovou a realização de um projeto cujo objetivo seria desenvolver, no período de quatro anos, atletas com potencial para conquistar medalhas em competições internacionais. A fim de explorar a oportunidade de colaboração por parte dos técnicos dos clubes, foi incluído no escopo do projeto o desenvolvimento de um curso de pós-graduação *on-line* voltado para eles. Ao longo do curso, o plano detalhado de um projeto de preparação esportiva, voltado para as categorias de base dos clubes, seria desenvolvido por cada um dos técnicos. Os quatro melhores trabalhos receberiam uma verba para serem implementados nos clubes como subprojetos do projeto principal da Confederação Brasileira.
Melhorar	"A estratégia melhorar é usada para aumentar a probabilidade e/ou os impactos positivos de uma oportunidade. Identificar e maximizar os principais impulsionadores desses riscos de impacto positivo pode aumentar a probabilidade de ocorrência. Exemplos de melhoramento de oportunidades são o acréscimo de mais recursos a uma atividade para terminar mais cedo." (Project Management Institute, p. 346, 2013)
	Exemplo – Nos próximos dias, o gerente do projeto teria uma reunião que trataria da renovação do contrato de patrocínio da equipe esportiva. O projeto estava indo muito bem e tudo indicava que o contrato seria renovado. O supervisor de preparação esportiva informou ao gerente do projeto que havia uma probabilidade alta de uma das atletas quebrar o recorde mundial em uma competição que seria realizada dali a duas semanas. Por conta dessa informação, o gerente reagendou a reunião com o diretor de marketing da empresa patrocinadora para depois da data da competição. A atleta, de fato, quebrou o recorde mundial e o contrato foi renovado por um valor significativamente mais alto.
Compartilhar	"Compartilhar um risco positivo envolve a alocação integral ou parcial da responsabilidade da oportunidade a um terceiro que tenha mais capacidade de explorar a oportunidade para benefício do projeto. Exemplos de ações de compartilhamento incluem a formação de parcerias de compartilhamento de riscos, equipes, empresas para fins especiais ou *joint ventures*, as quais podem ser estabelecidas com a finalidade expressa de aproveitar a oportunidade de modo que todas as partes se beneficiem das suas ações." (Project Management Institute, p. 346, 2013)
	Exemplo – O gerente de um projeto de voleibol de um clube ficou sabendo que o departamento de remo também iria selecionar meninas em idade escolar e, por conta disso, se reuniu com o supervisor do remo a fim de saber se ele estaria disposto a "rachar" os custos relacionados ao processo de recrutamento das meninas; o supervisor topou. Com isso, foi possível contratar uma agência especializada em marketing digital para divulgar o processo seletivo para o preenchimento das vagas. Uma campanha foi veiculada no Facebook e foi um sucesso. O projeto de voleibol atingiu a meta de selecionar trinta jovens com estatura igual ou superior a 1,80m. O departamento de remo também conseguiu ótimos resultados, inclusive seis jovens que não foram selecionadas pelo voleibol foram convidadas a realizarem testes no remo e acabaram ingressando na modalidade.
Aceitar	"Aceitar uma oportunidade é estar disposto a aproveitá-la caso ela ocorra, mas não persegui-la ativamente." (Project Management Institute, p. 346, 2013)
	Exemplo – O gerente do projeto e a sua equipe estavam em busca de oportunidades para reduzir os custos do projeto. Eles identificaram que havia uma probabilidade alta de que as companhias aéreas fizessem uma "guerra de preços" em uma determinada época do ano. Quando, de fato, a "guerra de preços" se instalou, o gerente do projeto determinou que fossem compradas passagens aéreas com desconto para a disputa de uma série de competições.

Exemplo de documentos de um plano de projeto

Localize no Capítulo 8 os seguintes documentos: **Plano de gerenciamento dos riscos, Identificação e avaliação qualitativa dos riscos** e **Plano de respostas aos riscos**. Nesse momento faça somente uma leitura rápida de cada um deles a fim de se familiarizar com a estrutura e o conteúdo deles. Em um outro momento você poderá fazer uma leitura mais detalhada.

Como desenvolver os produtos do Passo 10

- O gerente do projeto e a equipe de planejamento reúnem-se para identificar os riscos do projeto de preparação esportiva. Quando necessário, participarão dessa(s) reunião(ões) pessoas convidadas que possam fornecer informações relevantes para a identificação dos riscos.

- A documentação do projeto deve estar disponível para que os participantes possam consultá-la a qualquer momento ao longo da(s) reunião(ões) de identificação dos riscos.

- A equipe do projeto deverá utilizar a figura a seguir como ponto de partida para identificar possíveis riscos provenientes de diferentes fontes. O gerente do projeto deve enfatizar que outras possíveis fontes de riscos poderão ser exploradas pelas pessoas que estão colaborando com o esforço de identificar riscos. Como foi dito, a figura é apenas um ponto de partida.

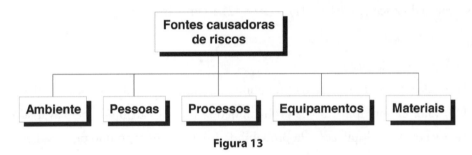

Figura 13

- No local das reuniões de identificação de riscos a imagem da EAP do projeto deverá ser projetada na parede. Além disso, deve-se colocar na parede seis folhas de papel tipo *flip chart*. Em cada uma dessas folhas deve-se anotar uma das cinco fontes causadoras de riscos. Na folha restante deve-se anotar "Outras fontes".

- O gerente do projeto pede que os participantes observem um determinado pacote de trabalho da EAP e, em seguida, solicita a eles que, no período de três a cinco minutos, anotem, em um bloco autoadesivo (tipo *post-it*), possíveis riscos que afetem negativamente os objetivos do projeto.

- Depois disso, o gerente do projeto solicita que os participantes colem suas anotações nas folhas que contêm o nome das categorias de riscos.

- Em seguida, ele lê em voz alta cada uma das anotações. Caso algum risco identificado não tenha sido compreendido, a pessoa que o identificou deve prestar esclarecimento para os demais presentes.

- Depois de ler todas as anotações, o gerente do projeto faz mais uma rodada de identificação de riscos para o pacote de trabalho que está sendo observado. Essa nova rodada é importante, pois, depois de terem tido a oportunidade de conhecer o que foi identificado pelos colegas, os participantes podem ter novos *insights* sobre outros possíveis riscos.

- Os passos descritos anteriormente devem ser repetidos para cada um dos pacotes de trabalho representados na EAP.
- Uma pessoa deve registrar todos os riscos identificados no modelo de documento denominado **Identificação e avaliação qualitativa dos riscos**.
- Esse documento, depois de preenchido, deve ser disponibilizado para as pessoas que colaboraram com a identificação dos riscos.
- Em seguida, deve-se solicitar a essas pessoas que, com base no seu conhecimento e experiência, preencham o documento, atribuindo para cada um dos riscos identificados valores relacionados à probabilidade de um determinado risco ocorrer e, além disso, valores relacionados ao impacto causado no projeto caso o risco de fato ocorra. Para isso, deverão utilizar a escala a seguir:

Probabilidade ou impacto	Desprezível	Baixo	Moderado	Alto	Muito alto
	5%	10%	20%	40%	80%

- Os valores de classificação de cada um dos riscos identificados são calculados automaticamente pelo documento **Identificação e avaliação qualitativa dos riscos**, de acordo com a seguinte fórmula:

Classificação do risco X = [(P1 x I1) + (P2 x I2) + (Pn x In)] / n

Onde:

X = um determinado risco.

P1 x I1 = valor da multiplicação da probabilidade e impacto atribuído pelo avaliador 1.

P2 x I2 = valor da multiplicação da probabilidade e impacto atribuído pelo avaliador 2.

Pn x In = valor da multiplicação da probabilidade e impacto atribuído pelo avaliador n.

- Depois de calcular o valor de classificação dos riscos, os dados são dispostos em ordem decrescente.
- Depois que os riscos forem analisados, deve-se planejar respostas para cerca de 20% a 30% do total de riscos identificados. Nesse caso, serão planejadas respostas para os riscos classificados com os maiores valores.
- De posse dos riscos que foram identificados, o grupo fará uma discussão a fim de analisar se a(s) causa(s) provável(is) de cada risco é(são) consistente(s). O gerente do projeto deve procurar estabelecer um consenso do grupo em relação aos riscos e suas respectivas causas. Porém, quando isso não for possível, uma votação deve ser conduzida verbalmente. Nesse caso, o gerente do projeto mostra uma determinada causa e pergunta aos participantes: "você concorda que isso é causa do risco?". Cada participante pode votar de acordo com o seguinte critério:
    o   5 = Concordo plenamente
    o   3 = Não concordo nem discordo
    o   1= Discordo plenamente
- O gerente do projeto anota o valor atribuído por cada um e, ao final da votação, soma os valores.
- Serão desenvolvidas respostas planejadas para as causas que obtiveram consenso e para as causas que, submetidas à votação, obtiveram a maior pontuação.

- De posse dos riscos e suas respectivas causas, o grupo passa então a definir a medida, ou conjunto de medidas, para responder aos possíveis riscos. A técnica utilizada para esse fim deverá ser o *brainstorming*.
- As respostas aos riscos, idealizadas na sessão de *brainstorming*, devem ser elaboradas a partir das seguintes opções:
  o Respostas possíveis frente a ameaças: 1) Prevenir, 2) Transferir, 3) Mitigar e 4) Aceitar.
  o Respostas possíveis frente a oportunidades: 1) Explorar, 2) Melhorar, 3) Compartilhar e 4) Aceitar.
- O gerente do projeto deve procurar estabelecer um consenso do grupo em relação às respostas que deverão ser dadas para os possíveis riscos. Porém, quando isso não for possível, uma votação deve ser conduzida verbalmente. Nesse caso, o gerente do projeto mostra um determinado risco e a respectiva resposta e pergunta aos participantes: "você concorda que essa resposta é adequada para tratar o risco?". Cada participante pode votar de acordo com o seguinte critério:
  o 5 = Concordo plenamente
  o 3 = Não concordo nem discordo
  o 1 = Discordo plenamente
- O gerente do projeto anota o valor atribuído por cada um e, ao final da votação, soma os valores.
- As respostas de tratamento aos riscos aprovadas por consenso e ainda as respostas que, submetidas à votação, obtiveram a maior pontuação deverão ser endereçadas às pessoas da equipe do projeto de modo que todas tenham seu respectivo responsável.
- As respostas aos riscos devem ser registradas no modelo de documento denominado **Plano de respostas aos riscos**.
- Caso necessário, deve-se atualizar os documentos do projeto.

Passo 11: Criar o Plano de gerenciamento das aquisições

Objetivo

Este processo tem o objetivo de documentar como as aquisições do projeto serão planejadas, gerenciadas e controladas. Dito de outro modo, este processo irá definir as "regras do jogo" para planejar, gerenciar e controlar as aquisições do projeto.

Produtos resultantes
- Documento denominado **Plano de gerenciamento das aquisições**.
- Atualização dos documentos do projeto, quando necessário.

Exemplo de documento de um plano de projeto

Localize no Capítulo 8 o **Plano de gerenciamento das aquisições**. Por ora apenas "passe os olhos" no documento para fazer um rápido reconhecimento. Em um outro momento, você poderá fazer uma leitura mais minuciosa. Enquanto você lê o texto imagine-se coordenando o trabalho de planejamento do seu projeto de preparação esportiva. Reflita como esse documento poderia ajudá-lo a detalhar o plano do projeto!

Como desenvolver os produtos do Passo 11

- O gerente do projeto e a equipe de planejamento reúnem-se para planejar as estratégias que serão adotadas para gerenciar as aquisições do projeto de preparação esportiva. Para isso, devem levar em consideração as informações registradas nos documentos **Requisitos de recursos das atividades** e **Estrutura analítica de recursos**, produzidos no **Passo 5.2: Estimar os recursos das atividades**, conforme mostrado anteriormente.

- Com base nos documentos citados anteriormente a equipe de planejamento define os produtos e serviços que deverão ser adquiridos para o projeto. Além disso, deve definir:
    - Papéis e responsabilidades que membros da equipe do projeto assumirão e que estão diretamente relacionados às aquisições.
    - Procedimentos para a realização das aquisições, o que inclui, mas não se limita a, definição de critérios para seleção de fornecedores e definição de modelos de contratos a serem celebrados com fornecedores.

- No caso de projetos de preparação esportiva que utilizem recursos públicos, por exemplo, provenientes da Lei de incentivo ao esporte, Lei Agnelo Piva ou, ainda, provenientes de convênios celebrados diretamente com o Ministério do Esporte, necessariamente deverão cumprir procedimentos de aquisição específicos, definidos nos respectivos documentos normativos.

- As informações relacionadas ao gerenciamento das aquisições deverão ser registradas no modelo de documento denominado **Plano de gerenciamento das aquisições**.

- Caso necessário, deve-se atualizar os documentos do projeto.

Passo 12: Criar o Plano de gerenciamento das partes interessadas

Objetivo

Este processo tem o objetivo de documentar como será feito o gerenciamento das partes interessadas do projeto. Dito de outro modo, esse processo irá definir as "regras do jogo" para gerenciar as partes interessadas do projeto.

Produtos resultantes

- Documento denominado **Plano de gerenciamento das partes interessadas**.
- Documento denominado **Estratégia de gerenciamento das partes interessadas**.
- Atualização dos documentos do projeto, quando necessário.

Exemplo de documentos de um plano de projeto

Localize no Capítulo 8 os seguintes documentos: **Plano de gerenciamento das partes interessadas** e **Estratégia de gerenciamento das partes interessadas**. Nesse momento faça somente uma leitura rápida em cada um deles a fim de se familiarizar com a sua estrutura e conteúdo. Posteriormente você poderá fazer uma leitura mais detalhada.

Como desenvolver os produtos do Passo 12

- O gerente do projeto e a equipe de planejamento reúnem-se para planejar as estratégias que serão adotadas para gerenciar as partes interessadas do projeto de preparação esportiva. Para isso, devem levar em consideração as informações registradas no documento **Registro das partes interessadas**, produzido no **Passo 3: Identificar as partes interessadas**, conforme mostrado anteriormente.

- Com base no documento citado anteriormente, a equipe de planejamento aprofunda a coleta de dados das principais partes interessadas a fim de levantar suas necessidades, interesses e impactos que podem causar no projeto. Isso pode ser feito a partir de conversas diretas com as principais partes interessadas ou ainda com pessoas que possam fornecer informações a respeito de determinadas partes interessadas.

- Depois disso, a equipe de planejamento idealiza estratégias para atingir os seguintes objetivos:
  o Manter ou potencializar a influência das partes interessadas positivas.
  o Conquistar o apoio das partes interessadas neutras ou negativas.
  o Neutralizar ou minimizar a influência das partes interessadas negativas.

- De posse das informações coletadas sobre as partes interessadas, a equipe de planejamento passa então a definir a medida que deverá ser tomada para atingir os objetivos descritos. A técnica utilizada para esse fim deverá ser o *brainstorming*.

- O gerente do projeto deve procurar estabelecer um consenso do grupo em relação às medidas que deverão ser tomadas para influenciar as partes interessadas. Porém, quando isso não for possível, uma votação deve ser conduzida verbalmente. Nesse caso, o gerente do projeto mostra uma determinada medida e pergunta aos participantes: "você concorda que essa medida é adequada e deve ser implementada?". Cada participante pode votar de acordo com o seguinte critério:
  o 5 = Concordo plenamente
  o 3 = Não concordo nem discordo
  o 1 = Discordo plenamente

- O gerente do projeto anota o valor atribuído por cada um e, ao final da votação, soma os valores.

- As medidas aprovadas por consenso e as medidas que obtiveram a maior pontuação deverão ser endereçadas às pessoas da equipe do projeto de modo que todas tenham seu respectivo responsável. Essa pessoa fará, posteriormente, o detalhamento da medida que será implementada para gerenciar determinada parte interessada.

- As informações relacionadas ao gerenciamento das partes interessadas deverão ser registradas no modelo de documento denominado **Plano de gerenciamento das partes interessadas**.

- Caso necessário, deve-se atualizar os documentos do projeto.

7 Como executar, monitorar e controlar o projeto de preparação esportiva

> Nesse capítulo você vai conhecer os passos 13, 14, 15, 16 e 17 do MGPPE, que estão relacionados à execução, ao monitoramento e ao controle de um projeto de preparação esportiva.

Passo 13: Orientar e gerenciar a execução do projeto

Objetivo

Este processo tem o objetivo orientar as pessoas para que as atividades sejam executadas conforme o **Plano de gerenciamento do projeto**. Além disso, assegura, caso seja necessário, que mudanças sejam solicitadas a fim de corrigir os rumos do projeto.

Produtos resultantes

- Produção das entregas do projeto.
- Produção de informações sobre o desempenho do trabalho.
- Solicitações de mudanças, quando necessário.
- Atualização dos documentos do projeto, quando necessário.

Como desenvolver os produtos do Passo 13

- O gerente do projeto e a sua equipe orientam e gerenciam as pessoas envolvidas na execução do trabalho definido no **Plano de gerenciamento do projeto**. Isso inclui, mas não se limita a:
    - Fornecimento de orientação sobre como realizar o trabalho que precisa ser feito.
    - Realização de conversas com as pessoas responsáveis pela execução do trabalho a fim de esclarecer questões.
    - Fornecimento de *feedback* para pessoas responsáveis pela execução do trabalho.
    - Resolução de conflitos entre pessoas que estão executando o trabalho.
- O gerente do projeto e a sua equipe, além disso, produzem informações sobre o desempenho do trabalho executado no projeto.

- As informações geradas a partir desse processo podem resultar em solicitações de mudanças que tenham como objetivo corrigir os rumos do projeto.
- Nesse caso, pode haver necessidade de negociar com as partes interessadas.
- Caso necessário, deve-se atualizar os documentos do projeto.

Passo 14: Monitorar e controlar o trabalho do projeto

Objetivo

Este processo tem o objetivo de realizar medições de desempenho a fim de garantir que as entregas do projeto cumpram os requisitos definidos no **Plano de gerenciamento do projeto**. Além disso, assegura, caso seja necessário, que mudanças sejam solicitadas a fim de corrigir os rumos do projeto.

Produtos resultantes

- Solicitações de mudanças, quando necessário.
- Produção de relatórios de desempenho do projeto.
- Atualização dos documentos do projeto, quando necessário.

Como desenvolver os produtos do Passo 14

- Durante a fase de planejamento do projeto foram definidos critérios para avaliação do desempenho em relação a diferentes aspectos. Com base nos critérios previamente definidos, o gerente do projeto, junto com sua equipe, realiza medições de desempenho.
- As medições visam responder, principalmente, as seguintes perguntas:
    - O projeto está sendo executado conforme foi planejado? Existem desvios? Se existem, quais são? Por que ocorreram?
    - As entregas finalizadas até o momento cumprem os requisitos especificados? Existem desvios? Se existem, quais são? Por que ocorreram?
- A partir das coletas o gerente do projeto decide, junto com sua equipe, se uma solicitação de mudanças deve ser feita a fim de corrigir e/ou eliminar problemas.
- Caso necessário, deve-se atualizar os documentos do projeto.

Passo 15: Realizar o controle integrado de mudança

Objetivo

Este processo tem o objetivo de garantir que mudanças sejam feitas apenas quando for preciso. Além disso, garante que um procedimento padrão seja seguido para gerenciar as mudanças no projeto.

Produtos resultantes

- Comunicado sobre a aprovação, ou não, das mudanças solicitadas.
- Atualização dos documentos do projeto, quando necessário.

Como desenvolver os produtos do Passo 15

- O gerente do projeto, ou o *Comitê de Controle de Mudanças* (CCM), definido previamente na fase de planejamento do projeto, analisa as solicitações de mudanças no projeto de acordo com os critérios determinados na fase de planejamento.
- Algumas das mudanças solicitadas podem exigir a consulta a uma ou mais partes interessadas e a especialistas externos a fim de embasar a tomada de decisão.
- Após a análise de cada uma das mudanças, o gerente do projeto, ou o CCM, emite um parecer para a parte interessada que fez a solicitação de mudança informando se esta foi aprovada ou não.
- Caso necessário, deve-se atualizar os documentos do projeto.

Passo 16: Finalizar o relatório de lições aprendidas

Objetivo

Este processo tem o objetivo de garantir o registro formal das lições aprendidas no projeto a fim de disponibilizar informações para futuras consultas dos membros da organização esportiva.

Produto resultante

- Documento denominado **Relatório de lições aprendidas**.

Como desenvolver o produto do Passo 16

- Para finalizar o **Relatório de lições aprendidas**, o gerente do projeto e a sua equipe se reúnem e analisam o desempenho do projeto a fim de responder as seguintes questões:
  - Em relação às metas:
    - Quais foram atingidas?
    - Quais não foram?
  - Em relação a: escopo, cronograma, orçamento, qualidade, recursos humanos, comunicações, riscos, aquisições e partes interessadas:
    - Quais fatores favoreceram o atingimento de metas e quais foram os efeitos de cada um deles?
    - Quais fatores dificultaram ou impediram o atingimento de metas e quais foram os efeitos de cada um deles?

- o Em relação às medidas que poderiam vir a ser implementadas em futuros projetos, semelhantes ao que foi executado:
    - Quais medidas poderiam aumentar as chances de os projetos atingirem as metas?
    - Quais medidas poderiam minimizar as chances de os projetos fracassarem?
- O **Relatório de lições aprendidas** pode ser constituído por textos, gráficos, áudios e vídeos. Independentemente do formato do relatório, os requisitos importantes a serem levados em consideração são os seguintes: as informações devem ser concisas e qualquer pessoa interessada na consulta do material deve poder facilmente compreender as informações.

Passo 17: Encerrar o projeto ou fase

Objetivo

Este processo tem o objetivo de garantir o encerramento formal do projeto ou de uma de suas fases. Isso significa que o gerente do projeto deve obter aceitação formal da diretoria da organização esportiva em relação às entregas e à prestação de contas do projeto.

Produtos resultantes

- Finalização de todas as atividades do projeto ou de uma fase.
- Relatório de prestação de contas.

Como desenvolver os produtos do Passo 17

- O gerente do projeto, junto com sua equipe, obtém aceitação formal da diretoria da organização esportiva em relação às entregas e à prestação de contas do projeto.
- Depois disso, todos os documentos do projeto devem ser atualizados e arquivados.

8 Exemplo de plano do projeto[13]

A seguir será mostrado o exemplo de um plano de projeto de preparação esportiva para uma equipe de remo. Esse documento foi desenvolvido a partir da aplicação do MGPPE e está organizado conforme mostrado na figura a seguir.

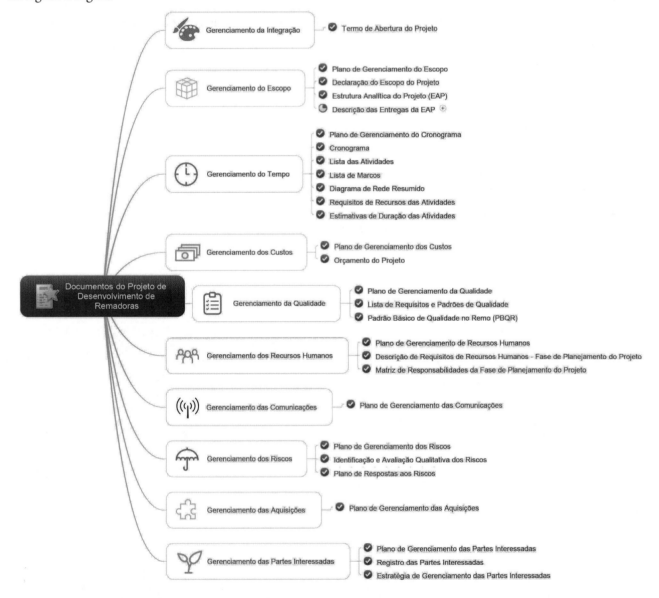

---
[13] O Plano do Projeto de Desenvolvimento de Remadoras é um exemplo para fins didáticos, porém, ao elaborá-lo, coletei informações junto a técnicos, atletas e gestores que atuam no país. O objetivo disso foi construir um exemplo realista que refletisse o atual contexto da modalidade.

GERENCIAMENTO DA INTEGRAÇÃO

PROJETO DE DESENVOLVIMENTO DE REMADORAS

Termo de Abertura do Projeto

PREPARADO POR	VERSÃO
Vicente Gomes de Oliveira Moreira – Diretor de esportes olímpicos do *CRUT*	01

I. Resumo das condições do projeto

O Brasil vai sediar dois importantes eventos esportivos que abrangem o remo. No ano de 2015 será realizado o Campeonato Mundial de Remo Júnior e no ano de 2016 é a vez do país receber os Jogos Olímpicos de 2016. Com base nas informações do último ciclo olímpico, é possível afirmar que a probabilidade das remadoras do Brasil conquistarem medalhas nessas competições é muito reduzida. A evidência mais concreta que sustenta essa afirmação: a maioria das remadoras dos principais clubes do Brasil, ao longo do último ciclo olímpico, não diminuiu a lacuna de desempenho que as separa das melhores atletas do mundo. Exceção apenas para os resultados conquistados pelas atletas Fabiana Beltrame (quarta colocada no Campeonato Mundial em 2010, Campeã Mundial em 2011 e quarta colocada no Campeonato Mundial em 2013) e Beatriz Cardozo Tavares (quinta colocada no Campeonato Mundial em 2013). Os resultados conquistados por essas atletas evidenciam, para toda a comunidade do remo do país, que é possível conquistar medalhas em competições de nível internacional quando a preparação esportiva for de qualidade.

Impulsionados por esse contexto, o *Clube de Remo União dos Titãs* (CRUT), apoiado pela área de consultoria do Inbrade, captou, via *Lei Federal de Incentivo ao Esporte*, recursos financeiros de patrocínio junto ao *Banco Atena*. Por conta disso, foi autorizada a implantação do presente projeto de preparação esportiva.

II. Problema (justificativa)

Três principais problemas, mostrados a seguir, têm impedido o desenvolvimento das remadoras do Brasil:

- **O processo de seleção de jovens é inadequado** – Estudos publicados na área de ciências do esporte atestam que remadores que possuem maior estatura e maior massa corporal têm vantagem competitiva sobre os demais competidores. Apesar de essa informação ser amplamente comprovada, atualmente a estatura média e a massa corporal das remadoras que integram a categoria Júnior dos principais clubes do país são menores do que o padrão das melhores do mundo.

- **O processo de treinamento de remadoras é ineficiente** – A maioria das remadoras dos principais clubes do Brasil, ao longo do último ciclo olímpico, não apresentou melhorias em resultados de testes físicos, bem como não melhorou seu desempenho nas competições.

- **Baixo nível de maturidade gerencial dos projetos de preparação esportiva** – Falta processos padronizados, ausência de mecanismos de análise e solução de problemas, inexistência de declaração de metas e insuficiência de documentação são a regra dos projetos de preparação esportiva executados nos principais clubes do país.

III. Solução (objetivo do projeto)

Será executado um projeto piloto de preparação esportiva para a equipe de remo das categorias Infantil Feminina e Júnior Feminina do *CRUT*. O projeto envolve o recrutamento e a seleção de jovens em idade escolar, a criação de padrões para o funcionamento do sistema de preparação esportiva e a execução do treinamento para as jovens selecionadas.

IV. Metas do projeto

O projeto será considerado bem-sucedido se alcançar as seguintes metas:

- Seleção de trinta meninas com idade entre 13 e 16 anos. A estatura mínima das jovens deve ser de 170 cm, sendo que 60% deverão ter medida igual ou superior a 176 cm.
- Todas as atletas deverão dominar, ao final do período de preparação, a técnica básica no barco *Skiff*. Os detalhes a respeito do padrão que evidencia o domínio da técnica básica serão definidos no **Plano de gerenciamento da qualidade** do projeto.
- No mínimo seis profissionais da área técnica e/ou da área de apoio ao treinamento do *CRUT* capacitados e aptos a apoiar a implantação do *Método de Gerenciamento de Projetos de Preparação Esportiva (MGPPE)* como padrão para o gerenciamento dos projetos de preparação esportiva de remadores nas demais categorias mantidas pelo clube.

V. Benefícios esperados pelo projeto durante e após o seu término

- Aumento do nível de maturidade do gerenciamento dos projetos de preparação esportiva que compõem o portfólio do *CRUT*.
- Captação de patrocínio para os projetos de preparação esportiva que compõem o portfólio do *CRUT*.
- Desenvolvimento de atletas com potencial para a conquista de medalhas em Campeonatos Mundiais e Jogos Olímpicos.

VI. Nome do gerente do projeto, responsabilidades e autoridade

Davi Tannure é o gerente do projeto, responsável por atingir as metas do projeto. Possui autoridade para chefiar a equipe do projeto, podendo convocar reuniões, distribuir o trabalho entre os membros da equipe do projeto e exigir o cumprimento das entregas aprovadas no plano de gerenciamento do projeto. Além disso, pode autorizar a execução de despesas conforme critérios a serem definidos no **Plano de gerenciamento dos custos** do projeto.

VII. Principais partes interessadas

- Vicente Gomes de Oliveira Moreira – Diretor de esportes olímpicos do *CRUT* (patrocinador executivo do projeto).
- Luiz Fernando Borboleta – Gerente de patrocínios esportivos do *Banco Atena*.
- José Maria Primo – Presidente do *CRUT*.
- Magno Vargas – Diretor do departamento jurídico do *CRUT*.
- Fernanda Kotler – Diretora do departamento de RH do *CRUT*.

VIII. Organograma da equipe do projeto

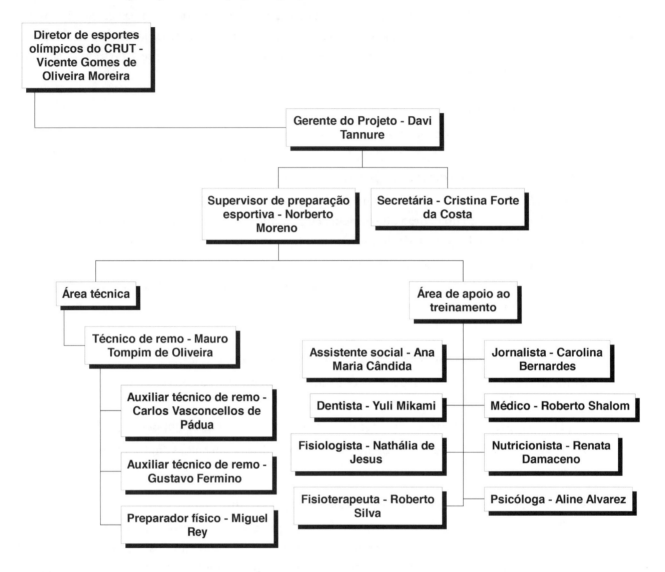

IX. Produtos do projeto

- Relatório contendo toda a documentação que evidencie como se deu o processo de implementação do **Método de Gerenciamento de Projetos de Preparação Esportiva (MGPPE)**.
- Registro em vídeo com depoimentos do patrocinador executivo do projeto, presidente do CRUT e equipe do projeto avaliando o custo-benefício da utilização do **MGPPE** como padrão para gerenciar projetos de preparação esportiva de remo.

X. Premissas iniciais

- Recrutamento de jovens meninas para o processo seletivo que irá compor a equipe de atletas será realizado a partir de campanha veiculada no Facebook.
- Assiduidade das atletas de no mínimo 95% nas atividades de preparação esportiva.
- O CRUT fornecerá profissionais da área técnica e da área de apoio ao treinamento que irão compor a equipe do projeto.

- Antes do início do projeto o *CRUT* deverá alcançar, no mínimo, 70% da pontuação, definida no padrão denominado Índice da Gestão da Qualidade no Remo (IGQR).
- Até o final do projeto o *CRUT* deverá alcançar, no mínimo, 80% da pontuação, definida no padrão denominado Índice da Gestão da Qualidade no Remo (IGQR).

XI. Restrições

- O projeto será custeado com recursos financeiros de patrocínio captados junto ao Banco Atena via Lei Federal de Incentivo ao Esporte. Por conta disso, devem ser observados todos os requisitos legais relativos à execução de despesas e prestação de contas do projeto.
- A contratação do gerente do projeto será feita pelo departamento de RH do *CRUT* e deverá estar concluída antes da aprovação do **Termo de abertura do projeto**.
- Poderão participar de competições apenas atletas que tenham desempenho escolar satisfatório, de acordo com o critério a ser detalhado no **Plano de assistência social**.

XII. Necessidade inicial de recursos

- Equipe de planejamento do projeto composta por:
    - Um Gerente do projeto.
    - Uma Secretária.
    - Um Supervisor de preparação esportiva.
    - Um Técnico de remo.
    - Um Preparador físico.
    - Uma Psicóloga.
    - Um Fisioterapeuta.
- Sistema de telefonia e internet disponível e em perfeitas condições de uso.
- Sala de reuniões equipada com datashow, computador, impressora, mesas e cadeiras.

XIII. Plano de entregas e marcos do projeto

Entrega	Descrição	Término
Fase 1	Contratação de RH finalizada	13/12/2013
	Plano do projeto aprovado	12/01/2014
	Recrutamento de jovens para o processo seletivo encerrado	07/02/2014
	Capacitação de membros da equipe do projeto realizada	10/02/2014
	Aquisições realizadas	14/02/2014
	Fase 1 encerrada	04/03/2014
Fase 2	Plano do sistema de treinamento aprovado	17/03/2014
	Plano do sistema de apoio ao treinamento aprovado	10/04/2014
	Testes para seleção de atletas realizados	04/03/2014
	Estágio realizado	14/04/2014
	Diagnósticos realizados	16/04/2014
	Jovens admitidas para a equipe de atletas	21/04/2014
	Evento de abertura realizado	30/04/2014
	Fase 2 encerrada	27/05/2014
Fase 3	Etapa básica do macrociclo encerrada	11/08/2014
	Etapa específica do macrociclo encerrada	08/09/2014
	Período de competição do macrociclo encerrado	02/10/2014
	Período de transição do macrociclo encerrado	10/10/2014
	Evento de encerramento realizado	06/10/2014
	Projeto encerrado	03/11/2014

XIV. Orçamento do projeto

- O custo do projeto é de R$ 955.805,00.
- O projeto possui uma reserva adicional de recursos financeiros no valor de R$ 48.000,00.
- A execução de despesas do orçamento deverá ser feita conforme informações descritas no **Plano de gerenciamento dos custos**.

XV. Mudanças no projeto

- Qualquer mudança desejada no projeto será decidida pelo *Comitê de Controle de Mudanças (CCM)*.
- Fará parte do *CCM* o gerente do projeto, o diretor de esportes olímpicos do *CRUT*, o supervisor de preparação esportiva e o diretor do departamento jurídico do *CRUT*.

XVI. Controle e gerenciamento das informações do projeto

- O controle de acesso às informações é de responsabilidade do gerente do projeto.
- Todas as informações do projeto serão armazenadas em arquivo eletrônico, a ser disponibilizado no seguinte endereço: <www.inbrade.com.br/Proj.remo>.
- Além disso, um arquivo físico com pastas suspensas será disponibilizado na secretaria do *CRUT*.

XVII. Exclusões específicas

- O projeto contempla a preparação esportiva somente de atletas das categorias Infantil Feminina e Júnior Feminina do *CRUT*.
- Os esforços que deverão ser feitos pelo *CRUT* para alcançar e manter a pontuação definida no *IGQR* não fazem parte do escopo do projeto.

Nota: *quaisquer alterações neste documento deverão ser submetidas ao processo de controle integrado de mudanças antes de serem incorporadas.*

APROVADO POR
José Maria Primo – Presidente do *CRUT*

DATA
08/11/2013

GERENCIAMENTO DO ESCOPO

PROJETO DE DESENVOLVIMENTO DE REMADORAS

Plano de Gerenciamento do Escopo

PREPARADO POR	VERSÃO
Davi Tannure – Gerente do projeto	02

I. **Descrição dos processos de gerenciamento de escopo**

- O escopo do projeto será gerenciado a partir dos seguintes documentos:
    - Declaração do escopo do projeto.
    - Estrutura analítica do projeto.
    - Descrição da entrega da EAP de cada um dos pacotes de trabalho do projeto.
- Caso seja necessário fazer alguma mudança no escopo do projeto, uma solicitação de mudança deverá ser encaminhada, em formulário apropriado, ao endereço de correio eletrônico do gerente do projeto, conforme descrito no **Plano de gerenciamento das comunicações**.
- Após receber a solicitação de mudança, o gerente do projeto deverá classificar o nível de prioridade da mudança. Depois disso, a solicitação de mudança deverá ser encaminhada ao *Comitê de Controle de Mudanças (CCM)* ou ao patrocinador executivo do projeto.

II. **Frequência de avaliação do escopo do projeto**

O escopo será avaliado semanalmente, às segundas-feiras, nas reuniões de gerenciamento do projeto.

III. **Sistema de controle de mudanças no escopo**

Toda solicitação de mudança deve ser tratada conforme o fluxo descrito a seguir.

IV. **Alocação financeira das mudanças de escopo**

- As mudanças de escopo aprovadas e que tenham impacto nos custos deverão utilizar as reservas gerenciais do projeto, de acordo com critério definido no **Plano de gerenciamento dos custos**.
- Caso essas reservas tenham se esgotado, ou sejam insuficientes, o patrocinador executivo deverá especificar no documento de aprovação de onde sairá o recurso para o custeio da mudança.

V. **Administração do Plano de gerenciamento do escopo**

- **Responsável pelo plano**
    - Davi Tannure – Gerente do projeto, será o responsável pelo **Plano de gerenciamento do escopo**.
    - Norberto Moreno, supervisor de preparação esportiva, será suplente do responsável pelo **Plano de gerenciamento do escopo**.

- **Frequência de atualização do plano de gerenciamento de escopo**
  - O **Plano de gerenciamento do escopo** será avaliado e atualizado, quando necessário, após as reuniões do *Comitê de Controle de Mudanças (CCM)*.

VI. **Outros assuntos relacionados ao gerenciamento do escopo do projeto não previstos neste plano**

Os casos não previstos neste documento serão resolvidos pelo *Comitê de Controle de Mudanças (CCM)*.

Nota: *quaisquer alterações neste documento deverão ser submetidas ao processo de controle integrado de mudanças antes de serem incorporadas.*

APROVADO POR	DATA
Vicente Gomes de Oliveira Moreira – Diretor de esportes olímpicos do *CRUT*	14/11/2013

PROJETO DE DESENVOLVIMENTO DE REMADORAS

Declaração do Escopo do Projeto

PREPARADO POR	VERSÃO
Davi Tannure – Gerente do projeto	03

I. Problema que o projeto se propõe a solucionar (justificativa)

Três principais problemas, mostrados a seguir, têm impedido o desenvolvimento das remadoras do Brasil:

- **O processo de seleção de jovens é inadequado** – Estudos publicados na área de ciências do esporte atestam que remadores que possuem maior estatura e maior massa corporal têm vantagem competitiva sobre os demais competidores. Apesar dessa informação ser amplamente comprovada, atualmente a estatura média e a massa corporal das remadoras que integram a categoria Júnior dos principais clubes do país são menores do que o padrão das melhores do mundo.

- **O processo de treinamento de remadoras é ineficiente** – A maioria das remadoras dos principais clubes do Brasil, ao longo do último ciclo olímpico, não apresentou melhorias em resultados de testes físicos, bem como não melhorou seu desempenho nas competições.

- **Baixo nível de maturidade gerencial dos projetos de preparação esportiva** – Falta de processos padronizados, ausência de mecanismos de análise e solução de problemas, inexistência de metas e insuficiência de documentação são a regra dos projetos de preparação esportiva executados nos principais clubes do país.

II. Solução (Objetivo do projeto)

Será executado um projeto piloto de preparação esportiva para a equipe de remo das categorias Infantil Feminina e Júnior Feminina do *Clube de Remo União dos Titãs (CRUT)*. O projeto envolve o recrutamento e a seleção de jovens em idade escolar, a criação de padrões para o funcionamento do sistema de preparação esportiva e a execução do treinamento para as jovens selecionadas.

III. Metas do projeto

O projeto será considerado bem-sucedido se alcançar as seguintes metas:

- Seleção de trinta meninas com idade entre 13 e 16 anos. A estatura mínima das jovens deve ser de 170 cm, sendo que 60% deverão ter medida igual ou superior a 176 cm.

- Todas as atletas deverão dominar, ao final do período de preparação, a técnica básica no barco *Skiff*. Os detalhes a respeito do padrão que evidencia o domínio da técnica básica serão definidos no **Plano de gerenciamento da qualidade** do projeto.

- No mínimo seis profissionais da área técnica e/ou da área de apoio ao treinamento do *CRUT* capacitados e aptos a apoiar a implantação do *Método de Gerenciamento de Projetos de Preparação Esportiva (MGPPE)* como padrão para o gerenciamento dos projetos de preparação esportiva de remadores nas demais categorias mantidas pelo clube.

IV. Benefícios esperados pelo projeto durante e após o seu término

- Aumento do nível de maturidade do gerenciamento dos projetos de preparação esportiva que compõem o portfólio do *CRUT*.

- Captação de patrocínio para os projetos de preparação esportiva que compõem o portfólio do *CRUT*.

- Desenvolvimento de atletas com potencial para a conquista de medalhas em Campeonatos Mundiais e Jogos Olímpicos.

V. Patrocinador executivo do projeto

Vicente Gomes de Oliveira Moreira, Diretor de esportes olímpicos do *CRUT*, é o patrocinador executivo do projeto. Suas responsabilidades incluem, mas não se limitam a: garantir fornecimento de recursos para o funcionamento do projeto, integrar e participar das reuniões do *Comitê de Controle de Mudanças (CCM)*[14] e representar o projeto junto à diretoria do clube, bem como em eventos externos.

VI. Gerente do projeto

Davi Tannure é o gerente do projeto, responsável por atingir as metas do projeto. Possui autoridade para chefiar a equipe do projeto, podendo convocar reuniões, distribuir o trabalho entre os membros da equipe do projeto e exigir o cumprimento das entregas aprovadas no plano de gerenciamento do projeto. Além disso, pode autorizar a execução de despesas conforme critérios a serem definidos no **Plano de gerenciamento dos custos** do projeto.

VII. Organograma do projeto

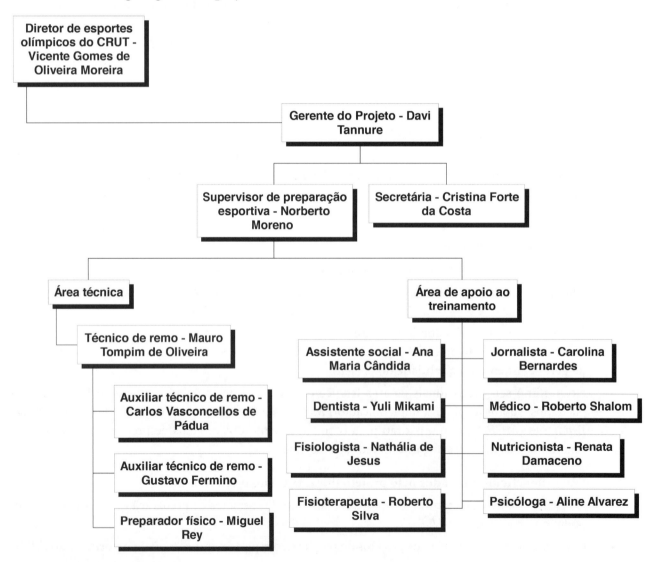

---

[14] Detalhes sobre o CCM serão definidos posteriormente no documento **Sistema de controle de mudanças**.

VIII. Produtos do projeto

- Relatório contendo toda a documentação que evidencie como se deu o processo de implementação do *Método de Gerenciamento de Projetos de Preparação Esportiva (MGPPE)*.
- Registro em vídeo com depoimentos do patrocinador executivo do projeto, presidente do *Clube de Remo União dos Titãs* (*CRUT*), e da equipe do projeto avaliando o custo-benefício da utilização do *MGPPE* como padrão para gerenciar projetos de preparação esportiva de remo.

IX. Premissas

- Recrutamento de jovens meninas para o processo seletivo que irá compor a equipe de atletas será realizado a partir de campanha veiculada no Facebook.
- Assiduidade das atletas de, no mínimo, 95% nas atividades de preparação esportiva.
- O *CRUT* fornecerá profissionais da área técnica e da área de apoio ao treinamento que irão compor a equipe do projeto.
- Antes do início do projeto, o *CRUT* deverá alcançar, no mínimo, 70% da pontuação, definida no padrão denominado Índice da Gestão da Qualidade no Remo (IGQR).
- Até o final do projeto, o *CRUT* deverá alcançar, no mínimo, 80% da pontuação, definida no padrão denominado Índice da Gestão da Qualidade no Remo (IGQR).

X. Restrições

- O projeto será custeado com recursos financeiros de patrocínio captados junto ao Banco Atena via Lei Federal de Incentivo ao Esporte. Por conta disso, devem ser observados todos os requisitos legais relativos à execução de despesas e à prestação de contas do projeto.
- Informações sobre o projeto só poderão ser fornecidas a pessoas externas mediante autorização, por escrito, do patrocinador executivo.
- Poderão participar de competições apenas atletas que tenham desempenho escolar satisfatório, de acordo com o critério a ser detalhado no **Plano de assistência social**.

XI. Riscos iniciais do projeto

- Número insuficiente de jovens inscritas para o processo seletivo.
- Falta de experiência da equipe do projeto em relação à utilização de recursos financeiros provenientes da *Lei Federal de Incentivo ao Esporte* poderá comprometer a prestação de contas do projeto por conta da execução de procedimentos que estão em desacordo com a legislação.

XII. Fatores de sucesso do projeto

- Os membros da diretoria do *CRUT* participarão do evento oficial de lançamento do projeto a fim de sinalizar e ratificar para as partes interessadas a importância estratégica que o projeto tem para o clube.
- Habilidades de comunicação interpessoal e negociação do gerente do projeto e membros da equipe do projeto.
- Capacidade da equipe do projeto de analisar e solucionar problemas.

XIII. Plano de entregas e marcos do projeto

Entrega	Descrição	Término
Fase 1	Contratação de RH finalizada	13/12/2013
	Plano do projeto aprovado	12/01/2014
	Recrutamento de jovens para o processo seletivo encerrado	07/02/2014
	Capacitação de membros da equipe do projeto realizada	10/02/2014
	Aquisições realizadas	14/02/2014
	Fase 1 encerrada	04/03/2014
Fase 2	Plano do sistema de treinamento aprovado	17/03/2014
	Plano do sistema de apoio ao treinamento aprovado	10/04/2014
	Testes para seleção de atletas realizados	04/03/2014
	Estágio realizado	14/04/2014
	Diagnósticos realizados	16/04/2014
	Jovens admitidas para a equipe de atletas	21/04/2014
	Evento de abertura realizado	30/04/2014
	Fase 2 encerrada	27/05/2014
Fase 3	Etapa básica do macrociclo encerrada	11/08/2014
	Etapa específica do macrociclo encerrada	08/09/2014
	Período de competição do macrociclo encerrado	02/10/2014
	Período de transição do macrociclo encerrado	10/10/2014
	Evento de encerramento realizado	06/10/2014
	Projeto encerrado	03/11/2014

XIV. Orçamento do projeto

- O custo do projeto é de R$ 955.805,00.
- O projeto possui uma reserva adicional de recursos financeiros no valor de R$ 48.000,00.
- A execução de despesas do orçamento deverá ser feita conforme informações descritas no **Plano de gerenciamento dos custos**.

XV. Mudanças no projeto

- Qualquer mudança desejada no projeto será decidida pelo *Comitê de Controle de Mudanças (CCM)*.
- Solicitações de mudanças no projeto, bem como decisões a respeito da sua aprovação ou não, deverão seguir o fluxo padronizado definido no item **Sistema de controle de mudanças no projeto** a ser detalhado posteriormente nos planos de gerenciamento: do escopo, do cronograma, dos custos, da qualidade, dos recursos humanos, das comunicações, dos riscos, das aquisições e das partes interessadas.
- Fará parte do *CCM* o gerente do projeto, o diretor de esportes olímpicos do *CRUT*, o supervisor de preparação esportiva e o diretor do departamento jurídico do *CRUT*.

XVI. Controle e gerenciamento das informações do projeto

- O controle de acesso às informações é de responsabilidade do gerente do projeto.
- Todas as informações do projeto serão armazenadas em arquivo eletrônico, a ser disponibilizado no seguinte endereço eletrônico: <www.inbrade.com.br/Proj.remo>.
- Além disso, um arquivo físico com pastas suspensas será disponibilizado na secretaria do *CRUT*.

XVII. Exclusões específicas

- O projeto contempla a preparação esportiva somente de atletas das categorias Infantil Feminina e Júnior Feminina do *CRUT*.
- Os esforços que deverão ser feitos pelo *CRUT* para alcançar e manter a pontuação definida no *IGQR* não fazem parte do escopo do projeto.

XVIII. Principais atividades e estratégias do projeto

Fase 1

1.1. Contratação RH

Para o bom e fiel cumprimento das ações do projeto, será necessário contratar, além do gerente do projeto, os seguintes recursos humanos:

- Uma secretária.
- Um supervisor de preparação esportiva.

As informações necessárias para a contratação de recursos humanos serão detalhadas no **Plano de gerenciamento de recursos humanos** e no documento **Descrição da entrega da EAP / Pacote de trabalho: 1.1 – Contratação RH**.

1.2. Aquisições

Para o bom e fiel cumprimento das ações do projeto, será necessário realizar:

1.2.1. Aquisição equipamentos esportivos.

1.2.2. Aquisição uniformes.

1.2.3. Aquisição equipamentos de informática.

1.2.4. Aquisição mobiliário.

1.2.5. Aquisição material de consumo.

Os produtos e serviços a serem adquiridos, bem como as informações necessárias para completar as atividades, serão detalhadas no **Plano de gerenciamento das aquisições**.

Todas as aquisições deverão ser feitas em conformidade com os procedimentos descritos na Portaria 120/09 do Ministério do Esporte (artigos 41 a 45).

1.3. Capacitação RH

Os membros da equipe do projeto irão realizar o curso *on-line* Gerenciamento de Projetos de Preparação Esportiva. A finalidade do curso será capacitar a equipe do projeto para gerenciar o projeto de preparação esportiva. O curso, cuja carga horária é de oitenta horas, deverá ser completado em quatro semanas. Detalhes sobre a estrutura do curso estão disponíveis no site: http://inbrade.com.br/cursos.

1.4. Recrutamento atletas

Trata-se do recrutamento de jovens meninas para o processo seletivo a fim de compor a equipe de atletas. Envolve:

- Contratação de serviço de designer para:
    - Criação da marca e identidade visual para a campanha de recrutamento.
    - Criação do layout de uma página no Facebook.
    - Criação de *banners* de divulgação para a página do Facebook.
    - Criação de cartaz.
    - Criação de ilustrações que farão parte do conteúdo da página do Facebook.
- Produção de conteúdo para a página do Facebook. Envolve:
    - Criação de texto.
    - Realização de entrevistas com a equipe do projeto e atletas.
    - Criação de vídeos e/ou áudios de até três minutos.
    - Criação de fotos.
- Contratação de anúncios pagos no Facebook com a finalidade de promover a campanha de recrutamento.
- Contratação de serviço de impressão gráfica.
- Envio de cartazes para escolas públicas e privadas que estejam em um raio de até seis quilômetros do *CRUT*.
- Receber as inscrições de candidatas via página do Facebook e telefone.

1.5. Encerramento F1

O gerente do projeto se reúne com a equipe do projeto e analisa detalhadamente as informações relacionadas ao desempenho da fase 1 do projeto. Após a realização da reunião, o gerente do projeto finaliza o relatório de desempenho da fase 1. Esse relatório deve incluir no mínimo as seguintes informações:

- Lições aprendidas na fase 1.
- Recomendações de melhorias para a próxima fase do projeto.
- Quantidade de jovens inscritas no processo de recrutamento.
- *Clipping* contendo material divulgado na mídia a respeito do projeto.
- Fotos digitais contendo imagens do dia a dia do projeto.
- Vídeos em HD contendo imagens do dia a dia do projeto e depoimentos das principais partes interessadas.
- Prestação de contas de encerramento da fase 1 do projeto.

Observações:

- O gerente do projeto deverá enviar uma cópia do relatório para o diretor de esportes olímpicos do *CRUT* com solicitação para que seja aprovado.
- O diretor deverá analisar as informações do relatório e, caso esteja de acordo, deverá aprová-lo. Caso o diretor necessite de informações adicionais, deverá solicitá-las ao gerente do projeto.
- Após aprovado, o relatório deverá ser encaminhado para a diretoria do *CRUT*, para a empresa patrocinadora do projeto (*Banco Atena*) e para o *Ministério do Esporte*.

Fase 2

2.1. Plano sistema treinamento

Este documento ajudará a equipe do projeto a gerenciar as atividades diretamente relacionadas ao sistema de treinamento; é constituído por uma série de documentos auxiliares, conforme será detalhado a seguir.

2.1.1. Padrões

2.1.1.1. Padrão documentos

Criação de modelos padronizados de documentos que serão utilizados para planejar, monitorar e controlar o treinamento das atletas. Esses modelos devem ser elaborados, principalmente, nos seguintes softwares: Microsoft Word®, Microsoft Excel® e Microsoft PowerPoint®. Devem ser produzidos, no mínimo, os seguintes documentos:

- Modelo de documento para declaração de metas de preparação esportiva para a equipe.
- Modelo de documento para declaração de metas de preparação esportiva para atletas.
- Planilha e gráfico para controle da carga externa de treinamento.
- Planilha e gráfico para controle da carga interna de treinamento.
- Modelo de gráficos para controle do desempenho do estado funcional dos atletas.
- Modelo de relatório de acompanhamento semanal da preparação esportiva.
- Modelo de relatório de encerramento da etapa ou período de preparação.

2.1.1.2. Padrão competitivo

A elaboração deste documento envolve o levantamento de dados e a redação de relatório contendo, no mínimo, os resultados dos dois últimos ciclos olímpicos das seguintes competições: Jogos Olímpicos, Campeonato Mundial, Copa do Mundo, Campeonato Mundial Sub-23, Campeonato Mundial Júnior, Campeonato Brasileiro e Campeonato Estadual de Remo do Rio de Janeiro. Deve incluir:

- Colocação.
- Tempo final da prova.
- Gráfico com parcial de tempos a cada 500m, no mínimo.
- Frequência de remada média (voga) em 2000m.
- Referências documentais que dão suporte e fundamentam as informações, incluindo, mas não se limitando a: World Best Times Under 23[15].

2.1.1.3. Padrão antropométrico

A elaboração deste documento envolve o levantamento de dados e redação contendo padrões antropométricos das melhores atletas do mundo das categorias Sênior, Sub-23 e Júnior. Deve incluir:

- Massa corporal.
- Medidas lineares.
- Diâmetros ósseos.
- Espessura de dobras cutâneas.

---

[15] Disponível em <http://www.worldrowing.com/results>. Acesso em: 18 mar. 2013.

- Medidas de circunferências.
- Referências documentais que dão suporte e fundamentam as informações. Deve incluir no mínimo as seguintes referências:
    - ACKLAND, T. et al. Anthropometric normative data from Olympic rowers and paddlers. Disponível em: <http://www.ausport.gov.au/fulltext/2001/acsms/papers/ACKL.pdf>. Acesso em: 18 mar. 2013.
    - BOURGOIS et al. Anthropometric characteristics of elite female junior rowers, Journal of Sports Sciences, 2001.

2.1.1.4. Padrão comportamental e valores

A elaboração deste documento envolve o levantamento de dados e a redação contendo padrões comportamentais desejáveis para jovens remadoras. Deve incluir:

- Opinião de especialistas da área de psicologia do esporte.
- Opinião de técnicos de remo que tenham treinado remadores que conquistaram medalhas em Campeonatos Mundiais e Jogos Olímpicos.
- Opinião de remadores que tenham conquistado medalhas em Campeonatos Mundiais e/ou Jogos Olímpicos.
- Comportamentos e valores que favoreçam a busca pelo alto desempenho em atividades em grupo, de acordo com referências da literatura especializada na área da psicologia do esporte e gestão de pessoas.
- Referências documentais que dão suporte e fundamentam as informações.

2.1.1.5. Padrão técnico

Envolve a criação e validação de instrumento para avaliação qualitativa da técnica nos barcos Skiff, Duplo Skiff e Dois Sem conforme requisitos definidos a seguir:

- O instrumento deve permitir avaliar a técnica a partir da observação de vídeos.
- Para isso, um sistema de pontuação que utiliza uma escala de 0 a 5 – onde 0 = não atende aos requisitos do padrão e 5 = atende plenamente aos requisitos do padrão – deve ser criado. A máxima pontuação deve ser feita levando-se em consideração a observação de vídeos de competições e treinamento dos melhores atletas do mundo.
- Para cada tipo de barco deve haver, no mínimo, três barcos medalhistas em Campeonatos Mundiais e/ou Jogos Olímpicos que deverão evidenciar o atendimento da máxima pontuação para um dado critério avaliado (por exemplo: velocidade de imersão da pá, alinhamento dos joelhos no ataque, trajetória retilínea, etc.).
- A validação do instrumento deve ser feita a partir da coleta de opiniões de no mínimo três especialistas em remo e três especialistas da área de ciências do esporte.
- Apresentar referências documentais que dão suporte e fundamentam as informações.

2.1.1.6. Padrão testes físicos

A elaboração deste documento envolve o levantamento de dados e a redação de documento contendo padrões de desempenho e respectivo protocolo para realização de testes físicos. Deve incluir:

- Teste de corrida (Léger).
- Testes de 3RM realizados com pesos livres nos seguintes exercícios: agachamento, remada deitada e supino.
- Testes realizados no remoergômetro: 100m, 500m, 2000m e 30 minutos com a voga 20.
- Apresentar referências documentais que dão suporte e fundamentam as informações. Deve incluir, necessariamente, a seguinte referência:
    - Australian National Rowing Centre of Excellence Benchmarks. Disponível em: <http://www.rowingaustralia.com.au/docs/2009-2012_nrce-benchmarks-and- prognostics_nov-09.pdf>. Acesso em: 20 mar. 2013.

2.1.1.7. Padrão organização do treinamento

A elaboração deste documento envolve o levantamento de dados e a redação de documento contendo padrões para organização do treinamento em diferentes etapas de preparação esportiva de muitos anos das remadoras. Deve incluir:

- Mapa padrão para a periodização do ciclo anual de treinamento de remadoras da categoria Sênior Feminina.
- Mapa padrão para a periodização do ciclo anual de treinamento de remadoras da categoria Sub-23 Feminina.
- Mapa padrão para a periodização do ciclo anual de treinamento de remadoras da categoria Júnior Feminina.
- Os mapas citados anteriormente devem ser elaborados a partir do modelo de documento eletrônico no formato Microsoft Excel® denominado **Mapa da periodização**. Os mapas deverão vir acompanhados de exemplos com o detalhamento de, no mínimo:
    - Um microciclo para o período de preparação.
    - Um microciclo para o período de competição.
    - Um microciclo para o período de transição.
- Cada sessão de treinamento dos microciclos citados deverá ser elaborada a partir do modelo de documento eletrônico no formato Microsoft Word® denominado **Registro das atividades da sessão de treinamento**.

2.1.2. Catálogo exercícios

Inclui a criação dos catálogos de exercícios de:

2.1.2.1. Catálogo coordenação

2.1.2.2. Catálogo velocidade

2.1.2.3. Catálogo força

2.1.2.4. Catálogo resistência

2.1.2.5. Catálogo flexibilidade

As informações necessárias para completar as atividades serão detalhadas no **Plano de gerenciamento da qualidade** e no documento **Descrição da entrega da EAP / Pacotes de trabalho: 2.1.2.1 a 2.1.2.5**.

2.1.3. Mapa periodização

Este documento deve ser elaborado tomando-se como ponto de partida:

- O **Mapa padrão para a periodização do ciclo anual de treinamento de remadoras da categoria Júnior Feminina** (vide item **2.1.1.7. Padrão organização do treinamento**, mostrado anteriormente).
- O calendário das competições da temporada.
- O **Relatório dos diagnósticos** realizados com as atletas (vide item **2.3.3. Diagnósticos**, mostrado mais adiante).
- Além disso, o mapa deve ser elaborado a partir do modelo de documento eletrônico no formato Microsoft Excel® denominado **Mapa da periodização**.

2.1.4. Metas preparação esportiva

Redação de documento contendo a declaração das metas para a preparação esportiva. A definição de metas deve levar em consideração as avaliações diagnósticas conforme será descrito adiante no item 2.3.3. O documento deve incluir:

- Metas de preparação esportiva para a equipe e metas para cada uma das atletas.
- Esse documento deve ser elaborado a partir do modelo de documento eletrônico no formato Microsoft Excel® denominado **Metas preparação esportiva**.

2.2. Plano sistema de apoio treinamento

Este documento auxiliará a equipe do projeto a gerenciar as atividades diretamente relacionadas ao sistema de apoio ao treinamento; é constituído por uma série de documentos auxiliares, conforme será detalhado a seguir.

2.2.1. Plano assistência social

- Elaboração de modelos padronizados de documentos que serão utilizados para planejar, monitorar e controlar a prestação de serviços de assistência social. Esses modelos devem ser elaborados, principalmente, nos seguintes softwares: Microsoft Word®, Microsoft Excel® e Microsoft PowerPoint®.
- Elaboração do plano de ação para prestação de serviços de assistência social conforme requisitos que serão definidos posteriormente no **Plano de gerenciamento da qualidade**.

2.2.2. Plano psicologia

- Elaboração de modelos padronizados de documentos que serão utilizados para planejar, monitorar e controlar a prestação de serviços de psicologia. Esses modelos devem ser elaborados, principalmente, nos seguintes softwares: Microsoft Word®, Microsoft Excel® e Microsoft PowerPoint®.
- Elaboração do plano de ação para prestação de serviços de psicologia conforme requisitos que serão definidos posteriormente no **Plano de gerenciamento da qualidade**.

2.2.3. Plano nutrição

- Elaboração de modelos padronizados de documentos que serão utilizados para planejar, monitorar e controlar a prestação de serviços de nutrição. Esses modelos devem ser elaborados, principalmente, nos seguintes softwares: Microsoft Word®, Microsoft Excel® e Microsoft PowerPoint®.
- Elaboração do plano de ação para prestação de serviços de nutrição conforme requisitos que serão definidos posteriormente no **Plano de gerenciamento da qualidade**.

2.2.4. Plano fisioterapia

- Elaboração de modelos padronizados de documentos que serão utilizados para planejar, monitorar e controlar a prestação de serviços de fisioterapia. Esses modelos devem ser elaborados, principalmente, nos seguintes softwares: Microsoft Word®, Microsoft Excel® e Microsoft PowerPoint®.
- Elaboração do plano de ação para prestação de serviços de fisioterapia conforme requisitos que serão definidos posteriormente no **Plano de gerenciamento da qualidade**.

2.2.5. Plano odontologia

- Elaboração de modelos padronizados de documentos que serão utilizados para planejar, monitorar e controlar a prestação de serviços de odontologia. Esses modelos devem ser elaborados, principalmente, nos seguintes softwares: Microsoft Word®, Microsoft Excel® e Microsoft PowerPoint®.
- Elaboração do plano de ação para prestação de serviços de odontologia conforme requisitos que serão definidos posteriormente no **Plano de gerenciamento da qualidade**.

2.2.6. Plano medicina

- Elaboração de modelos padronizados de documentos que serão utilizados para planejar, monitorar e controlar a prestação de serviços de medicina. Esses modelos devem ser elaborados, principalmente, nos seguintes softwares: Microsoft Word®, Microsoft Excel® e Microsoft PowerPoint®.
- Elaboração do plano de ação para prestação de serviços de medicina conforme requisitos que serão definidos posteriormente no **Plano de gerenciamento da qualidade**.

2.3. Seleção atletas

2.3.1. Testes

- Contratação de UTI móvel com profissionais da área de saúde, equipados e certificados para realizar pronto atendimento.
- Realização de medidas de estatura, estatura sentada, envergadura e massa corporal conforme padrão a ser detalhado no **Plano de gerenciamento da qualidade**.
- Realização do teste de corrida para avaliação indireta do consumo máximo de oxigênio conforme padrão descrito no **Plano de gerenciamento da qualidade**.
- A realização dos testes deverá ser documentada em vídeos e fotos.
- As candidatas com estatura maior ou igual a 170 cm que obtiverem os padrões mínimos no teste de corrida serão convidadas a realizar um estágio, conforme será descrito a seguir.

2.3.2. Estágio

As jovens aprovadas na primeira etapa do processo seletivo iniciarão um estágio de quatro semanas.

- Durante o estágio as jovens realizarão o curso básico de remo e farão exercícios de condicionamento físico.
- Durante o estágio as jovens deverão ser observadas realizando exercícios de condicionamento físico pelos seguintes profissionais:
    o   Mauro Tompim de Oliveira – Técnico de remo.
    o   Miguel Rey – Preparador físico.
    o   Aline Alvarez – Psicóloga.

- Com base nas observações realizadas, cada um dos profissionais fará a indicação das candidatas que deverão ser admitidas. Para isso terão que levar em consideração as informações contidas nos seguintes padrões:
    - Padrão antropométrico.
    - Padrão comportamental e valores.
    - Padrão testes físicos – Teste de corrida (Léger).
- As jovens que receberem o maior número de indicações serão convidadas a realizar avaliações diagnósticas, como será descrito a seguir no item 2.3.3.
- Deverá ser produzido um relatório do estágio contendo no mínimo as seguintes informações:
    - Atividades programadas X atividades efetivamente realizadas.
    - Registro em foto e vídeo das atividades.
    - Observações e recomendações de melhorias para aperfeiçoamento do estágio em projetos análogos a serem realizados futuramente.
    - Frequência de comparecimento de cada uma das candidatas.
    - Indicação das candidatas que deverão ser admitidas e respectivas justificativas dos profissionais que realizaram as observações.

2.3.3. Diagnósticos

Realização de avaliação diagnóstica das jovens que receberam indicação no relatório de estágio. Inclui:

2.3.3.1. Diagnóstico social

Avaliação a partir da utilização de ferramentas e técnicas da área de serviço social. O protocolo das avaliações será detalhado no **Plano de prestação de serviços de assistência social**.

2.3.3.2. Diagnóstico psicológico

Avaliação a partir da utilização de ferramentas e técnicas da área de psicologia do esporte. O protocolo das avaliações será detalhado no **Plano de prestação de serviços de psicologia do esporte**.

2.3.3.3. Diagnóstico nutricional

Avaliação a partir da utilização de ferramentas e técnicas da área de nutrição do esporte. O protocolo das avaliações será detalhado no **Plano de prestação de serviços de nutrição do esporte**.

2.3.3.4. Diagnóstico fisioterápico

Avaliação a partir da utilização de ferramentas e técnicas da área de fisioterapia. O protocolo das avaliações será detalhado no **Plano de prestação de serviços de fisioterapia**.

2.3.3.5. Diagnóstico odontológico

Avaliação a partir da utilização de ferramentas e técnicas da área de odontologia. O protocolo das avaliações será detalhado no **Plano de prestação de serviços de odontologia**.

2.3.3.6. Diagnóstico médico

Avaliação a partir da utilização de ferramentas e técnicas da área de medicina. O protocolo das avaliações será detalhado no **Plano de prestação de serviços de medicina**.

2.3.3.7. Diagnóstico capacidades físicas

Avaliação a partir da utilização de ferramentas e técnicas da área de preparação física. O protocolo das avaliações será detalhado no **Padrão testes físicos**.

2.3.4. Admissão

Admissão de até trinta meninas com idade entre 13 e 16 anos. Serão admitidas as jovens que receberem o maior número de indicações nos relatórios de diagnósticos. Caso haja empate, o técnico de remo, o preparador físico e a psicóloga, depois de considerarem as informações contidas nos relatórios de diagnósticos, farão o desempate.

Os pais ou responsáveis pelas jovens aprovadas no estágio assinarão um termo de compromisso que especifica as condições para a participação e permanência das meninas no projeto. Esse termo será detalhado e inserido posteriormente como anexo do **Plano de gerenciamento dos recursos humanos**.

2.4. Evento abertura

Realização de um evento com a finalidade de divulgar o projeto para a imprensa, empresas patrocinadoras e demais partes interessadas. As informações sobre a realização do evento serão detalhadas e inseridas posteriormente como anexos do **Plano de gerenciamento das comunicações** e do **Plano de gerenciamento da qualidade**.

2.4.1. Vídeo abertura

Produção de um vídeo com duração entre três e sete minutos contendo informações sobre o projeto. Deve incluir:

- Informações sobre as jovens admitidas no processo seletivo.
- Benefícios da utilização do *MGPPE* como padrão para gerenciar projetos de preparação esportiva.
- O vídeo será exibido durante a palestra de abertura descrita a seguir.

2.4.2. Palestra abertura

O gerente do projeto fará uma palestra de dez a 15 minutos, com utilização de recursos audiovisuais, para promover o projeto.

2.4.3. Entrevista imprensa abertura

Uma entrevista coletiva será realizada no auditório do *CRUT*. O local da entrevista deverá estar decorado com *banners* com a marca da empresa patrocinadora do projeto (Banco Atena) e com a marca do *CRUT*. Além disso, todos os membros da equipe do projeto deverão estar vestindo o uniforme do projeto.

2.5. Encerramento F2

O gerente do projeto se reúne com a equipe do projeto e analisa, detalhadamente, as informações relacionadas ao desempenho da fase 2 do projeto. Após a realização da reunião, o gerente do projeto finaliza o relatório de desempenho da fase 2. Esse relatório deve incluir, no mínimo, as seguintes informações:

- Lições aprendidas na fase 2.
- Recomendações de melhorias para a próxima fase do projeto.
- Resultados de avaliações diagnósticas realizadas pela área técnica e pela área de apoio ao treinamento.
- Relatório de atingimento de metas. Inclui: metas planejadas X realizadas.

- *Clipping* contendo material divulgado na mídia a respeito do projeto.
- Fotos digitais contendo imagens do dia a dia do projeto.
- Vídeos em HD, contendo imagens do dia a dia do projeto e depoimento das principais partes interessadas.
- Prestação de contas de encerramento da fase 2 do projeto.

Observações:

- O gerente do projeto deverá enviar uma cópia do relatório para o diretor de esportes olímpicos do *CRUT* com solicitação para que seja aprovado.
- O diretor deverá analisar as informações do relatório e, caso esteja de acordo, deverá aprová-lo. Caso o diretor necessite de informações adicionais, deverá solicitá-las ao gerente do projeto.
- Após aprovado, o relatório deverá ser encaminhado para a diretoria do *CRUT*, para a empresa patrocinadora do projeto (*Banco Atena*) e para o *Ministério do Esporte*.

Fase 3

3.1. Macrociclo

Serão executadas atividades relacionadas à preparação das atletas e participação em competições. As diretrizes para a determinação das atividades de preparação das atletas encontram-se nos seguintes documentos:

- Plano do sistema de treinamento.
- Plano do sistema de apoio ao treinamento.
- Diagnósticos: social, psicológico, nutricional, fisioterápico, odontológico, médico e das capacidades físicas.
- Metas de preparação esportiva para a equipe e para cada uma das atletas.
- Mapa da periodização do macrociclo.

Observação:

- Os registros das atividades de preparação semanal, bem como o registro das informações relacionadas à execução das atividades do macrociclo, devem ser feitos conforme informação a ser detalhada posteriormente no **Plano de gerenciamento das comunicações**.

3.2. Evento encerramento

Realização de um evento com a finalidade de divulgar os resultados alcançados pelo projeto para a imprensa, empresas patrocinadoras e demais partes interessadas.

3.2.1. Vídeo encerramento

Produção de um vídeo com duração entre três e sete minutos contendo informações sobre o projeto. Deve incluir:

- Depoimentos do patrocinador executivo do projeto e equipe do projeto evidenciando os benefícios da utilização do *MGPPE* como padrão para gerenciar projetos de preparação esportiva.
- Atividades de preparação e competições.
- O vídeo será exibido durante a palestra de encerramento descrita a seguir.

3.2.2. Palestra encerramento

O gerente do projeto fará uma palestra de dez a 15 minutos, com utilização de recursos audiovisuais, para divulgar os resultados do projeto.

3.2.3. Entrevista encerramento

Uma entrevista coletiva será realizada no auditório do *CRUT*. O local da entrevista deverá estar decorado com *banners* com a marca da empresa patrocinadora do projeto (Banco Atena) e com a marca do *CRUT*.

- Os requisitos para a elaboração da entrevista e a decoração serão detalhados posteriormente no **Plano de gerenciamento das comunicações** e no **Plano de gerenciamento de qualidade**.
- Todos os membros da equipe do projeto deverão estar vestindo o uniforme do projeto.

3.3. Encerramento projeto

O gerente do projeto se reúne com a equipe do projeto e analisa, detalhadamente, as informações relacionadas ao desempenho da fase 3 do projeto, bem como o desempenho do projeto como um todo. Após a realização da reunião, o gerente do projeto finaliza o relatório de desempenho do projeto. Esse relatório deve incluir no mínimo as seguintes informações:

- Lições aprendidas na fase 3.
- Recomendações de melhorias para projetos futuros.
- Resultados de competições.
- Resultados de avaliações diagnósticas realizadas pela área técnica e pela área de apoio ao treinamento.
- Análise do processo de preparação esportiva no macrociclo.
- Relatório de atingimento de metas. Inclui: metas planejadas X realizadas.
- Revisão da declaração de metas de preparação esportiva para a equipe e para cada uma das atletas para o próximo macrociclo.
- *Clipping* contendo material divulgado na mídia a respeito do projeto.
- Fotos digitais contendo imagens do dia a dia do projeto.
- Vídeos em HD contendo imagens do dia a dia do projeto e depoimento das principais partes interessadas.
- Prestação de contas de encerramento do projeto.

Observações:

- O gerente do projeto deverá enviar uma cópia do relatório para o diretor de esportes olímpicos do *CRUT* com solicitação para que seja aprovado.
- O diretor deverá analisar as informações do relatório e, caso esteja de acordo, deverá aprová-lo. Caso o diretor necessite de informações adicionais, deverá solicitá-las ao gerente do projeto.
- Após aprovado, o relatório deverá ser encaminhado para a diretoria do *CRUT*, para a empresa patrocinadora do projeto (*Banco Atena*) e para o *Ministério do Esporte*.

Nota: *quaisquer alterações neste documento deverão ser submetidas ao processo de controle integrado de mudanças antes de serem incorporadas.*

APROVADO POR	DATA
Vicente Gomes de Oliveira Moreira – Diretor de esportes olímpicos do *CRUT*	11/11/2013

PROJETO DE DESENVOLVIMENTO DE REMADORAS

Estrutura Analítica do Projeto (EAP)

PREPARADO POR
Davi Tannure – Gerente do projeto

VERSÃO
03

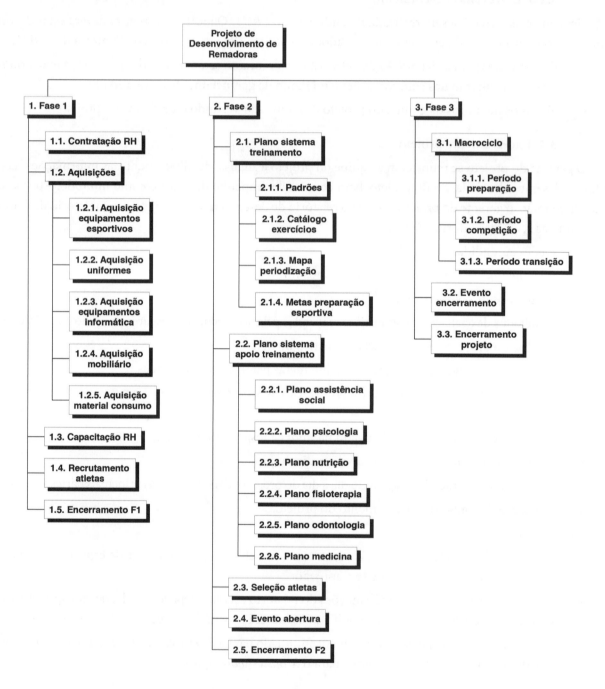

Nota: *quaisquer alterações neste documento deverão ser submetidas ao processo de controle integrado de mudanças antes de serem incorporadas.*

APROVADO POR
Vicente Gomes de Oliveira Moreira – Diretor de esportes olímpicos do *CRUT*

DATA
11/11/2013

PROJETO DE DESENVOLVIMENTO DE REMADORAS

Descrição da Entrega da EAP

PREPARADO POR	VERSÃO
Davi Tannure – Gerente do projeto	01

PACOTE 1.1	Contratação RH			
RESPONSÁVEL Davi Tannure – Gerente do projeto		**INÍCIO** 04/11/2013	**TÉRMINO** 13/12/2013	**DURAÇÃO** 39 dias

I. Atividades a serem realizadas

- Contratação dos seguintes profissionais:

Recursos humanos	Quantidade	Detalhamento	Responsável pela contratação
Secretária	01	Forma de contratação: prazo determinado de 18 meses. Jornada: 20 horas semanais. Regime: CLT (art. 443). Remuneração: R$ 2.000,00.	Gerente do projeto
Supervisor de preparação esportiva	01	Forma de contratação: prazo determinado de 18 meses. Jornada: 35 horas semanais. Regime: CLT (art. 443). Remuneração: R$ 5.000,00.	Gerente do projeto

- Contratação de plano de saúde para três colaboradores.

II. Instruções para a realização das atividades

- Contratação de profissionais:
    - As contratações serão feitas pelo departamento de RH do *CRUT*, sendo que o gerente do projeto terá que fornecer os requisitos que deverão ser atendidos.
    - Antes das contratações serem efetivadas, os departamentos jurídico e contábil do *CRUT* deverão verificar se todos os requisitos legais foram atendidos. Somente depois de receber aprovação formal é que as contratações poderão ser concluídas.
- Contratação de plano de saúde básico.
- Plano de saúde, sem direito a quarto exclusivo, para três colaboradores, sendo: um gerente do projeto, uma secretária e um supervisor de preparação esportiva.
- A contratação do serviço deverá ser feita em conformidade com os procedimentos descritos na Portaria 120/09 do Ministério do Esporte (artigos 41 a 45).
- A contratação do serviço deverá ser feita pelo departamento de RH do *CRUT*, sendo que o gerente do projeto deverá aprovar os procedimentos antes que a contratação seja efetuada, a fim de atestar a conformidade com os requisitos legais mencionados anteriormente. Somente depois de aprovado o processo é que a contratação do serviço poderá ser efetuada.

- Toda a documentação relativa à contratação do serviço deve ser arquivada:
    - Na pasta eletrônica denominada **Prestação de contas do projeto**, localizada na área restrita do site do projeto.
    - Na pasta denominada **Prestação de contas do projeto**, localizada no arquivo físico do projeto que fica na secretaria da organização esportiva.

III. Critério de aceitação das entregas

- Exame admissional realizado.
- Aprovação formal dos contratos de trabalho individuais emitida pelos departamentos jurídico e contábil do *CRUT* antes de serem assinados pelos colaboradores.
- Documentação relativa à contratação de cada um dos colaboradores arquivada pelo departamento de RH do *CRUT* e disponível para consulta do gerente do projeto.
- Contratação do serviço em conformidade com os procedimentos descritos na Portaria 120/09 do *Ministério do Esporte* (artigos 41 a 45).
- Documentos arquivados nos locais apropriados, mencionados anteriormente.

VI. Recursos necessários para a realização das atividades

- Recursos humanos:
    - Gerente do projeto.
    - Um analista do departamento de RH do *CRUT*.
    - Um analista do departamento jurídico do *CRUT*.
    - Um analista do departamento contábil do *CRUT*.

V. Predecessoras principais do pacote de trabalho

- Não há.

VI. Sucessoras principais do pacote de trabalho

- 1.2. Aquisições.
- 1.3. Capacitação RH.
- 1.4. Recrutamento de atletas.

VII. Riscos associados ao pacote

- Demandas internas dos departamentos jurídico e contábil do *CRUT* podem causar atrasos na emissão do parecer a respeito dos contratos.

Nota: *quaisquer alterações neste documento deverão ser submetidas ao processo de controle integrado de mudanças antes de serem incorporadas.*

APROVADO POR	DATA
Vicente Gomes de Oliveira Moreira – Diretor de esportes olímpicos do *CRUT*	09/11/2013

PROJETO DE DESENVOLVIMENTO DE REMADORAS

Descrição da Entrega da EAP

PREPARADO POR	VERSÃO
Davi Tannure – Gerente do projeto	01

PACOTE 1.2.1	Aquisição equipamentos esportivos			
RESPONSÁVEL		**INÍCIO**	**TÉRMINO**	**DURAÇÃO**
Cristina Forte da Costa – Secretária		01/01/2014	14/02/2014	44 dias

I. Atividades a serem realizadas

- Serão adquiridos os seguintes itens:

Código do orçamento	Uniformes	Detalhamento	Quantidade	Unidade
3.1	Barco motor 25 HP	Barco com casco de alumínio com motor de popa de 25 HP acompanhado de tanque de combustível (24 litros) com mangueira e bulbo	3	Unidade
3.2	Kettlebell 8 kg	Kettlebell feito de ferro fundido	2	Unidade
3.3	Remoergômetro	Remoergômetro Concept 2, modelo D, com monitor de performance PM4	20	Unidade
3.4	Monitor de frequência cardíaca com GPS	Monitor de frequência cardíaca com GPS. Equipamento utilizado pelas atletas em dias de treinamento e competições	33	Unidade

II. Instruções para a realização das atividades

- Todas as aquisições deverão ser feitas em conformidade com os procedimentos descritos na Portaria 120/09 do Ministério do Esporte (artigos 41 a 45).

- Antes que o processo de aquisição seja efetivado o gerente do projeto deverá revisá-lo, a fim de atestar a conformidade com os requisitos legais mencionados. Somente depois de aprovado o processo é que a aquisição poderá ser efetuada.

- O pagamento de fornecedores será feito mediante emissão de: nota fiscal, cupom fiscal ou fatura. Os referidos documentos, quando couber, deverão ser emitidos em nome do *CRUT*, devendo estar completa e corretamente preenchidos, não podendo haver rasuras ou emendas.

- Toda a documentação relativa às aquisições, incluindo, mas não se limitando a cópias de cheques ou comprovantes de operação bancária, devem ser arquivados:
    - Na pasta eletrônica denominada prestação de contas do projeto, localizada na área restrita do site do projeto.
    - Na pasta denominada prestação de contas do projeto, localizada no arquivo físico do projeto que fica na secretaria da organização esportiva.

III. Critério de aceitação das entregas

- Aquisições feitas em conformidade com os procedimentos descritos na Portaria 120/09 do Ministério do Esporte (artigos 41 a 45).
- Entregas de equipamentos esportivos aprovadas pelo supervisor de preparação esportiva.
- Documentos arquivados nos locais apropriados, mencionados anteriormente.

IV. Recursos necessários para a realização das atividades

- Recursos humanos:
    - Cristina Forte da Costa – Secretária.
    - Norberto Moreno – Supervisor de preparação esportiva.
    - Davi Tannure – Gerente do projeto.

V. Predecessoras principais do pacote de trabalho

- 1.1. Contratação RH.

VI. Sucessoras principais do pacote de trabalho

- 1.3. Capacitação RH.
- 1.4. Recrutamento atletas.
- 1.5. Encerramento F1.

VII. Riscos associados ao pacote

- Falta de experiência da secretária pode levar à execução de aquisições em desacordo com os procedimentos especificados, o que pode causar problemas relativos à prestação de contas no projeto.

Nota: *quaisquer alterações neste documento deverão ser submetidas ao processo de controle integrado de mudanças antes de serem incorporadas.*

APROVADO POR	DATA
Vicente Gomes de Oliveira Moreira – Diretor de esportes olímpicos do *CRUT*	19/11/2013

PROJETO DE DESENVOLVIMENTO DE REMADORAS

Descrição da Entrega da EAP

PREPARADO POR	VERSÃO
Davi Tannure – Gerente do projeto	01

PACOTE 1.2.2	Aquisição uniformes			
RESPONSÁVEL		**INÍCIO**	**TÉRMINO**	**DURAÇÃO**
Cristina Forte da Costa – Secretária		01/01/2014	14/02/2014	44 dias

I. Atividades a serem realizadas

- Serão adquiridos os seguintes itens:

Código do orçamento	Uniformes	Detalhamento	Quantidade	Unidade
5.1	Agasalho	Calça na cor preta e jaqueta de manga comprida na cor rosa, modelagem feminina, feita de tecido 100% poliéster	152	Unidade
5.2	Bermuda	Bermuda na cor preta, modelagem feminina, feita de tecido composto de poliéster e elastano	304	Unidade
5.3	Boné	Boné na cor rosa, modelagem feminina, feito de tecido 100% poliéster	46	Unidade
5.4	Camiseta	Camiseta regata na cor rosa, modelagem feminina, feita de tecido composto de poliéster e elastano	368	Unidade
5.5	Camisa polo	Camisa polo na cor branca, feita de tecido composto de poliéster e elastano	184	Unidade
5.6	Capa de chuva	Capa de chuva em PVC laminado, soldada eletronicamente, com manga, capuz e botões de pressão no fechamento	46	Unidade
5.7	Chinelo	Chinelo na cor branca, com solado em borracha e tira em borracha flexível	30	Par
5.8	Macaquinho	Macaquinho curto, na cor preta e rosa, feito de tecido 100% poliéster	120	Unidade
5.9	Mochila	Mochila na cor rosa, feita de tecido poliéster, dimensões: 28 cm x 16 cm x 38 cm	46	Unidade
5.10	Short	Short na cor rosa, modelagem feminina, feito de tecido poliéster	368	Unidade
5.11	Tênis	Tênis de corrida, nas cores rosa e preto, entressola em EVA, com tecnologia de amortecimento	138	Par
5.12	Top	Top na cor preta, feito de tecido composto de poliéster e elastano	240	Unidade
5.13	Viseira	Viseira na cor preta, feita de tecido 100% poliéster	60	Unidade

II. Instruções para a realização das atividades

- Todas as aquisições deverão ser feitas em conformidade com os procedimentos descritos na Portaria 120/09 do Ministério do Esporte (artigos 41 a 45).
- Antes que o processo de aquisição seja efetivado, o gerente do projeto deverá revisá-lo, a fim de atestar a conformidade com os requisitos legais mencionados anteriormente. Somente depois de aprovado o processo é que a aquisição poderá ser efetuada.

- O pagamento de fornecedores será feito mediante emissão de: nota fiscal, cupom fiscal ou fatura. Os referidos documentos, quando couber, deverão ser emitidos em nome do *CRUT*, devendo estar completa e corretamente preenchidos, não podendo haver rasuras ou emendas.
- Toda a documentação relativa às aquisições, incluindo, mas não se limitando a cópias de cheques ou comprovantes de operação bancária, devem ser arquivados:
    o Na pasta eletrônica denominada "prestação de contas do projeto", localizada na área restrita do site do projeto.
    o Na pasta denominada "prestação de contas do projeto", localizada no arquivo físico do projeto que fica na secretaria da organização esportiva.

III. Critério de aceitação das entregas

- Aquisições feitas em conformidade com os procedimentos descritos na Portaria 120/09 do Ministério do Esporte (artigos 41 a 45).
- Entregas de uniformes aprovadas pelo supervisor de preparação esportiva.
- Documentos arquivados nos locais apropriados, mencionados anteriormente.

IV. Recursos necessários para a realização das atividades

- Recursos humanos
    o Cristina Forte da Costa – Secretária.
    o Norberto Moreno – Supervisor de preparação esportiva.
    o Davi Tannure – Gerente do projeto.

V. Predecessoras principais do pacote de trabalho

- 1.1. Contratação RH.

VI. Sucessoras principais do pacote de trabalho

- 1.3. Capacitação RH.
- 1.4. Recrutamento atletas.
- 1.5. Encerramento F1.

VII. Riscos associados ao pacote

- Falta de experiência da secretária pode levar à execução de aquisições em desacordo com os procedimentos especificados, o que pode causar problemas relativos à prestação de contas no projeto.

Nota: *quaisquer alterações neste documento deverão ser submetidas ao processo de controle integrado de mudanças antes de serem incorporadas.*

APROVADO POR	DATA
Vicente Gomes de Oliveira Moreira – Diretor de esportes olímpicos do *CRUT*	18/11/2013

PROJETO DE DESENVOLVIMENTO DE REMADORAS

Descrição da Entrega da EAP

PREPARADO POR	VERSÃO
Davi Tannure – Gerente do projeto	01

PACOTE 1.2.3	Aquisição equipamentos informática/eletrônicos			
RESPONSÁVEL		INÍCIO	TÉRMINO	DURAÇÃO
Cristina Forte da Costa – Secretária		01/01/2014	14/02/2014	44 dias

I. Atividades a serem realizadas

- Serão adquiridos os seguintes itens:

Código do orçamento	Informática / Eletrônicos	Detalhamento	Quantidade	Unidade
8.1	HD externo portátil	HD com conexão USB, com capacidade de 1 TB. Utilizado para armazenamento de arquivos eletrônicos do projeto	1	Unidade
8.2	Notebook	Notebook com tela de LED de 14", memória RAM de 4 GB ou superior e HD de 500 GB	3	Unidade
8.3	Filmadora	Filmadora Full HD	1	Unidade

II. Instruções para a realização das atividades

- Todas as aquisições deverão ser feitas em conformidade com os procedimentos descritos na Portaria 120/09 do Ministério do Esporte (artigos 41 a 45).
- Antes que o processo de aquisição seja efetivado, o gerente do projeto deverá revisá-lo, a fim de atestar a conformidade com os requisitos legais mencionados anteriormente. Somente depois de aprovado o processo é que a aquisição poderá ser efetuada.
- O pagamento de fornecedores será feito mediante emissão de: nota fiscal, cupom fiscal ou fatura. Os referidos documentos, quando couber, deverão ser emitidos em nome do *CRUT*, devendo estar completa e corretamente preenchidos, não podendo haver rasuras ou emendas.
- Toda a documentação relativa às aquisições, incluindo, mas não se limitando a cópias de cheques ou comprovantes de operação bancária, devem ser arquivados:
    - Na pasta eletrônica denominada "prestação de contas do projeto", localizada na área restrita do site do projeto.
    - Na pasta denominada "prestação de contas do projeto", localizada no arquivo físico do projeto que fica na secretaria da organização esportiva.

III. Critério de aceitação das entregas

- Aquisições feitas em conformidade com os procedimentos descritos na Portaria 120/09 do Ministério do Esporte (artigos 41 a 45).
- Entregas dos produtos aprovadas pelo gerente do projeto.
- Documentos arquivados nos locais apropriados, mencionados anteriormente.

IV. Recursos necessários para a realização das atividades

- Recursos humanos:
    - Cristina Forte da Costa – Secretária.
    - Davi Tannure – Gerente do projeto.

V. Predecessoras principais do pacote de trabalho

- 1.1. Contratação RH.

VI. Sucessoras principais do pacote de trabalho

- 1.3. Capacitação RH.
- 1.4. Recrutamento atletas.
- 1.5. Encerramento F1.

VII. Riscos associados ao pacote

- Falta de experiência da secretária pode levar à execução de aquisições em desacordo com os procedimentos especificados, o que pode causar problemas relativos à prestação de contas no projeto.

Nota: *quaisquer alterações neste documento deverão ser submetidas ao processo de controle integrado de mudanças antes de serem incorporadas.*

APROVADO POR	DATA
Vicente Gomes de Oliveira Moreira – Diretor de esportes olímpicos do *CRUT*	18/11/2013

PROJETO DE DESENVOLVIMENTO DE REMADORAS

Descrição da Entrega da EAP

PREPARADO POR	VERSÃO
Davi Tannure – Gerente do projeto	01

PACOTE 1.2.4	Aquisição mobiliário			
RESPONSÁVEL Cristina Forte da Costa – Secretária		**INÍCIO** 01/01/2014	**TÉRMINO** 14/02/2014	**DURAÇÃO** 44 dias

I. **Atividades a serem realizadas**

- Serão adquiridos os seguintes itens:

Código do orçamento	Mobiliário	Detalhamento	Quantidade	Unidade
13.1	Arquivo 4 gavetas	Arquivo de aço com quatro gavetas para pastas suspensas	1	Unidade

II. **Instruções para a realização das atividades**

- Todas as aquisições deverão ser feitas em conformidade com os procedimentos descritos na Portaria 120/09 do Ministério do Esporte (artigos 41 a 45).

- Antes que o processo de aquisição seja efetivado, o gerente do projeto deverá revisá-lo, a fim de atestar a conformidade com os requisitos legais mencionados anteriormente. Somente depois de aprovado o processo é que a aquisição poderá ser efetuada.

- O pagamento do fornecedor será feito mediante emissão de: nota fiscal, cupom fiscal ou fatura. Os referidos documentos, quando couber, deverão ser emitidos em nome do *CRUT*, devendo estar completa e corretamente preenchidos, não podendo haver rasuras ou emendas.

- Toda a documentação relativa às aquisições, incluindo, mas não se limitando a cópias de cheques ou comprovantes de operação bancária, devem ser arquivados:
    - Na pasta eletrônica denominada "prestação de contas do projeto", localizada na área restrita do site do projeto.
    - Na pasta denominada "prestação de contas do projeto", localizada no arquivo físico do projeto que fica na secretaria da organização esportiva.

III. **Critério de aceitação das entregas**

- Aquisições feitas em conformidade com os procedimentos descritos na Portaria 120/09 do Ministério do Esporte (artigos 41 a 45).

- Entrega de mobiliário aprovada pelo gerente do projeto.

- Documentos arquivados nos locais apropriados, mencionados anteriormente.

IV. Recursos necessários para a realização das atividades

- Recursos humanos:
    - Cristina Forte da Costa – Secretária.
    - Davi Tannure – Gerente do projeto.

V. Predecessoras principais do pacote de trabalho

- 1.1. Contratação RH.

VI. Sucessoras principais do pacote de trabalho

- 1.3. Capacitação RH.
- 1.4. Recrutamento atletas.
- 1.5. Encerramento F1.

VII. Riscos associados ao pacote

- Falta de experiência da secretária pode levar à execução de aquisições em desacordo com os procedimentos especificados, o que pode causar problemas relativos à prestação de contas no projeto.

Nota: *quaisquer alterações neste documento deverão ser submetidas ao processo de controle integrado de mudanças antes de serem incorporadas.*

APROVADO POR	DATA
Vicente Gomes de Oliveira Moreira – Diretor de esportes olímpicos do *CRUT*	19/11/2013

PROJETO DE DESENVOLVIMENTO DE REMADORAS

Descrição da Entrega da EAP

PREPARADO POR	VERSÃO
Davi Tannure – Gerente do projeto	01

PACOTE 1.2.5	Aquisição material consumo		
RESPONSÁVEL	**INÍCIO**	**TÉRMINO**	**DURAÇÃO**
Cristina Forte da Costa – Secretária	01/01/2014	11/01/2014	10 dias

I. Atividades a serem realizadas

- Serão adquiridos os seguintes itens:

Código do orçamento	Material de Consumo/Expediente	Detalhamento	Quantidade	Unidade
7.1	Bloco flip chart com 50 fls.	Bloco flip chart 56g, dimensões: 64 cm x 88 cm, com 50 folhas	10	Unidade
7.2	Bloco autoadesivo	Bloco autoadesivo, dimensões: 76 mm x 76 mm. Pacote com 4 unidades de 100 folhas cada	20	Pacote
7.3	Borracha	Borracha macia e suave, aplicável sobre diversos tipos de superfície e para qualquer graduação de grafite. Caixa com 24 unidades	1	Caixa
7.4	Caneta esferográfica	Caneta esferográfica azul	50	Caixa
7.5	Cartucho tinta preta	Cartucho de tinta preta	10	Unidade
7.6	Cartucho tinta colorida	Cartucho de tinta colorida	10	Unidade
7.7	Fita crepe	Fita crepe, dimensões: 19 mm x 50 m. Rolo com 6 unidades	10	Rolo
7.8	Lápis preto	Lápis preto. Caixa com 72 unidades	1	Caixa
7.9	Papel A4 com 500 fls.	Papel sulfite, 75 g, alcalino, dimensões: 210 mm x 297 mm (A4)	15	Pacote
7.10	Pasta suspensa	Pasta suspensa, feita em cartão, dimensões: 360 mm x 240 mm. Caixa com 50 unidades	3	Caixa
7.11	Pincel atômico	Pincel marcador atômico, escrita grossa. Caixa com 12 unidades	12	Caixa

II. Instruções para a realização das atividades

- Todas as aquisições deverão ser feitas em conformidade com os procedimentos descritos na Portaria 120/09 do Ministério do Esporte (artigos 41 a 45).
- Antes que o processo de aquisição seja efetivado, o gerente do projeto deverá revisá-lo, a fim de atestar a conformidade com os requisitos legais mencionados anteriormente. Somente depois de aprovado o processo é que a aquisição poderá ser efetuada.
- O pagamento do(s) fornecedor(es) será feito mediante emissão de: nota fiscal, cupom fiscal ou fatura. Os referidos documentos, quando couber, deverão ser emitidos em nome do *CRUT*, devendo estar completa e corretamente preenchidos, não podendo haver rasuras ou emendas.

- Toda a documentação relativa às aquisições, incluindo, mas não se limitando a cópias de cheques ou comprovantes de operação bancária, devem ser arquivados:
  - Na pasta eletrônica denominada "prestação de contas do projeto", localizada na área restrita do site do projeto.
  - Na pasta denominada "prestação de contas do projeto", localizada no arquivo físico do projeto que fica na secretaria da organização esportiva.

III. Critério de aceitação das entregas

- Aquisição feita em conformidade com os procedimentos descritos na Portaria 120/09 do Ministério do Esporte (artigos 41 a 45).
- Entrega dos produtos aprovada pelo gerente do projeto.
- Documentos arquivados nos locais apropriados, mencionados anteriormente.

IV. Recursos necessários para a realização das atividades

- Recursos humanos:
  - Cristina Forte da Costa – Secretária.
  - Davi Tannure – Gerente do projeto.

V. Predecessoras principais do pacote de trabalho

- 1.1. Contratação RH.

VI. Sucessoras principais do pacote de trabalho

- 1.3. Capacitação RH.
- 1.4. Recrutamento atletas.
- 1.5. Encerramento F1.

VII. Riscos associados ao pacote

- Falta de experiência da secretária pode levar à execução de aquisições em desacordo com os procedimentos especificados, o que pode causar problemas relativos à prestação de contas no projeto.

Nota: *quaisquer alterações neste documento deverão ser submetidas ao processo de controle integrado de mudanças antes de serem incorporadas.*

APROVADO POR	DATA
Vicente Gomes de Oliveira Moreira – Diretor de esportes olímpicos do *CRUT*	19/11/2013

PROJETO DE DESENVOLVIMENTO DE REMADORAS

Descrição da Entrega da EAP

PREPARADO POR			VERSÃO
Davi Tannure – Gerente do projeto			01

PACOTE 1.3	Capacitação RH		
RESPONSÁVEL	**INÍCIO**	**TÉRMINO**	**DURAÇÃO**
Cristina Forte da Costa – Secretária	01/01/2014	10/02/2014	40 dias

I. Atividades a serem realizadas

- Matricular 13 membros da equipe do projeto no curso *on-line* "Gerenciamento de Projetos de Preparação Esportiva".
- Enviar relatórios de desempenho dos colaboradores, ao final de cada um dos cinco módulos do curso, para o gerente do projeto.

II. Instruções para a realização das atividades

- Realizar pagamento do curso e arquivar comprovante no arquivo físico do projeto disponível na secretaria do *CRUT*.
- O pagamento do fornecedor será feito mediante emissão de: nota fiscal emitida em nome do *CRUT*, devendo estar completa e corretamente preenchidas, não podendo haver rasuras ou emendas.
- Toda a documentação relativa à contratação do serviço, incluindo, mas não se limitando a cópias de cheques ou comprovantes de operação bancária, devem ser arquivados:
  - Na pasta eletrônica denominada "prestação de contas do projeto", localizada na área restrita do site do projeto.
  - Na pasta denominada "prestação de contas do projeto", localizada no arquivo físico do projeto que fica na secretaria da organização esportiva.
- Enviar relatórios de desempenho dos colaboradores em no máximo 48 horas após o encerramento de cada módulo.

III. Critério de aceitação das entregas

- Os membros da equipe do projeto deverão ter um desempenho igual ou superior a 85% do curso.
- Documentos relativos à contratação do serviço arquivados nos locais apropriados, mencionados anteriormente.

IV. Recursos necessários para a realização das atividades

- Recursos humanos:
  - Aline Alvarez – Psicóloga.
  - Ana Maria Cândida – Assistente social.
  - Carlos Vasconcellos de Pádua – Auxiliar técnico de remo.
  - Carolina Bernardes – Jornalista.
  - Cristina Forte da Costa – Secretária.
  - Gustavo Fermino – Auxiliar técnico de remo.

- o Mauro Tompim de Oliveira – Técnico de remo.
- o Miguel Rey – Preparador físico.
- o Nathália de Jesus – Fisiologista.
- o Norberto Moreno – Supervisor de preparação esportiva.
- o Renata Damaceno – Nutricionista.
- o Roberto Shalom – Médico.
- o Roberto Silva – Fisioterapeuta.
- o Yuli Mikami – Dentista.
- Equipamentos:
  - o Computador, próprio dos membros da equipe do projeto, conectados à internet – 13 unidades.
- Material de consumo
  - o Plano do projeto de preparação, desenvolvido ao longo do curso, impresso – 10 unidades.

V. Predecessoras principais do pacote de trabalho
- 1.1. Contratação RH.
- 1.2. Aquisições.

VI. Sucessoras principais do pacote de trabalho
- 1.4. Recrutamento atletas.
- 1.5. Encerramento F1.

VII. Riscos associados ao pacote
- Falta de experiência dos membros da equipe do projeto em relação à realização de curso a distância pode causar atraso nas entregas.

Nota: *quaisquer alterações neste documento deverão ser submetidas ao processo de controle integrado de mudanças antes de serem incorporadas.*

APROVADO POR
Vicente Gomes de Oliveira Moreira – Diretor de esportes olímpicos do *CRUT*

DATA
20/11/2013

PROJETO DE DESENVOLVIMENTO DE REMADORAS

Descrição da Entrega da EAP

PREPARADO POR	VERSÃO
Davi Tannure – Gerente do projeto	01

PACOTE 1.4	Recrutamento			
RESPONSÁVEL		**INÍCIO**	**TÉRMINO**	**DURAÇÃO**
Carolina Bernardes – Jornalista		11/11/2013	07/02/2014	88 dias

I. **Atividades a serem realizadas**

- Contratar serviço de designer para criar:
    - Marca e identidade visual para a campanha de recrutamento.
    - Layout de uma página no Facebook.
    - *Banners* de divulgação para a página do Facebook.
    - Cartaz.
    - Ilustrações que farão parte do conteúdo da página do Facebook.
- Produzir conteúdo para a página do Facebook envolve:
    - Criar texto que contenha entre 250 a 300 palavras.
    - Realizar entrevistas com a equipe do projeto e atletas que já competem pelo *CRUT*.
    - Produzir vídeos e/ou áudios de até três minutos.
    - Produzir fotos.
- Atualizar conteúdo da página do Facebook.
- Contratar anúncios pagos no Facebook com a finalidade de promover a campanha de recrutamento.
- Contratar serviço de impressão gráfica de mil cartazes com quatro cores, tamanho A3, 115g.
- Enviar cartazes para escolas públicas e privadas.
- Receber as inscrições de candidatas, feitas via página do Facebook e via telefone.

II. **Instruções para a realização das atividades**

- As contratações dos serviços, mencionadas anteriormente, deverão ser feitas em conformidade com os procedimentos descritos na Portaria 120/09 do Ministério do Esporte (artigos 41 a 45).
- A contratação de anúncios pagos no Facebook, até o valor de R$ 2.000,00, será custeada pelo departamento de marketing do *CRUT*. **Em hipótese nenhuma essa despesa poderá ser custeada com recursos captados a partir da Lei de Incentivo ao Esporte**.
- Antes que as contratações sejam efetivadas, o gerente do projeto deverá revisar os processos, a fim de atestar a conformidade com os requisitos legais mencionados anteriormente. Somente depois de aprovados os processos é que as contratações poderão ser efetuadas.

- Os pagamentos dos prestadores de serviço serão feitos mediante emissão de: nota fiscal, cupom fiscal ou fatura. Os referidos documentos, quando couber, deverão ser emitidos em nome do *CRUT*, devendo estar completa e corretamente preenchidos, não podendo haver rasuras ou emendas.
- Toda a documentação relativa à contratação, incluindo, mas não se limitando a cópias de cheques ou comprovantes de operação bancária, devem ser arquivados:
    o   Na pasta eletrônica denominada "prestação de contas do projeto", localizada na área restrita do site do projeto.
    o   Na pasta denominada "prestação de contas do projeto", localizada no arquivo físico do projeto que fica na secretaria da organização esportiva.
- A página do Facebook deve ser atualizada, no mínimo, uma vez por semana.
- Conteúdos devem ser produzidos de acordo com os requisitos mencionados anteriormente.
- Os cartazes só deverão ser impressos depois de aprovados por Carolina Bernardes – Jornalista, membro da equipe do projeto.
- Oitenta por cento dos cartazes devem ser enviados para escolas que se encontram em um raio de até seis quilômetros de distância do *CRUT*.

III. Critério de aceitação das entregas

- Contratação de serviços em conformidade com os procedimentos descritos na Portaria 120/09 do Ministério do Esporte (artigos 41 a 45).
- Página do Facebook veiculada por no mínimo setenta dias.
- Cartazes afixados em local visível aos alunos das escolas.
- E-mail enviado aos diretores das escolas dando ciência do processo de recrutamento e solicitando colaboração para que este seja amplamente divulgado para os alunos.
- Documentos arquivados nos locais apropriados, mencionados anteriormente.
- Lista com todos os campos preenchidos contendo, no mínimo, quinhentas candidatas inscritas.

IV. Recursos necessários para a realização das atividades

- Recursos humanos:
    o   Carolina Bernardes – Jornalista.
    o   Cristina Forte da Costa – Secretária.
- Equipamentos:
    o   Notebook conectado à internet – 1 unidade.
    o   Impressora.

V. Predecessoras principais do pacote de trabalho

- 1.2. Aquisições.
- 1.3. Capacitação RH.

VI. Sucessoras principais do pacote de trabalho

- 1.5. Encerramento F1.
- 2.1.1.1. Padrão documentos.

VII. Riscos associados ao pacote

- Atraso nas entregas.

Nota: *quaisquer alterações neste documento deverão ser submetidas ao processo de controle integrado de mudanças antes de serem incorporadas.*

APROVADO POR	DATA
Vicente Gomes de Oliveira Moreira – Diretor de esportes olímpicos do *CRUT*	06/11/2013

PROJETO DE DESENVOLVIMENTO DE REMADORAS

Descrição da Entrega da EAP

PREPARADO POR	VERSÃO
Norberto Moreno – Supervisor de preparação esportiva	01

PACOTE 2.1.1.1	Padrão documentos			
RESPONSÁVEL		**INÍCIO**	**TÉRMINO**	**DURAÇÃO**
Norberto Moreno – Supervisor de preparação esportiva		10/02/2014	04/03/2014	22 dias

I. **Atividades a serem realizadas**

- Elaborar modelos padronizados de documentos que serão utilizados para planejar, monitorar e controlar o treinamento das atletas.
- Testar funcionamento dos modelos de documentos.
- Obter aprovação dos modelos de documentos.
- Salvar modelos de documentos aprovados.

II. **Instruções para a realização das atividades**

- Produzir, no mínimo, os seguintes documentos:
    o Modelo de documento para declaração de metas de preparação esportiva para a equipe.
    o Modelo de documento para declaração de metas de preparação esportiva para atletas.
    o Planilha e gráfico para controle da carga externa de treinamento.
    o Planilha e gráfico para controle da carga interna de treinamento.
    o Modelo de gráficos para controle do desempenho do estado funcional dos atletas.
    o Modelo de relatório de acompanhamento semanal da preparação esportiva.
    o Modelo de relatório de encerramento da etapa ou período de preparação.

III. **Critério de aceitação das entregas**

- Modelos de documentos devem ser elaborados nos seguintes softwares: Microsoft Word®, Microsoft Excel® e Microsoft PowerPoint®.
- Documentos mencionados anteriormente aprovados pelo gerente do projeto e salvos na pasta eletrônica do projeto denominada "Modelos de documentos".

IV. **Recursos necessários para a realização das atividades**

- Recursos humanos:
    o Mauro Tompim de Oliveira – Técnico de remo.
    o Miguel Rey – Preparador físico.
    o Norberto Moreno – Supervisor de preparação esportiva.
- Equipamentos:
    o Computador – 1 unidade.
    o Datashow – 1 unidade.
    o Impressora – 1 unidade.

V. Predecessoras principais do pacote de trabalho

- 1.3. Capacitação RH.
- 1.4. Recrutamento atletas.

VI. Sucessoras principais do pacote de trabalho

- 2.1.2. Catálogo exercícios.
- 2.1.3. Mapa periodização.
- 2.1.4. Metas preparação esportiva.

VII. Riscos associados ao pacote

- Criação de documentos que não são práticos de utilizar no dia a dia.
- Atrasos nas entregas.

Nota: *quaisquer alterações neste documento deverão ser submetidas ao processo de controle integrado de mudanças antes de serem incorporadas.*

APROVADO POR
Davi Tannure – Gerente do projeto

DATA
18/12/2013

PROJETO DE DESENVOLVIMENTO DE REMADORAS

Descrição da Entrega da EAP

PREPARADO POR	VERSÃO
Norberto Moreno – Supervisor de preparação esportiva	01

PACOTE 2.1.1.2	Padrão competitivo		
RESPONSÁVEL	**INÍCIO**	**TÉRMINO**	**DURAÇÃO**
Carlos Vasconcellos de Pádua – Auxiliar técnico de remo	18/02/2014	26/02/2014	8 dias

I. **Atividade a ser realizada**

- Levantar dados e redigir documento intitulado **Padrão competitivo**.

II. **Instruções para a realização das atividades**

- O documento deve incluir:
    - Resultados, no mínimo, dos dois últimos ciclos olímpicos das seguintes competições:
        - Jogos Olímpicos.
        - Campeonato Mundial.
        - Copa do Mundo.
        - Campeonato Mundial Sub-23.
        - Campeonato Mundial Júnior.
        - Campeonato Brasileiro.
        - Campeonato Estadual de Remo do Rio de Janeiro.
    - Data e local da competição.
    - Colocação geral da competição.
    - Tempo da prova final.
    - Gráfico com parcial de tempos da final, no mínimo, a cada 500 m.
    - Frequência de remada média (voga) em 2000 m.
    - Quadro contendo os tempos mínimos e máximos alcançados pelos medalhistas em cada uma das provas a cada ciclo olímpico:
        - Quadro para os Jogos Olímpicos.
        - Quadro para os Campeonatos Mundiais.
    - Referências documentais que dão suporte e fundamentam as informações, incluindo, mas não se limitando a: World Best Times Under 23. Disponível em: <http://www.worldrowing.com/results>. Acesso em: 18 mar. 2013.

III. **Critério de aceitação das entregas**

- Relatório acompanhado das referências documentais e com as informações mencionadas anteriormente.

IV. Recursos necessários para a realização das atividades

- Recursos humanos:
  - Carlos Vasconcellos de Pádua – Auxiliar técnico de remo.
  - Norberto Moreno – Supervisor de preparação esportiva.
- Equipamentos:
  - Computador – 8 unidades.
  - Impressora – 1 unidade.
- Material de consumo:
  - Papel sulfite 75 g A4 – 50 folhas.

V. Predecessoras principais do pacote de trabalho

- 1.3. Capacitação RH.
- 1.4. Recrutamento atletas.

VI. Sucessoras principais do pacote de trabalho

- 2.1.2. Catálogo exercícios.
- 2.1.3. Mapa periodização.
- 2.1.4. Metas preparação esportiva.

VII. Riscos associados ao pacote

- Atrasos nas entregas.

Nota: *quaisquer alterações neste documento deverão ser submetidas ao processo de controle integrado de mudanças antes de serem incorporadas.*

APROVADO POR	DATA
Davi Tannure – Gerente do projeto	20/12/2013

PROJETO DE DESENVOLVIMENTO DE REMADORAS

Descrição da Entrega da EAP

PREPARADO POR	VERSÃO
Norberto Moreno – Supervisor de preparação esportiva	01

PACOTE 2.1.1.3	Padrão antropométrico			
RESPONSÁVEL		**INÍCIO**	**TÉRMINO**	**DURAÇÃO**
Nathália de Jesus – Fisiologista		18/02/2014	26/02/2014	8 dias

I. Atividades a serem realizadas

- Levantar dados para redação de documento intitulado **Padrão antropométrico**.
- Redigir documento contendo padrão antropométrico das melhores atletas do mundo das categorias Sênior, Sub-23 e Júnior.

II. Instruções para a realização das atividades

- Levantar dados em artigos, livros e sites.
- O documento deve incluir:
  - Massa corporal.
  - Medidas lineares.
  - Diâmetros ósseos.
  - Espessura de dobras cutâneas.
  - Medidas de circunferências.
  - Referências documentais que dão suporte e fundamentam as informações, incluindo, mas não se limitando a:
    - ACKLAND, T. et al. Anthropometric normative data from Olympic rowers and paddlers. Disponível em: <http://www.ausport.gov.au/fulltext/2001/acsms/papers/ACKL.pdf>. Acesso em: 18 mar. 2013.
    - BOURGOIS et al. Anthropometric characteristics of elite female junior rowers, Journal of Sports Sciences, 2001.
  - Gráfico de colunas com cada uma das medidas e gráfico radar contendo todas as medidas, ambos produzidos a partir do software Microsoft Excel®.

III. Critério de aceitação das entregas

- Documento elaborado de acordo com os requisitos especificados anteriormente e acompanhado de referências documentais.

IV. Recursos necessários para a realização das atividades

- Recursos humanos:
  - Miguel Rey – Preparador físico.
  - Nathália de Jesus – Fisiologista.
  - Renata Damaceno – Nutricionista.

- Equipamentos:
    - Computador – 1 unidade.
    - Datashow – 1 unidade.
    - Impressora – 1 unidade.

V. Predecessoras principais do pacote de trabalho

- 1.3. Capacitação RH.
- 1.4. Recrutamento atletas.

VI. Sucessoras principais do pacote de trabalho

- 2.1.2. Catálogo exercícios.
- 2.1.3. Mapa periodização.
- 2.1.4. Metas preparação esportiva.

VII. Riscos associados ao pacote

- Atrasos nas entregas.

Nota: *quaisquer alterações neste documento deverão ser submetidas ao processo de controle integrado de mudanças antes de serem incorporadas.*

APROVADO POR
Davi Tannure – Gerente do projeto

DATA
20/12/2013

PROJETO DE DESENVOLVIMENTO DE REMADORAS

Descrição da Entrega da EAP

PREPARADO POR			VERSÃO
Norberto Moreno – Supervisor de preparação esportiva			01

PACOTE 2.1.1.4	Padrão comportamental e valores		
RESPONSÁVEL	**INÍCIO**	**TÉRMINO**	**DURAÇÃO**
Aline Alvarez – Psicóloga	18/02/2014	26/02/2014	8 dias

I. **Atividades a serem realizadas**

- Levantar dados para redação do documento intitulado **Padrão comportamental e valores.**
- Redigir documento contendo padrão comportamental e valores desejáveis para jovens remadoras.

II. **Instruções para a realização das atividades**

- O documento deve incluir comportamentos e valores que favoreçam a busca pelo alto desempenho em atividades em grupo de acordo com referências da literatura especializada na área da psicologia do esporte e gestão de pessoas.

III. **Critério de aceitação das entregas**

- Relatório acompanhado das evidências especificadas nas informações mencionadas anteriormente.

IV. **Recursos necessários para a realização das atividades**

- Recursos humanos:
    o Aline Alvarez – Psicóloga.
    o Ana Maria Cândida – Assistente social.
- Equipamentos:
    o Computador – 1 unidade.
    o Datashow – 1 unidade.
    o Impressora – 1 unidade.

V. Predecessoras principais do pacote de trabalho

- 1.3 – Capacitação RH.
- 1.4 – Recrutamento atletas.

VI. Sucessoras principais do pacote de trabalho

- 2.1.2 – Catálogo exercícios.
- 2.1.3 – Mapa periodização.
- 2.1.4 – Metas preparação esportiva.

VII. Riscos associados ao pacote

- Atrasos nas entregas.

Nota: *quaisquer alterações neste documento deverão ser submetidas ao processo de controle integrado de mudanças antes de serem incorporadas.*

APROVADO POR
Davi Tannure – Gerente do projeto

DATA
20/12/2013

PROJETO DE DESENVOLVIMENTO DE REMADORAS			
Descrição da Entrega da EAP			
PREPARADO POR Norberto Moreno – Supervisor de preparação esportiva			**VERSÃO** 02
PACOTE 2.1.1.5	Padrão técnico		
RESPONSÁVEL Mauro Tompim de Oliveira – Técnico de remo	**INÍCIO** 18/02/2014	**TÉRMINO** 12/03/2014	**DURAÇÃO** 22 dias

I. **Atividades a serem realizadas**

- Levantar dados para criação de instrumento para avaliação qualitativa da técnica nos barcos Skiff, Duplo Skiff e Dois Sem.
- Criar instrumento para avaliação qualitativa da técnica.
- Validar instrumento para avaliação qualitativa da técnica.

II. **Instruções para a realização das atividades**

- O levantamento de dados deve ser feito em sites, livros, artigos e vídeos.
- O instrumento deve permitir avaliar a técnica a partir da observação de vídeos.
- Para isso, um sistema de pontuação que utiliza uma escala de 0 a 5 – onde 0 = não atende aos requisitos do padrão e 5 = atende plenamente aos requisitos do padrão – deve ser criado. A máxima pontuação deve ser aplicada levando-se em consideração a observação de vídeos de competições e treinamento dos melhores atletas do mundo.
- Para cada tipo de barco deve haver, no mínimo, três barcos medalhistas em Campeonatos Mundiais e/ou Jogos Olímpicos que deverão evidenciar o atendimento da máxima pontuação para um dado critério avaliado (por exemplo: velocidade de imersão da pá, alinhamento dos joelhos no ataque, trajetória retilínea, etc.).
- A validação do instrumento deve ser feita a partir da coleta de opiniões de no mínimo dois especialistas em remo e um especialista da área de ciências do esporte.

III. **Critério de aceitação das entregas**

- Instrumento para avaliação da técnica de acordo com os requisitos especificados e acompanhado de relatório contendo evidências do processo de validação.

IV. **Recursos necessários para a realização das atividades**

- Recursos humanos:
    - Gustavo Fermino – Auxiliar técnico de remo.
    - Mauro Tompim de Oliveira – Técnico de remo.
- Equipamentos:
    - Computador – 1 unidade.
    - Datashow – 1 unidade.
    - Impressora – 1 unidade.

V. Predecessoras principais do pacote de trabalho

- 1.3. Capacitação RH.
- 1.4. Recrutamento atletas.

VI. Sucessoras principais do pacote de trabalho

- 2.1.2. Catálogo exercícios.
- 2.1.3. Mapa periodização.
- 2.1.4. Metas preparação esportiva.

VII. Riscos associados ao pacote

- Atrasos nas entregas.

Nota: *quaisquer alterações neste documento deverão ser submetidas ao processo de controle integrado de mudanças antes de serem incorporadas.*

APROVADO POR
Davi Tannure – Gerente do projeto

DATA
23/12/2013

PROJETO DE DESENVOLVIMENTO DE REMADORAS			
Descrição da Entrega da EAP			
PREPARADO POR Norberto Moreno – Supervisor de preparação esportiva			VERSÃO 01
PACOTE 2.1.1.6	Padrão testes físicos		
RESPONSÁVEL Nathália de Jesus – Fisiologista	INÍCIO 18/02/2014	TÉRMINO 26/02/2014	DURAÇÃO 8 dias

I. **Atividades a serem realizadas**

- Levantar dados para redação do padrão de desempenho em testes físicos.
- Redigir documento contendo padrão de desempenho em testes físicos.

II. **Instruções para a realização das atividades**

- Levantar dados em artigos, livros e sites.
- O documento deve incluir:
  o Teste de corrida (Léger).
  o Testes realizados com pesos livres – 3RM no agachamento, remada deitada e supino.
  o Testes realizados no remo ergômetro – 100m, 500m, 2000m e 30 minutos com a voga 20.
  o Referências documentais que dão suporte e fundamentam as informações, incluindo, mas não se limitando a: Australian National Rowing Centre of Excellence Benchmarks. Disponível em: <http://www.rowingaustralia.com.au/docs/2009-2012_nrce-benchmarks-and-prognostics_nov-09.pdf>. Acesso em: 20 mar. 2013.

III. **Critério de aceitação das entregas**

- Documento elaborado de acordo com os requisitos especificados anteriormente e acompanhado de referências documentais.

IV. **Recursos necessários para a realização das atividades**

- Recursos humanos:
  o Miguel Rey – Preparador físico.
  o Nathália de Jesus – Fisiologista.
- Equipamentos:
  o Computador – 1 unidade.
  o Datashow – 1 unidade.
  o Impressora – 1 unidade.

V. Predecessoras principais do pacote de trabalho

- 1.3. Capacitação RH.
- 1.4. Recrutamento atletas.

VI. Sucessoras principais do pacote de trabalho

- 2.1.2. Catálogo exercícios.
- 2.1.3. Mapa periodização.
- 2.1.4. Metas preparação esportiva.

VII. Riscos associados ao pacote

- Atrasos nas entregas.

Nota: *quaisquer alterações neste documento deverão ser submetidas ao processo de controle integrado de mudanças antes de serem incorporadas.*

APROVADO POR	DATA
Davi Tannure – Gerente do projeto	23/12/2013

PROJETO DE DESENVOLVIMENTO DE REMADORAS

Descrição da Entrega da EAP

PREPARADO POR	VERSÃO
Norberto Moreno – Supervisor de preparação esportiva	01

PACOTE 2.1.1.7	Padrão organização do treinamento		
RESPONSÁVEL	**INÍCIO**	**TÉRMINO**	**DURAÇÃO**
Miguel Rey – Preparador físico	05/02/2014	13/02/2014	8 dias

I. Atividades a serem realizadas

- Levantar dados para redação do padrão para organização do treinamento em diferentes etapas de preparação esportiva.
- Redigir documento contendo padrão para organização do treinamento em diferentes etapas de preparação esportiva.

II. Instruções para a realização das atividades

- O levantamento de dados deve ser feito a partir da coleta de opiniões de especialistas e de informações em sites, artigos e livros da área de treinamento esportivo.
- O documento deve incluir:
    o Mapa padrão para a periodização do ciclo anual de treinamento de remadoras da categoria Sênior Feminina.
    o Mapa padrão para a periodização do ciclo anual de treinamento de remadoras da categoria Sub-23 Feminina.
    o Mapa padrão para a periodização do ciclo anual de treinamento de remadoras da categoria Júnior Feminina.
- Os mapas citados devem ser elaborados a partir do modelo de documento eletrônico no formato Microsoft Excel® denominado **Mapa da periodização**, disponível no arquivo eletrônico do projeto na pasta "Modelos documentos_Proj.remo". Os mapas deverão vir acompanhados de exemplos com o detalhamento de, no mínimo:
    o Um microciclo para o período de preparação.
    o Um microciclo para o período de competição.
    o Um microciclo para o período de transição.
- Cada uma das sessões de treinamento dos microciclos citados deverá ser elaborada a partir do modelo de documento eletrônico no formato Microsoft Word® denominado **Atividades de Preparação Semanal dos Atletas**, disponível no arquivo eletrônico do projeto na pasta "Modelos documentos_Proj.remo".

III. Critério de aceitação das entregas

- Atender a todos os requisitos aqui especificados.

IV. Recursos necessários para a realização das atividades

- Recursos humanos:
  - Mauro Tompim de Oliveira – Técnico de remo.
  - Miguel Rey – Preparador físico.
  - Norberto Moreno – Supervisor de preparação esportiva.
- Equipamentos:
  - Computador – 1 unidade.
  - Datashow – 1 unidade.
  - Impressora – 1 unidade.

V. Predecessoras principais do pacote de trabalho

- 1.3. Capacitação RH.
- 1.4. Recrutamento atletas.

VI. Sucessoras principais do pacote de trabalho

- 2.1.2. Catálogo exercícios.
- 2.1.3. Mapa periodização.
- 2.1.4. Metas preparação esportiva.

VII. Riscos associados ao pacote

- Atrasos nas entregas.

Nota: *quaisquer alterações neste documento deverão ser submetidas ao processo de controle integrado de mudanças antes de serem incorporadas.*

APROVADO POR	DATA
Davi Tannure – Gerente do projeto	23/12/2013

PROJETO DE DESENVOLVIMENTO DE REMADORAS

Descrição da Entrega da EAP

PREPARADO POR Miguel Rey – Preparador físico			VERSÃO 02
PACOTE 2.1.2.1	**Catálogo exercícios coordenação**		
RESPONSÁVEL Miguel Rey – Preparador físico	INÍCIO 18/02/2014	TÉRMINO 24/02/2014	DURAÇÃO 6 dias

I. Atividades a serem realizadas

- Levantar dados para a criação de catálogo de exercícios de coordenação.
- Criar catálogo de exercícios de coordenação.

II. Instruções para a realização das atividades

- Levantar dados a partir da coleta da opinião de especialistas e de informações em sites, livros, artigos e vídeos.
- Formatar o catálogo em arquivo digital.

III. Critério de aceitação das entregas

- Catálogo formatado em arquivo digital.
- O catálogo deve mostrar o nome do exercício, com uma breve descrição de como deve ser a técnica de execução acompanhada de uma foto ou um vídeo.
- Catálogo deve indicar o método de execução do exercício, conforme padrão a seguir:
    - nº grupos (mínimo – máximo) x [(nº séries (mínimo – máximo) x nº repetições (mínimo – máximo) / t' ou t" (mínimo – máximo))] / t' (mínimo – máximo).
    - Indicar a faixa de intensidade conforme os exemplos:
        - x a y% de 1 RM.
        - x a y RM.
        - x% da massa corporal.
        - Altura da queda.
        - Massa do implemento.
        - Velocidade de execução do exercício.
        - Frequência de execução do exercício.
- Catálogo deve mostrar o grau de especificidade do exercício. Para isso, no mínimo, três especialistas devem analisar e classificar os exercícios de acordo com o padrão a seguir:

Critérios para classificação do grau de especificidade do exercício	Diferente do que é requisitado na competição = 1 ponto	Parece em parte com o que é requisitado na competição = 2 pontos	Idêntico, ou muito parecido, ao que é requisitado na competição = 3 pontos
Amplitude e direção dos movimentos			
Ângulo de acentuação da produção de força			
Regime de contração muscular			
Frequência dos movimentos			
Sistema energético			

Pontuação	Classificação do grau de especificidade
≤ 7	Exercício geral
> 7 < 13	Exercício de preparação específico
≥ 13	Exercício de desenvolvimento específico

IV. **Recursos necessários para a realização das atividades**

- Recursos humanos:
    - Carlos Vasconcellos de Pádua – Auxiliar técnico de remo.
    - Gustavo Fermino – Auxiliar técnico de remo.
    - Mauro Tompim de Oliveira – Técnico de remo.
    - Miguel Rey – Preparador físico.
    - Nathália de Jesus – Fisiologista.
    - Norberto Moreno – Supervisor de preparação esportiva.
    - Roberto Silva – Fisioterapeuta.
- Equipamentos:
    - Computador – 1 unidade.
    - Datashow – 1 unidade.
    - Impressora – 1 unidade.

V. **Predecessoras principais do pacote de trabalho**

- 2.1.1.5. Padrão técnico.
- 2.1.1.6. Padrão testes físicos.
- 2.1.1.7. Padrão organização do treinamento.

VI. Sucessoras principais do pacote de trabalho

- 2.1.2.2. Catálogo exercícios velocidade.
- 2.1.2.3. Catálogo exercícios força.
- 2.1.2.4. Catálogo exercícios resistência.

VII. Riscos associados ao pacote

- Atrasos nas entregas.

Nota: *quaisquer alterações neste documento deverão ser submetidas ao processo de controle integrado de mudanças antes de serem incorporadas.*

APROVADO POR	DATA
Davi Tannure – Gerente do projeto	23/12/2013

PROJETO DE DESENVOLVIMENTO DE REMADORAS

Descrição da Entrega da EAP

PREPARADO POR	VERSÃO
Miguel Rey – Preparador físico	02

PACOTE 2.1.2.2	Catálogo exercícios velocidade		
RESPONSÁVEL	**INÍCIO**	**TÉRMINO**	**DURAÇÃO**
Miguel Rey – Preparador físico	25/02/2014	03/03/2014	6 dias

I. Atividades a serem realizadas

- Levantar dados para criação de catálogo de exercícios de velocidade.
- Criar catálogo de exercícios de velocidade.

II. Instruções para a realização das atividades

- Levantar dados a partir da coleta da opinião de especialistas e de informações em sites, livros, artigos e vídeos.
- Formatar o catálogo em arquivo digital.

III. Critério de aceitação das entregas

- Catálogo formatado em arquivo digital.
- O catálogo deve mostrar o nome do exercício, com uma breve descrição de como deve ser a técnica de execução acompanhada de uma foto ou um vídeo.
- Catálogo deve indicar o método de execução do exercício, conforme padrão a seguir:
    - nº grupos (mínimo – máximo) x [(nº séries (mínimo – máximo) x nº repetições (mínimo – máximo) / t' ou t" (mínimo – máximo))] / t' (mínimo – máximo).
    - Indicar a faixa de intensidade conforme os exemplos:
        - x a y% de 1 RM.
        - x a y RM.
        - x% da massa corporal.
        - Altura da queda.
        - Massa do implemento.
        - Velocidade de execução do exercício.
        - Frequência de execução do exercício.
- Catálogo deve mostrar o grau de especificidade do exercício. Para isso, no mínimo, três especialistas devem analisar e classificar os exercícios de acordo com o padrão a seguir:

Critérios para classificação do grau de especificidade do exercício	Diferente do que é requisitado na competição = 1 ponto	Parece em parte com o que é requisitado na competição = 2 pontos	Idêntico, ou muito parecido, ao que é requisitado na competição = 3 pontos
Amplitude e direção dos movimentos			
Ângulo de acentuação da produção de força			
Regime de contração muscular			
Frequência dos movimentos			
Sistema energético			

Pontuação	Classificação do grau de especificidade
≤ 7	Exercício geral
> 7 < 13	Exercício de preparação específico
≥ 13	Exercício de desenvolvimento específico

IV. Recursos necessários para a realização das atividades

- Recursos humanos:
    - Carlos Vasconcellos de Pádua – Auxiliar técnico de remo.
    - Gustavo Fermino – Auxiliar técnico de remo.
    - Mauro Tompim de Oliveira – Técnico de remo.
    - Miguel Rey – Preparador físico.
    - Nathália de Jesus – Fisiologista.
    - Norberto Moreno – Supervisor de preparação esportiva.
    - Roberto Silva – Fisioterapeuta.
- Equipamentos:
    - Computador – 1 unidade.
    - Datashow – 1 unidade.
    - Impressora – 1 unidade.

V. Predecessoras principais do pacote de trabalho

- 2.1.1.6. Padrão testes físicos.
- 2.1.1.7. Padrão organização do treinamento.
- 2.1.2.1. Catálogo exercícios coordenação.

VI. Sucessoras principais do pacote de trabalho

- 2.1.2.3. Catálogo exercícios força.
- 2.1.2.4. Catálogo exercícios resistência.
- 2.1.2.5. Catálogo exercícios flexibilidade.

VII. Riscos associados ao pacote

- Atrasos nas entregas.

Nota: *quaisquer alterações neste documento deverão ser submetidas ao processo de controle integrado de mudanças antes de serem incorporadas.*

APROVADO POR
Davi Tannure – Gerente do projeto

DATA
23/12/2013

PROJETO DE DESENVOLVIMENTO DE REMADORAS

Descrição da Entrega da EAP

PREPARADO POR	VERSÃO
Miguel Rey – Preparador físico	02

PACOTE 2.1.2.3	Catálogo exercícios força		
RESPONSÁVEL	**INÍCIO**	**TÉRMINO**	**DURAÇÃO**
Miguel Rey – Preparador físico	25/02/2014	03/03/2014	6 dias

I. **Atividades a serem realizadas**

- Levantar dados para criação de catálogo de exercícios de força.
- Criar catálogo de exercícios de força.

II. **Instruções para a realização das atividades**

- Levantar dados a partir da coleta da opinião de especialistas e de informações em sites, livros, artigos e vídeos.
- Formatar o catálogo em arquivo digital.

III. **Critério de aceitação das entregas**

- Catálogo formatado em arquivo digital.
- O catálogo deve mostrar o nome do exercício, com uma breve descrição de como deve ser a técnica de execução acompanhada de uma foto ou um vídeo.
- Catálogo deve indicar o método de execução do exercício, conforme padrão a seguir:
    - nº grupos (mínimo – máximo) x [(nº séries (mínimo – máximo) x nº repetições (mínimo – máximo) / t' ou t'' (mínimo – máximo))] / t' (mínimo – máximo).
    - Indicar a faixa de intensidade conforme os exemplos:
        - x a y% de 1 RM.
        - x a y RM.
        - x% da massa corporal.
        - Altura da queda.
        - Massa do implemento.
        - Velocidade de execução do exercício.
        - Frequência de execução do exercício.
- Catálogo deve mostrar o grau de especificidade do exercício. Para isso, no mínimo, três especialistas devem analisar e classificar os exercícios de acordo com o padrão a seguir:

Critérios para classificação do grau de especificidade do exercício	Diferente do que é requisitado na competição = 1 ponto	Parece em parte com o que é requisitado na competição = 2 pontos	Idêntico, ou muito parecido, ao que é requisitado na competição = 3 pontos
Amplitude e direção dos movimentos			
Ângulo de acentuação da produção de força			
Regime de contração muscular			
Frequência dos movimentos			
Sistema energético			

Pontuação	Classificação do grau de especificidade
≤ 7	Exercício geral
> 7 < 13	Exercício de preparação específico
≥ 13	Exercício de desenvolvimento específico

IV. **Recursos necessários para a realização das atividades**

- Recursos humanos:
    - Carlos Vasconcellos de Pádua – Auxiliar técnico de remo.
    - Gustavo Fermino – Auxiliar técnico de remo.
    - Mauro Tompim de Oliveira – Técnico de remo.
    - Miguel Rey – Preparador físico.
    - Nathália de Jesus – Fisiologista.
    - Norberto Moreno – Supervisor de preparação esportiva.
    - Roberto Silva – Fisioterapeuta.
- Equipamentos:
    - Computador – 1 unidade.
    - Datashow – 1 unidade.
    - Impressora – 1 unidade.

V. **Predecessoras principais do pacote de trabalho**

- 2.1.1.6. Padrão testes físicos.
- 2.1.1.7. Padrão organização do treinamento.
- 2.1.2.1. Catálogo exercícios coordenação.

VI. Sucessoras principais do pacote de trabalho

- 2.1.2.4. Catálogo exercícios resistência.
- 2.1.2.5. Catálogo exercícios flexibilidade.
- 2.1.3. Mapa periodização.

VII. Riscos associados ao pacote

- Atrasos nas entregas.

Nota: *quaisquer alterações neste documento deverão ser submetidas ao processo de controle integrado de mudanças antes de serem incorporadas.*

APROVADO POR	DATA
Davi Tannure – Gerente do projeto	23/12/2013

PROJETO DE DESENVOLVIMENTO DE REMADORAS				
Descrição da Entrega da EAP				
PREPARADO POR Miguel Rey – Preparador físico				VERSÃO 02
PACOTE 2.1.2.4	Catálogo exercícios resistência			
RESPONSÁVEL Miguel Rey – Preparador físico		INÍCIO 04/03/2014	TÉRMINO 10/03/2014	DURAÇÃO 6 dias

I. Atividades a serem realizadas

- Levantar dados para criação de catálogo de exercícios de resistência.
- Criar catálogo de exercícios de resistência.

II. Instruções para a realização das atividades

- Levantar dados a partir da coleta da opinião de especialistas e de informações em sites, livros, artigos e vídeos.
- Formatar o catálogo em arquivo digital.

III. Critério de aceitação das entregas

- Catálogo formatado em arquivo digital.
- O catálogo deve mostrar o nome do exercício, com uma breve descrição de como deve ser a técnica de execução acompanhada de uma foto ou um vídeo.
- Catálogo deve indicar o método de execução do exercício, conforme padrão a seguir:
  - nº grupos (mínimo – máximo) x [(nº séries (mínimo – máximo) x nº repetições (mínimo – máximo) / t' ou t" (mínimo – máximo))] / t' (mínimo – máximo).
  - Indicar a faixa de intensidade conforme os exemplos:
    - Velocidade de execução do exercício.
    - Frequência de execução do exercício.
    - Zona de frequência cardíaca para execução do exercício.
    - Zona de percepção subjetiva de esforço para execução do exercício.
- Catálogo deve mostrar o grau de especificidade do exercício. Para isso, no mínimo, três especialistas devem analisar e classificar os exercícios de acordo com o padrão a seguir:

Critérios para classificação do grau de especificidade do exercício	Diferente do que é requisitado na competição = 1 ponto	Parece em parte com o que é requisitado na competição = 2 pontos	Idêntico, ou muito parecido, ao que é requisitado na competição = 3 pontos
Amplitude e direção dos movimentos			
Ângulo de acentuação da produção de força			
Regime de contração muscular			
Frequência dos movimentos			
Sistema energético			

Pontuação	Classificação do grau de especificidade
≤ 7	Exercício geral
> 7 < 13	Exercício de preparação específico
≥ 13	Exercício de desenvolvimento específico

IV. **Recursos necessários para a realização das atividades**

- Recursos humanos:
    - Carlos Vasconcellos de Pádua – Auxiliar técnico de remo.
    - Gustavo Fermino – Auxiliar técnico de remo.
    - Mauro Tompim de Oliveira – Técnico de remo.
    - Miguel Rey – Preparador físico.
    - Nathália de Jesus – Fisiologista.
    - Norberto Moreno – Supervisor de preparação esportiva.
    - Roberto Silva – Fisioterapeuta.
- Equipamentos:
    - Computador – 1 unidade.
    - Datashow – 1 unidade.
    - Impressora – 1 unidade.

V. **Predecessoras principais do pacote de trabalho**

- 2.1.1.6. Padrão testes físicos.
- 2.1.1.7. Padrão organização do treinamento.
- 2.1.2.1. Catálogo exercícios coordenação.
- 2.1.2.3. Catálogo exercícios força.

VI. Sucessoras principais do pacote de trabalho

- 2.1.2.5. Catálogo exercícios flexibilidade.
- 2.1.3. Mapa periodização.
- 2.1.4. Metas preparação esportiva.

VII. Riscos associados ao pacote

- Atrasos nas entregas.

Nota: *quaisquer alterações neste documento deverão ser submetidas ao processo de controle integrado de mudanças antes de serem incorporadas.*

APROVADO POR	DATA
Davi Tannure – Gerente do projeto	23/12/2013

PROJETO DE DESENVOLVIMENTO DE REMADORAS			
Descrição da Entrega da EAP			
PREPARADO POR Miguel Rey – Preparador físico			VERSÃO 02
PACOTE 2.1.2.5	Catálogo exercícios flexibilidade		
RESPONSÁVEL Miguel Rey – Preparador físico	INÍCIO 11/03/2014	TÉRMINO 17/03/2014	DURAÇÃO 6 dias

I. **Atividades a serem realizadas**

- Levantar dados para criação de catálogo de exercícios de flexibilidade.
- Criar catálogo de exercícios de flexibilidade.

II. **Instruções para a realização das atividades**

- Levantar dados a partir da coleta da opinião de especialistas e de informações em sites, livros, artigos e vídeos.
- Formatar o catálogo em arquivo digital.

III. **Critério de aceitação das entregas**

- Catálogo formatado em arquivo digital.
- O catálogo deve mostrar o nome do exercício, com uma breve descrição de como deve ser a técnica de execução acompanhada de uma foto ou um vídeo.
- Catálogo deve indicar o método de execução do exercício, conforme padrão a seguir:
    - (nº séries (mínimo – máximo) x nº repetições (mínimo – máximo) / t' ou t'' (mínimo – máximo)) / t' (mínimo – máximo).
- Catálogo deve mostrar o grau de especificidade do exercício. Para isso, no mínimo, três especialistas devem analisar e classificar os exercícios de acordo com o padrão a seguir:

Critérios para classificação do grau de especificidade do exercício	Diferente do que é requisitado na competição = 1 ponto	Parece em parte com o que é requisitado na competição = 2 pontos	Idêntico, ou muito parecido, ao que é requisitado na competição = 3 pontos
Amplitude e direção dos movimentos			
Ângulo de acentuação da produção de força			
Regime de contração muscular			
Frequência dos movimentos			
Sistema energético			

Pontuação	Classificação do grau de especificidade
≤ 7	Exercício geral
> 7 < 13	Exercício de preparação específico
≥ 13	Exercício de desenvolvimento específico

IV. Recursos necessários para a realização das atividades

- Recursos humanos:
  - Carlos Vasconcellos de Pádua – Auxiliar técnico de remo.
  - Gustavo Fermino – Auxiliar técnico de remo.
  - Mauro Tompim de Oliveira – Técnico de remo.
  - Miguel Rey – Preparador físico.
  - Nathália de Jesus – Fisiologista.
  - Norberto Moreno – Supervisor de preparação esportiva.
  - Roberto Silva – Fisioterapeuta.
- Equipamentos:
  - Computador – 1 unidade.
  - Datashow – 1 unidade.
  - Impressora – 1 unidade.

V. Predecessoras principais do pacote de trabalho

- 2.1.2.2. Catálogo exercícios velocidade.
- 2.1.2.3. Catálogo exercícios força.
- 2.1.2.4. Catálogo exercícios resistência.

VI. Sucessoras principais do pacote de trabalho

- 2.1.3. Mapa periodização.
- 2.1.4. Metas preparação esportiva.
- 2.2.1. Plano assistência social.

VII. Riscos associados ao pacote

- Atrasos nas entregas.

Nota: *quaisquer alterações neste documento deverão ser submetidas ao processo de controle integrado de mudanças antes de serem incorporadas.*

APROVADO POR	DATA
Davi Tannure – Gerente do projeto	23/12/2013

PROJETO DE DESENVOLVIMENTO DE REMADORAS

Descrição da Entrega da EAP

PREPARADO POR			VERSÃO
Norberto Moreno – Supervisor de preparação esportiva			01

PACOTE 2.2.2	Plano psicologia		
RESPONSÁVEL	**INÍCIO**	**TÉRMINO**	**DURAÇÃO**
Aline Alvarez – Psicóloga	06/03/2014	10/04/2014	35 dias

I. Atividades a serem realizadas

- Elaborar modelos padronizados de documentos da área de psicologia do esporte.
- Testar funcionamento dos modelos de documentos da área de psicologia do esporte.
- Obter aprovação dos modelos de documentos da área de psicologia do esporte.
- Salvar modelos de documentos aprovados da área de psicologia do esporte.
- Elaborar plano de ação para prestação de serviços de psicologia do esporte.
- Obter aprovação do plano de ação para prestação de serviços da área de psicologia do esporte.

II. Instruções para a realização das atividades

- Modelos de documentos serão utilizados para planejar, monitorar e controlar a prestação de serviços da área de psicologia do esporte. Esses documentos devem ser elaborados, principalmente, nos seguintes softwares: Microsoft Word®, Microsoft Excel® e Microsoft PowerPoint®.
- Os modelos de documentos aprovados devem ser salvos na pasta eletrônica do projeto denominada "Modelos de documentos".
- O plano de ação deve incluir as atividades de prestação de serviços que serão realizadas ao longo do projeto de preparação esportiva. Deve incluir, mas não se limitar a: realização de diagnósticos, execução de ações de intervenção da área de psicologia do esporte e elaboração de relatórios de monitoramento e controle.

III. Critério de aceitação das entregas

- Modelos de documentos e plano de ação para prestação de serviços de psicologia do esporte aprovados pelo supervisor de preparação esportiva e pelo gerente do projeto.
- Plano de ação para prestação de serviços de psicologia do esporte elaborado conforme padrão definido no **Plano de gerenciamento da qualidade** do projeto.
- Documentos aprovados disponibilizados na pasta eletrônica do projeto.

IV. Recursos necessários para a realização das atividades

- Recursos humanos:
    - Aline Alvarez – Psicóloga.
    - Norberto Moreno – Supervisor de preparação esportiva.
- Equipamentos:
    - Computador – 1 unidade.
    - Datashow – 1 unidade.
    - Impressora – 1 unidade.

V. Predecessoras principais do pacote de trabalho

- 2.1.2. Catálogo exercícios.
- 2.1.3. Mapa periodização.
- 2.1.4. Metas preparação esportiva.

VI. Sucessoras principais do pacote de trabalho

- 2.3.4. Admissão.
- 2.4. Evento abertura.
- 2.5. Encerramento F2.

VII. Riscos associados ao pacote

- Atrasos nas entregas.

Nota: *quaisquer alterações neste documento deverão ser submetidas ao processo de controle integrado de mudanças antes de serem incorporadas a este documento.*

APROVADO POR	DATA
Davi Tannure – Gerente do projeto	06/01/2014

PROJETO DE DESENVOLVIMENTO DE REMADORAS

Descrição da Entrega da EAP

PREPARADO POR			VERSÃO
Norberto Moreno – Supervisor de preparação esportiva			01

PACOTE 2.2.3	Plano nutrição		
RESPONSÁVEL	**INÍCIO**	**TÉRMINO**	**DURAÇÃO**
Renata Damaceno – Nutricionista	06/03/2014	10/04/2014	35 dias

I. Atividades a serem realizadas

- Elaborar modelos padronizados de documentos da área de nutrição do esporte.
- Testar funcionamento dos modelos de documentos da área de nutrição do esporte.
- Obter aprovação dos modelos de documentos da área de nutrição do esporte.
- Salvar modelos de documentos aprovados da área de nutrição do esporte.
- Elaborar plano de ação para prestação de serviços de nutrição do esporte.
- Obter aprovação do plano de ação para prestação de serviços da área de nutrição do esporte.

II. Instruções para a realização das atividades

- Modelos de documentos produzidos serão utilizados para planejar, monitorar e controlar a prestação de serviços da área de nutrição do esporte.
- O plano de ação deve incluir as atividades de prestação de serviços que serão realizadas ao longo do projeto de preparação esportiva. Deve incluir, mas não se limitar a:
    - Realização de diagnóstico antropométrico.
    - Produção e distribuição de conteúdo informativo sobre nutrição do esporte a fim de ser veiculado no site do projeto.
    - Realização de palestras com conteúdo informativo sobre nutrição do esporte.
    - Prescrição de dieta para as atletas.
    - Elaboração de relatórios de monitoramento e controle contendo dados do desempenho da prestação de serviços de nutrição do esporte no projeto.

III. Critério de aceitação das entregas

- Modelos de documentos devem ser elaborados nos seguintes softwares: Microsoft Word®, Microsoft Excel® e Microsoft PowerPoint®.
- Modelos de documentos e plano de ação para prestação de serviços de nutrição do esporte aprovados pelo supervisor de preparação esportiva e pelo gerente do projeto.
- O plano de ação para prestação de serviços de nutrição do esporte deverá ser elaborado no modelo de documento intitulado **Plano de ação 5w2h**, disponível na área restrita do site do projeto na pasta "Modelos de documentos".

- Plano de ação para prestação de serviços de nutrição do esporte deve incluir, no mínimo:
  - Protocolo para realização de diagnóstico antropométrico contendo:
    - Protocolo para realização de medidas lineares.
    - Protocolo para realização de medidas de circunferência.
    - Protocolo para realização de medidas de dobras cutâneas.
  - Protocolo para realização de diagnóstico dos hábitos alimentares.
  - Realização de uma palestra com conteúdo informativo sobre nutrição do esporte dirigida para técnicos e profissionais da área de apoio ao treinamento e uma palestra dirigida para atletas e seus familiares. Ambas devem ser realizadas antes do encerramento da fase 2 do projeto.
  - Prescrição de dietas registradas no modelo de documento aprovado.
  - Relatórios de monitoramento e controle contendo dados do desempenho da prestação de serviços de nutrição de esporte no projeto elaborados no modelo de documento aprovado.
- Os modelos de documentos aprovados devem ser disponibilizados na área restrita do site do projeto na pasta "Modelos de documentos".

IV. Recursos necessários para a realização das atividades

- Recursos humanos:
  - Norberto Moreno – Supervisor de preparação esportiva.
  - Renata Damaceno – Nutricionista.
- Equipamentos:
  - Computador – 1 unidade.
  - Datashow – 1 unidade.
  - Impressora – 1 unidade.

V. Predecessoras principais do pacote de trabalho

- 2.1.2. Catálogo exercícios.
- 2.1.3. Mapa periodização.
- 2.1.4. Metas preparação esportiva.

VI. Sucessoras principais do pacote de trabalho

- 2.3.4. Admissão.
- 2.4. Evento abertura.
- 2.5. Encerramento F2.

VII. Riscos associados ao pacote

- Atrasos nas entregas.

Nota: *quaisquer alterações neste documento deverão ser submetidas ao processo de controle integrado de mudanças antes de serem incorporadas.*

APROVADO POR
Davi Tannure – Gerente do projeto

DATA
06/01/2014

PROJETO DE DESENVOLVIMENTO DE REMADORAS

Descrição da Entrega da EAP

PREPARADO POR	VERSÃO
Norberto Moreno – Supervisor de preparação esportiva	01

PACOTE 2.2.4	Plano fisioterapia			
RESPONSÁVEL		**INÍCIO**	**TÉRMINO**	**DURAÇÃO**
Roberto Silva – Fisioterapeuta		06/03/2014	10/04/2014	35 dias

I. **Atividades a serem realizadas**

- Elaborar modelos padronizados de documentos da área de fisioterapia.
- Testar funcionamento dos modelos de documentos da área de fisioterapia.
- Obter aprovação dos modelos de documentos da área de fisioterapia.
- Salvar modelos de documentos aprovados da área de fisioterapia.
- Elaborar plano de ação para prestação de serviços de fisioterapia.
- Obter aprovação do plano de ação para prestação de serviços da área de fisioterapia.

II. **Instruções para a realização das atividades**

- Modelos de documentos serão utilizados para planejar, monitorar e controlar a prestação de serviços da área de fisioterapia. Esses documentos devem ser elaborados, principalmente, nos seguintes softwares: Microsoft Word®, Microsoft Excel® e Microsoft PowerPoint®.
- Os modelos de documentos aprovados devem ser salvos na pasta eletrônica do projeto denominada "Modelos de documentos".
- O plano de ação deve incluir as atividades de prestação de serviços que serão realizadas ao longo do projeto de preparação esportiva. Deve incluir, mas não se limitar a: realização de diagnósticos, execução de ações de intervenção da área de fisioterapia e elaboração de relatórios de monitoramento e controle.

III. **Critério de aceitação das entregas**

- Modelos de documentos e plano de ação para prestação de serviços de fisioterapia aprovados pelo supervisor de preparação esportiva e pelo gerente do projeto.
- Plano de ação para prestação de serviços de fisioterapia elaborado conforme padrão definido no **Plano de gerenciamento da qualidade** do projeto.
- Documentos aprovados disponibilizados na pasta eletrônica do projeto.

IV. **Recursos necessários para a realização das atividades**

- Recursos humanos:
    o Norberto Moreno – Supervisor de preparação esportiva.
    o Roberto Silva – Fisioterapeuta.

- Equipamentos:
    - Computador – 1 unidade.
    - Datashow – 1 unidade.
    - Impressora – 1 unidade.

V. Predecessoras principais do pacote de trabalho

- 2.1.2. Catálogo exercícios.
- 2.1.3. Mapa periodização.
- 2.1.4. Metas preparação esportiva.

VI. Sucessoras principais do pacote de trabalho

- 2.3.4. Admissão.
- 2.4. Evento abertura.
- 2.5. Encerramento F2.

VII. Riscos associados ao pacote

- Atrasos nas entregas.

Nota: *quaisquer alterações neste documento deverão ser submetidas ao processo de controle integrado de mudanças antes de serem incorporadas.*

APROVADO POR	DATA
Davi Tannure – Gerente do projeto	06/01/2014

PROJETO DE DESENVOLVIMENTO DE REMADORAS

Descrição da Entrega da EAP

PREPARADO POR			VERSÃO
Norberto Moreno – Supervisor de preparação esportiva			01

PACOTE 2.2.5	Plano odontologia		
RESPONSÁVEL	INÍCIO	TÉRMINO	DURAÇÃO
Yuli Mikami – Dentista	06/03/2014	10/04/2014	35 dias

I. **Atividades a serem realizadas**

- Elaborar modelos padronizados de documentos da área de odontologia.
- Testar funcionamento dos modelos de documentos da área de odontologia.
- Obter aprovação dos modelos de documentos da área de odontologia.
- Salvar modelos de documentos aprovados da área de odontologia.
- Elaborar plano de ação para prestação de serviços de odontologia.
- Obter aprovação do plano de ação para prestação de serviços da área de odontologia.

II. **Instruções para a realização das atividades**

- Modelos de documentos serão utilizados para planejar, monitorar e controlar a prestação de serviços da área de odontologia. Esses documentos devem ser elaborados, principalmente, nos seguintes softwares: Microsoft Word®, Microsoft Excel® e Microsoft PowerPoint®.
- Os modelos de documentos aprovados devem ser salvos na pasta eletrônica do projeto denominada "Modelos de documentos".
- O plano de ação deve incluir as atividades de prestação de serviços que serão realizadas ao longo do projeto de preparação esportiva. Deve incluir, mas não se limitar a: realização de diagnósticos, execução de ações de intervenção da área de odontologia e elaboração de relatórios de monitoramento e controle.

III. **Critério de aceitação das entregas**

- Modelos de documentos e plano de ação para prestação de serviços de odontologia aprovados pelo supervisor de preparação esportiva e pelo gerente do projeto.
- Plano de ação para prestação de serviços de odontologia elaborado conforme padrão definido no **Plano de gerenciamento da qualidade** do projeto.
- Documentos aprovados disponibilizados na pasta eletrônica do projeto.

IV. **Recursos necessários para a realização das atividades**

- Recursos humanos:
    o Norberto Moreno – Supervisor de preparação esportiva.
    o Yuli Mikami – Dentista.

- Equipamentos
    - Computador – 1 unidade.
    - Datashow – 1 unidade.
    - Impressora – 1 unidade.

V. Predecessoras principais do pacote de trabalho

- 2.1.2. Catálogo exercícios.
- 2.1.3. Mapa periodização.
- 2.1.4. Metas preparação esportiva.

VI. Sucessoras principais do pacote de trabalho

- 2.3.4. Admissão.
- 2.4. Evento abertura.
- 2.5. Encerramento F2.

VII. Riscos associados ao pacote

- Atrasos nas entregas.

Nota: *quaisquer alterações neste documento deverão ser submetidas ao processo de controle integrado de mudanças antes de serem incorporadas.*

APROVADO POR	DATA
Davi Tannure – Gerente do projeto	07/01/2014

PROJETO DE DESENVOLVIMENTO DE REMADORAS

Descrição da Entrega da EAP

PREPARADO POR	VERSÃO
Norberto Moreno – Supervisor de preparação esportiva	01

PACOTE 2.2.6	Plano medicina		
RESPONSÁVEL	**INÍCIO**	**TÉRMINO**	**DURAÇÃO**
Roberto Shalom – Médico	06/03/2014	10/04/2014	35 dias

I. **Atividades a serem realizadas**

- Elaborar modelos padronizados de documentos da área de medicina do esporte.
- Testar funcionamento dos modelos de documentos da área de medicina do esporte.
- Obter aprovação dos modelos de documentos da área de medicina do esporte.
- Salvar modelos de documentos aprovados da área de medicina do esporte.
- Elaborar plano de ação para prestação de serviços de medicina do esporte.
- Obter aprovação do plano de ação para prestação de serviços da área de medicina do esporte.

II. **Instruções para a realização das atividades**

- Modelos de documentos serão utilizados para planejar, monitorar e controlar a prestação de serviços da área de medicina do esporte. Esses documentos devem ser elaborados, principalmente, nos seguintes softwares: Microsoft Word®, Microsoft Excel® e Microsoft PowerPoint®.
- Os modelos de documentos aprovados devem ser salvos na pasta eletrônica do projeto denominada "Modelos de documentos".
- O plano de ação deve incluir as atividades de prestação de serviços que serão realizadas ao longo do projeto de preparação esportiva. Deve incluir, mas não se limitar a: realização de diagnósticos, execução de ações de intervenção da área de medicina do esporte e elaboração de relatórios de monitoramento e controle.

III. **Critério de aceitação das entregas**

- Modelos de documentos e plano de ação para prestação de serviços de medicina do esporte aprovados pelo supervisor de preparação esportiva e pelo gerente do projeto.
- Plano de ação para prestação de serviços de medicina do esporte elaborado conforme padrão definido no **Plano de gerenciamento da qualidade** do projeto.
- Documentos aprovados disponibilizados na pasta eletrônica do projeto.

IV. **Recursos necessários para a realização das atividades**

- Recursos humanos:
    o Norberto Moreno – Supervisor de preparação esportiva.
    o Roberto Shalom – Médico.

- Equipamentos:
    - Computador – 1 unidade.
    - Datashow – 1 unidade.
    - Impressora – 1 unidade.

V. Predecessoras principais do pacote de trabalho

- 2.1.2. Catálogo exercícios.
- 2.1.3. Mapa periodização.
- 2.1.4. Metas preparação esportiva.

VI. Sucessoras principais do pacote de trabalho

- 2.3.4. Admissão.
- 2.4. Evento abertura.
- 2.5. Encerramento F2.

VII. Riscos associados ao pacote

- Atrasos nas entregas.

Nota: *quaisquer alterações neste documento deverão ser submetidas ao processo de controle integrado de mudanças antes de serem incorporadas.*

APROVADO POR	DATA
Davi Tannure – Gerente do projeto	07/01/2014

PROJETO DE DESENVOLVIMENTO DE REMADORAS			
Descrição da Entrega da EAP			
PREPARADO POR Norberto Moreno – Supervisor de preparação esportiva			**VERSÃO** 01
PACOTE 2.3.1	**Testes**		
RESPONSÁVEL Nathália de Jesus – Fisiologista	**INÍCIO** 05/02/2014	**TÉRMINO** 04/03/2014	**DURAÇÃO** 27 dias

I. Atividades a serem realizadas

- Contratação de UTI móvel com profissionais da área de saúde, equipados e certificados para realizar pronto atendimento.
- Preparar local dos testes.
- Coletar medidas de estatura, estatura sentada, envergadura e massa corporal das candidatas.
- Realizar teste de corrida para avaliação indireta do consumo máximo de oxigênio das candidatas.
- Documentar testes em vídeos e fotos.
- Elaborar relatório dos testes.
- Comunicar resultado dos testes.

II. Instruções para a realização das atividades

- Informações para a contratação de UTI móvel estão detalhadas no **Plano de gerenciamento das aquisições**.
- Informações para preparação do local de testes estão detalhadas no **Plano de gerenciamento da qualidade**.
- Informações para tomada de medidas de estatura, estatura sentada, envergadura e massa corporal das candidatas estão detalhadas no **Plano de gerenciamento da qualidade**.
- Informações para realização do teste de corrida estão detalhadas no **Plano de gerenciamento da qualidade**.
- Informações para elaborar o relatório dos testes e comunicar resultados estão detalhadas no **Plano de gerenciamento das comunicações**.

III. Critério de aceitação das entregas

- Contratação de UTI móvel de acordo com o **Plano de gerenciamento das aquisições**.
- Preparação do local de testes de acordo com o **Plano de gerenciamento da qualidade**.
- Medidas de estatura, estatura sentada, envergadura e massa corporal das candidatas coletadas conforme padrão descrito no **Plano de gerenciamento da qualidade**.
- Teste de corrida realizado conforme padrão descrito no **Plano de gerenciamento da qualidade**.
- Relatório dos testes e comunicação dos resultados de acordo com o **Plano de gerenciamento das comunicações**.

IV. **Recursos necessários para a realização das atividades**
- Recursos humanos:
    o   Aline Alvarez – Psicóloga.
    o   Carlos Vasconcellos de Pádua – Auxiliar técnico de remo.
    o   Cristina Forte da Costa – Secretária.
    o   Gustavo Fermino – Auxiliar técnico de remo.
    o   Mauro Tompim de Oliveira – Técnico de remo.
    o   Miguel Rey – Preparador físico.
    o   Nathália de Jesus – Fisiologista.
    o   Norberto Moreno – Supervisor de preparação esportiva.
    o   Renata Damaceno – Nutricionista.
    o   Roberto Shalom – Médico.
    o   Roberto Silva – Fisioterapeuta.
    o   Yuli Mikami – Dentista.
- Equipamentos:
    o   Balança digital – 1 unidade.
    o   Caixa de som – 1 unidade.
    o   Cone pequeno – 16 unidades.
    o   Esquadros de madeira para medir estatura – 3 unidades.
    o   Extensão de fio elétrico de 20 metros – 1 unidade.
    o   Filmadora – 2 unidades.
    o   Filtro de linha com 4 tomadas – 1 unidade.
    o   Máquina fotográfica – 3 unidades.
    o   Mesa para apoiar o notebook – 1 unidade.
    o   Microfone – 1 unidade.
    o   Notebook com o software Beat Test & Training da CEFISE instalado e com saída para a caixa de som – 1 unidade.
    o   Notebook com Microsoft Office instalado – 3 unidades.
    o   Número impresso em tecido TNT com dois alfinetes de fralda cada – 16 unidades.
    o   Trena de 20 metros – 1 unidades.
    o   Trena de 2 metros – 1 unidade.
    o   UTI móvel – 1 unidade.
- Material de consumo:
    o   Caneta esferográfica azul – 15 unidades.
    o   Pincel atômico azul – 4 unidades.

V. Predecessoras principais do pacote de trabalho

- 1.5. Encerramento F1.
- 2.1. Plano sistema treinamento.
- 2.2. Plano sistema apoio treinamento.

VI. Sucessoras principais do pacote de trabalho

- 2.3.2. Estágio.
- 2.3.3. Diagnósticos.
- 2.3.4. Admissão.

VII. Riscos associados ao pacote

- Número de jovens inscritas para realização dos testes menor do que 600.

Nota: *quaisquer alterações neste documento deverão ser submetidas ao processo de controle integrado de mudanças antes de serem incorporadas.*

APROVADO POR	DATA
Davi Tannure – Gerente do projeto	07/01/2014

PROJETO DE DESENVOLVIMENTO DE REMADORAS

Descrição da Entrega da EAP

PREPARADO POR			VERSÃO	
Norberto Moreno – Supervisor de preparação esportiva			01	
PACOTE 2.3.2	Estágio			
RESPONSÁVEL		INÍCIO	TÉRMINO	DURAÇÃO
Carlos Vasconcellos de Pádua – Auxiliar técnico de remo		05/03/2014	14/04/2014	40 dias

I. **Atividades a serem realizadas**

- Ministrar curso básico de remo para candidatas aprovadas nos testes.
- Observar candidatas.
- Realizar teste de natação.
- Realizar teste de desempenho técnico.
- Elaborar relatório do estágio.
- Comunicar resultado do estágio.

II. **Instruções para a realização das atividades**

- O curso básico de remo será ministrado no período de quatro semanas, em dez encontros de até duas horas. Informações adicionais para a sua realização estão detalhadas no **Plano de gerenciamento da qualidade**.
- Durante o estágio, os membros da comissão de admissão, constituída pelos profissionais mencionados a seguir, deverão observar as jovens realizando exercícios de condicionamento físico. Com base nessas observações, farão indicações das candidatas consideradas aptas para serem admitidas na equipe. Para isso deverão levar em consideração as informações contidas nos seguintes padrões: padrão antropométrico (vide pacote de trabalho 2.1.1.3), Padrão comportamental e valores (vide pacote de trabalho 2.1.1.4) e Padrão testes físicos – Teste de corrida (Léger) (vide pacote de trabalho 2.1.1.6).
- Realizar teste de natação conforme o seguinte procedimento: jovem em cima do barco Canoe, trajando tênis, meias, camisa e bermuda de algodão. Jovem entra no barco, fixa os pés no finca-pés e, em seguida, instrutor retira os remos de boreste para que o barco vire. Jovem deve ser capaz de sair do barco, desvirá-lo e, em seguida, nadar uma distância de 50m trajando camisa e bermuda.
- Realizar teste de desempenho técnico conforme o seguinte procedimento: jovem deve remar o barco Canoe por 250m sem arrastar as pás dos remos para equilibrar o barco. Girar no próprio eixo para a direita e para a esquerda. Realizar a "parada brusca do barco" após aviso inesperado do instrutor.
- Relatório do estágio deve conter no mínimo as seguintes informações:
    o Atividades programadas X atividades efetivamente realizadas.
    o Registro em foto e vídeo das atividades.
    o Observações e recomendações de melhorias para aperfeiçoamento do estágio.
    o Frequência de comparecimento de cada candidata.
    o Indicação das candidatas que deverão ser admitidas e respectivas justificativas.
- Informações adicionais para elaborar relatório do estágio e comunicar resultados estão detalhadas no **Plano de gerenciamento das comunicações**.

III. Critério de aceitação das entregas

- Curso básico de remo realizado de acordo com o **Plano de gerenciamento da qualidade**.
- Indicações das candidatas aprovadas no estágio acompanhadas das justificativas que levaram em consideração os seguintes padrões: padrão antropométrico, padrão comportamental e valores e padrão testes físicos – teste de corrida (Léger).
- Relatório do estágio e comunicação dos resultados de acordo com o **Plano de gerenciamento das comunicações**.

IV. Recursos necessários para a realização das atividades

- Recursos humanos:
  - Aline Alvarez – Psicóloga.
  - Carlos Vasconcellos de Pádua – Auxiliar técnico de remo.
  - Gustavo Fermino – Auxiliar técnico de remo.
  - Mauro Tompim de Oliveira – Técnico de remo.
  - Miguel Rey – Preparador físico.
- Equipamentos:
  - Arco – 6 unidades.
  - Barco Canoe – 8 unidades.
  - Colchonete – 30 unidades.
  - Cone – 12 unidades.
  - Corda de poliéster 08 mm x 5 metros – 1 unidade.
  - Cronômetro – 1 unidade.
  - Datashow – 1 unidade.
  - Halter de 2 kg – 4 pares.
  - Halter de 3 kg – 4 pares.
  - Medicine Ball de 2 kg – 3 unidades.
  - Notebook – 1 unidade.
  - Placa numerada (1 a 12) com base de madeira – 12 unidades.
  - Plinto – 1 unidade.
  - Remo de palamenta dupla para Canoe – 8 pares.
  - Remo de palamenta dupla para tanque – 8 pares.
  - Tanque de remo – 8 bancadas.
- Material de consumo:
  - Apostila curso básico de remo – 60 unidades.
  - Caneta – 3 unidades.
  - Kit lanche – 600 unidades.
  - Lista de chamada – 1 unidade.
  - Prancheta – 1 unidade.

V. Predecessoras principais do pacote de trabalho

- 2.1. Plano sistema treinamento.
- 2.2. Plano sistema apoio treinamento.
- 2.3.1. Testes.

VI. Sucessoras principais do pacote de trabalho

- 2.3.3. Diagnósticos.
- 2.3.4. Admissão.
- 2.4. Evento abertura.

VII. Riscos associados ao pacote

- Evasão de jovens meninas antes do término do período do estágio.

Nota: *quaisquer alterações neste documento deverão ser submetidas ao processo de controle integrado de mudanças antes de serem incorporadas.*

APROVADO POR	DATA
Davi Tannure – Gerente do projeto	13/01/2014

PROJETO DE DESENVOLVIMENTO DE REMADORAS			
Descrição da Entrega da EAP			
PREPARADO POR Norberto Moreno – Supervisor de preparação esportiva			VERSÃO 01
PACOTE 2.3.3.1	**Diagnóstico social**		
RESPONSÁVEL Ana Maria Cândida – Assistente social	INÍCIO 10/03/2014	TÉRMINO 18/03/2014	DURAÇÃO 8 dias

I. **Atividades a serem realizadas**

- Agendamento das avaliações das atletas.
- Avaliação das atletas.
- Elaboração do relatório contendo o diagnóstico social.
- Comunicação do relatório.

II. **Instruções para a realização das atividades**

- Avaliação das atletas a partir da utilização de ferramentas e técnicas da área de serviço social conforme protocolo detalhado no **Plano de prestação de serviços de assistência social**.
- O relatório citado deve ser elaborado a partir do modelo de documento aprovado (vide pacote de trabalho 2.2.1 – Plano assistência social), disponível na área restrita do site do projeto na pasta "Modelos de documentos".
- Informações para comunicar o resultado do relatório estão detalhadas no **Plano de gerenciamento das comunicações**.

III. **Critério de aceitação das entregas**

- Avaliação das atletas de acordo com o protocolo constante no **Plano de prestação de serviços de assistência social**.
- Relatório elaborado a partir de modelo de documento aprovado (vide pacote de trabalho 2.2.1).
- Comunicação dos resultados de acordo com o **Plano de gerenciamento das comunicações**.

IV. **Recursos necessários para a realização das atividades**

- Recursos humanos:
    - Ana Maria Cândida – Assistente social.
    - Cristina Forte da Costa – Secretária.
- Equipamentos:
    - Notebook conectado à internet – 1 unidade.
- Material de consumo:
    - Ficha de anotação.
    - Caneta – 3 unidades.
    - Prancheta – 1 unidade.

V. Predecessoras principais do pacote de trabalho

- 2.1. Plano sistema treinamento.
- 2.2. Plano sistema apoio treinamento.
- 2.3.1. Testes.

VI. Sucessoras principais do pacote de trabalho

- 2.3.3.3. Diagnóstico nutricional.
- 2.3.3.4. Diagnóstico fisioterápico.
- 2.3.3.5. Diagnóstico odontológico.

VII. Riscos associados ao pacote

- Atraso na realização dos diagnósticos.

Nota: *quaisquer alterações neste documento deverão ser submetidas ao processo de controle integrado de mudanças antes de serem incorporadas.*

APROVADO POR	DATA
Davi Tannure – Gerente do projeto	13/01/2014

PROJETO DE DESENVOLVIMENTO DE REMADORAS			
Descrição da Entrega da EAP			
PREPARADO POR Norberto Moreno – Supervisor de preparação esportiva			VERSÃO 01
PACOTE 2.3.3.2	**Diagnóstico psicológico**		
RESPONSÁVEL Aline Alvarez – Psicóloga	INÍCIO 19/03/2014	TÉRMINO 27/03/2014	DURAÇÃO 8 dias

I. **Atividades a serem realizadas**

- Agendamento das avaliações das atletas.
- Avaliação das atletas.
- Elaboração do relatório contendo o diagnóstico psicológico.
- Comunicação do relatório.

II. **Instruções para a realização das atividades**

- Avaliação das atletas a partir da utilização de ferramentas e técnicas conforme protocolo detalhado no **Plano de prestação de serviços de psicologia do esporte**.
- O relatório citado deve ser elaborado a partir do modelo de documento aprovado (vide pacote de trabalho 2.2.2 – Plano psicologia), disponível na área restrita do site do projeto na pasta "Modelos de documentos".
- Informações para comunicar o resultado do relatório estão detalhadas no **Plano de gerenciamento das comunicações**.

III. **Critério de aceitação das entregas**

- Avaliação das atletas de acordo com o protocolo constante no **Plano de prestação de serviços de psicologia do esporte**.
- Relatório elaborado a partir de modelo de documento aprovado (vide pacote de trabalho 2.2.2).
- Comunicação dos resultados de acordo com o **Plano de gerenciamento das comunicações**.

IV. **Recursos necessários para a realização das atividades**

- Recursos humanos:
    - Aline Alvarez – Psicóloga.
    - Cristina Forte da Costa – Secretária.
- Equipamentos:
    - Notebook conectado à internet – 1 unidade.
- Material de consumo:
    - Ficha de anotação.
    - Caneta – 3 unidades.
    - Prancheta – 1 unidade.

V. Predecessoras principais do pacote de trabalho

- 2.1. Plano sistema treinamento.
- 2.2. Plano sistema apoio treinamento.
- 2.3.1. Testes.

VI. Sucessoras principais do pacote de trabalho

- 2.3.3.3. Diagnóstico nutricional.
- 2.3.3.4. Diagnóstico fisioterápico.
- 2.3.3.5. Diagnóstico odontológico.

VII. Riscos associados ao pacote

- Atraso na realização dos diagnósticos.

Nota: *quaisquer alterações neste documento deverão ser submetidas ao processo de controle integrado de mudanças antes de serem incorporadas.*

APROVADO POR	DATA
Davi Tannure – Gerente do projeto	13/01/2014

PROJETO DE DESENVOLVIMENTO DE REMADORAS

Descrição da Entrega da EAP

PREPARADO POR	VERSÃO
Norberto Moreno – Supervisor de preparação esportiva	01

PACOTE 2.3.3.3	Diagnóstico nutricional			
RESPONSÁVEL		**INÍCIO**	**TÉRMINO**	**DURAÇÃO**
Renata Damaceno – Nutricionista		19/03/2014	27/03/2014	8 dias

I. **Atividades a serem realizadas**

- Agendamento das avaliações das atletas.
- Avaliação das atletas.
- Elaboração do relatório contendo o diagnóstico nutricional.
- Comunicação do relatório.

II. **Instruções para a realização das atividades**

- Avaliação das atletas a partir da utilização de ferramentas e técnicas conforme protocolo detalhado no **Plano de prestação de serviços de nutrição**.
- O relatório citado deve ser elaborado a partir do modelo de documento aprovado (vide pacote de trabalho 2.2.3 – Plano nutrição), a ser disponibilizado na área restrita do site do projeto na pasta "Modelos de documentos".
- Informações para comunicar o resultado do relatório estão detalhadas no **Plano de gerenciamento das comunicações**.

III. **Critério de aceitação das entregas**

- Avaliação das atletas de acordo com o protocolo constante no **Plano de prestação de serviços de nutrição**.
- Relatório elaborado a partir de modelo de documento aprovado (vide pacote de trabalho 2.2.3).
- Comunicação dos resultados de acordo com o **Plano de gerenciamento das comunicações**.

IV. **Recursos necessários para a realização das atividades**

- Recursos humanos:
    - Cristina Forte da Costa – Secretária.
    - Renata Damaceno – Nutricionista.
- Equipamentos:
    - Notebook conectado à internet – 1 unidade.
- Material de consumo:
    - Ficha de anotação.
    - Caneta – 3 unidades.
    - Prancheta – 1 unidade.

V. Predecessoras principais do pacote de trabalho

- 2.3.3.6. Diagnóstico médico.
- 2.3.3.1. Diagnóstico social.

VI. Sucessoras principais do pacote de trabalho

- 2.3.3.4. Diagnóstico fisioterápico.
- 2.3.3.5. Diagnóstico odontológico.
- 2.3.3.7. Diagnóstico capacidades físicas.

VII. Riscos associados ao pacote

- Atraso na realização dos diagnósticos.

Nota: *quaisquer alterações neste documento deverão ser submetidas ao processo de controle integrado de mudanças antes de serem incorporadas.*

APROVADO POR
Davi Tannure – Gerente do projeto

DATA
15/01/2014

PROJETO DE DESENVOLVIMENTO DE REMADORAS		
Descrição da Entrega da EAP		
PREPARADO POR Norberto Moreno – Supervisor de preparação esportiva		VERSÃO 01
PACOTE 2.3.3.4	Diagnóstico fisioterápico	
RESPONSÁVEL Roberto Silva – Fisioterapeuta	INÍCIO 28/03/2014	TÉRMINO 07/04/2014	DURAÇÃO 10 dias

I. Atividades a serem realizadas

- Agendamento das avaliações das atletas.
- Avaliação das atletas.
- Elaboração do relatório contendo o diagnóstico fisioterápico.
- Comunicação do relatório.

II. Instruções para a realização das atividades

- Avaliação das atletas a partir da utilização de ferramentas e técnicas conforme protocolo detalhado no **Plano de prestação de serviços de fisioterapia**.
- O relatório citado deve ser elaborado a partir do modelo de documento aprovado (vide pacote de trabalho 2.2.4 – Plano fisioterapia), disponível na área restrita do site do projeto na pasta "Modelos de documentos".
- Informações para comunicar o resultado do relatório estão detalhadas no **Plano de gerenciamento das comunicações**.

III. Critério de aceitação das entregas

- Avaliação das atletas de acordo com o protocolo constante no **Plano de prestação de serviços de fisioterapia**.
- Relatório elaborado a partir de modelo de documento aprovado (vide pacote de trabalho: 2.2.4).
- Comunicação dos resultados de acordo com o **Plano de gerenciamento das comunicações**.

IV. Recursos necessários para a realização das atividades

- Recursos humanos:
    o Cristina Forte da Costa – Secretária.
    o Roberto Silva – Fisioterapeuta.
- Equipamentos:
    o Notebook conectado à internet – 1 unidade.
- Material de consumo:
    o Ficha de anotação.
    o Caneta – 3 unidades.
    o Prancheta – 1 unidade.

V. **Predecessoras principais do pacote de trabalho**
- 2.3.3.3. Diagnóstico nutricional.
- 2.3.3.2. Diagnóstico psicológico.

VI. **Sucessoras principais do pacote de trabalho**
- 2.3.3.5. Diagnóstico odontológico.
- 2.3.3.7. Diagnóstico capacidades físicas.

VII. **Riscos associados ao pacote**
- Atraso na realização dos diagnósticos.

Nota: *quaisquer alterações neste documento deverão ser submetidas ao processo de controle integrado de mudanças antes de serem incorporadas.*

APROVADO POR	DATA
Davi Tannure – Gerente do projeto	15/01/2014

PROJETO DE DESENVOLVIMENTO DE REMADORAS

Descrição da Entrega da EAP

PREPARADO POR	VERSÃO
Norberto Moreno – Supervisor de preparação esportiva	01

PACOTE 2.3.3.5	Diagnóstico odontológico		
RESPONSÁVEL	**INÍCIO**	**TÉRMINO**	**DURAÇÃO**
Yuli Mikami – Dentista	28/03/2014	07/04/2014	10 dias

I. **Atividades a serem realizadas**

- Agendamento das avaliações das atletas.
- Avaliação das atletas.
- Elaboração do relatório contendo o diagnóstico odontológico.
- Comunicação do relatório.

II. **Instruções para a realização das atividades**

- Avaliação das atletas a partir da utilização de ferramentas e técnicas conforme protocolo detalhado no **Plano de prestação de serviços de odontologia**.
- O relatório citado deve ser elaborado a partir do modelo de documento aprovado (vide pacote de trabalho 2.2.5 – Plano odontologia), disponível na área restrita do site do projeto na pasta "Modelos de documentos".
- Informações para comunicar o resultado do relatório estão detalhadas no **Plano de gerenciamento das comunicações**.

III. **Critério de aceitação das entregas**

- Avaliação das atletas de acordo com o protocolo constante no **Plano de prestação de serviços de odontologia**.
- Relatório elaborado a partir de modelo de documento aprovado (vide pacote de trabalho 2.2.5).
- Comunicação dos resultados de acordo com o **Plano de gerenciamento das comunicações**.

IV. **Recursos necessários para a realização das atividades**

- Recursos humanos:
    - Cristina Forte da Costa – Secretária.
    - Yuli Mikami – Dentista.
- Equipamentos:
    - Notebook conectado à internet – 1 unidade.
- Material de consumo:
    - Ficha de anotação.
    - Caneta – 3 unidades.
    - Prancheta – 1 unidade.

V. Predecessoras principais do pacote de trabalho

- 2.3.3.3. Diagnóstico nutricional.
- 2.3.3.2. Diagnóstico psicológico.

VI. Sucessoras principais do pacote de trabalho

- 2.3.3.7. Diagnóstico capacidades físicas.
- 2.3.4. Admissão.

VII. Riscos associados ao pacote

- Atraso na realização dos diagnósticos.

Nota: *quaisquer alterações neste documento deverão ser submetidas ao processo de controle integrado de mudanças antes de serem incorporadas.*

Davi Tannure

APROVADO POR	DATA
Davi Tannure – Gerente do projeto	15/01/2014

PROJETO DE DESENVOLVIMENTO DE REMADORAS

Descrição da Entrega da EAP

PREPARADO POR			VERSÃO
Norberto Moreno – Supervisor de preparação esportiva			01

PACOTE 2.3.3.6	Diagnóstico médico		
RESPONSÁVEL	**INÍCIO**	**TÉRMINO**	**DURAÇÃO**
Roberto Shalom – Médico	10/03/2014	18/03/2014	8 dias

I. **Atividades a serem realizadas**

- Agendamento das avaliações das atletas.
- Avaliação das atletas.
- Elaboração do relatório contendo o diagnóstico médico.
- Comunicação do relatório.

II. **Instruções para a realização das atividades**

- Avaliação das atletas a partir da utilização de ferramentas e técnicas conforme protocolo detalhado no **Plano de prestação de serviços de medicina**.
- O relatório citado deve ser elaborado a partir do modelo de documento aprovado (vide pacote de trabalho 2.2.6 – Plano medicina), disponível na área restrita do site do projeto na pasta "Modelos de documentos".
- Informações para comunicar o resultado do relatório estão detalhadas no **Plano de gerenciamento das comunicações**.

III. **Critério de aceitação das entregas**

- Avaliação das atletas de acordo com o protocolo constante no **Plano de prestação de serviços de medicina**.
- Relatório elaborado a partir de modelo de documento aprovado (vide pacote de trabalho 2.2.6).
- Comunicação dos resultados de acordo com o **Plano de gerenciamento das comunicações**.

IV. **Recursos necessários para a realização das atividades**

- Recursos humanos:
    - Cristina Forte da Costa – Secretária.
    - Roberto Shalom – Médico.
- Equipamentos:
    - Notebook conectado à internet – 1 unidade.
- Material de consumo:
    - Ficha de anotação.
    - Caneta – 3 unidades.
    - Prancheta – 1 unidade.

V. Predecessoras principais do pacote de trabalho

- 2.1. Plano sistema treinamento.
- 2.2. Plano sistema apoio treinamento.
- 2.3.1. Testes.

VI. Sucessoras principais do pacote de trabalho

- 2.3.3.3. Diagnóstico nutricional.
- 2.3.3.4. Diagnóstico fisioterápico.
- 2.3.3.5. Diagnóstico odontológico.

VII. Riscos associados ao pacote

- Atraso na realização dos diagnósticos.

Nota: *quaisquer alterações neste documento deverão ser submetidas ao processo de controle integrado de mudanças antes de serem incorporadas.*

APROVADO POR	**DATA**
Davi Tannure – Gerente do projeto	15/01/2014

PROJETO DE DESENVOLVIMENTO DE REMADORAS

Descrição da Entrega da EAP

PREPARADO POR			VERSÃO
Norberto Moreno – Supervisor de preparação esportiva			01

PACOTE 2.3.3.7	Diagnóstico capacidades físicas		
RESPONSÁVEL	**INÍCIO**	**TÉRMINO**	**DURAÇÃO**
Nathália de Jesus – Fisiologista	08/04/2014	16/04/2014	8 dias

I. **Atividades a serem realizadas**

- Agendamento das avaliações das atletas.
- Avaliação das atletas.
- Elaboração do relatório contendo o diagnóstico das capacidades físicas.
- Comunicação do relatório.

II. **Instruções para a realização das atividades**

- Avaliação das atletas a partir da utilização de ferramentas e técnicas conforme protocolo detalhado no **Padrão testes físicos** (vide pacote de trabalho 2.1.1.6).
- O relatório citado deve ser elaborado a partir do modelo de documento aprovado (vide pacote de trabalho 2.1.1.1. Padrão documentos), disponível na área restrita do site do projeto na pasta "Modelos de documentos".
- Informações para comunicar o resultado do relatório estão detalhadas no **Plano de gerenciamento das comunicações**.

III. **Critério de aceitação das entregas**

- Avaliação das atletas e relatório de acordo com o protocolo constante no **Padrão testes físicos** (vide pacote de trabalho 2.1.1.6).
- Comunicação dos resultados de acordo com o **Plano de gerenciamento das comunicações**.

IV. **Recursos necessários para a realização das atividades**

- Recursos humanos:
    - Cristina Forte da Costa – Secretária.
    - Nathália de Jesus – Fisiologista.
- Equipamentos:
    - Notebook conectado à internet – 1 unidade.
- Material de consumo:
    - Ficha de anotação.
    - Caneta – 3 unidades.
    - Prancheta – 1 unidade.

V. Predecessoras principais do pacote de trabalho

- 2.3.3.4. Diagnóstico fisioterápico.
- 2.3.3.5. Diagnóstico odontológico.

VI. Sucessoras principais do pacote de trabalho

- 2.3.4. Admissão.
- 2.4. Evento abertura.

VII. Riscos associados ao pacote

- Atraso na realização dos diagnósticos.

Nota: *quaisquer alterações neste documento deverão ser submetidas ao processo de controle integrado de mudanças antes de serem incorporadas.*

APROVADO POR	DATA
Davi Tannure – Gerente do projeto	15/01/2014

PROJETO DE DESENVOLVIMENTO DE REMADORAS			
Descrição da Entrega da EAP			
PREPARADO POR Norberto Moreno – Supervisor de preparação esportiva			**VERSÃO** 01
PACOTE 2.3.4	Admissão		
RESPONSÁVEL Norberto Moreno – Supervisor de preparação esportiva	**INÍCIO** 08/04/2014	**TÉRMINO** 21/04/2014	**DURAÇÃO** 13 dias

I. Atividades a serem realizadas

- Adquirir lanche.
- Preparar e divulgar lista com no máximo trinta candidatas aptas para o preenchimento de vagas.
- Preparar e apresentar palestra endereçada às jovens admitidas e respectivos pais e/ou responsáveis.
- Assinar termo de compromisso com condições para a participação e permanência das jovens no projeto.
- Servir lanche.
- Limpar local.

II. Instruções para a realização das atividades

- Informações para aquisição do lanche encontram-se no **Plano de gerenciamento das aquisições**.
- No máximo trinta candidatas que receberem o maior número de indicações nos relatórios de diagnósticos serão incluídas na lista para o preenchimento de vagas na equipe. Caso haja empate, o técnico de remo, a psicóloga e um dos auxiliares técnicos, depois de considerar as informações contidas nos relatórios de diagnósticos, farão o desempate. A divulgação da lista deve estar de acordo com as especificações contidas no **Plano de gerenciamento das comunicações**.
- O gerente do projeto, o supervisor de preparação esportiva e o técnico de remo farão, cada um, uma apresentação de sete a dez minutos de duração, endereçada às jovens admitidas, pais e/ou responsáveis. Essa apresentação deverá ocorrer em um sábado no período da manhã. A produção deverá seguir as orientações de GALVÃO, J.; ADAS, E. **Super apresentações – Como vender ideias e conquistar audiências**. São Paulo: Panda Books, 2011.
- Os responsáveis pelas jovens aprovadas no estágio assinarão um termo de compromisso com especificações sobre as condições para a participação e permanência das jovens no projeto. O modelo do termo de compromisso encontra-se no **Plano de gerenciamento de recursos humanos**.
- Após as apresentações será servido um lanche constituído de café, pão, bolo, frutas e sucos.
- Ao final do evento todo o local deve ser limpo e arrumado. O lixo deverá ser ensacado e depositado em local apropriado.

III. Critério de aceitação das entregas

- Aquisição de lanche conforme **Plano de gerenciamento das aquisições**; a estimativa da quantidade de pessoas que irão lanchar será feita da seguinte maneira: número de jovens admitidas x 3 + 20 = quantidade de pessoas que irão lanchar.

- Candidatas admitidas receberam o maior número de indicações nos diagnósticos (vide pacotes de trabalho 2.3.3.1 a 2.3.3.7) e atendem aos requisitos definidos nos seguintes pacotes de trabalho: 2.1.1.3 – Padrão antropométrico, 2.1.1.4 – Padrão comportamental e valores e 2.1.1.6 – Padrão testes físicos.
- Roteiro e *slides* de acordo com o padrão e apresentação feita dentro do tempo.
- Comunicação dos resultados de acordo com o **Plano de gerenciamento das comunicações**.

IV. Recursos necessários para a realização das atividades

- Recursos humanos:
    - Aline Alvarez – Psicóloga.
    - Ana Maria Cândida – Assistente social.
    - Carlos Vasconcellos de Pádua – Auxiliar técnico de remo.
    - Cristina Forte da Costa – Secretária.
    - Davi Tannure – Gerente do projeto.
    - Gustavo Fermino – Auxiliar técnico de remo.
    - Mauro Tompim de Oliveira – Técnico de remo.
    - Miguel Rey – Preparador físico.
    - Nathália de Jesus – Fisiologista.
    - Norberto Moreno – Supervisor de preparação esportiva.
    - Renata Damaceno – Nutricionista.
    - Roberto Shalom – Médico.
    - Roberto Silva – Fisioterapeuta.
    - Yuli Mikami – Dentista.
- Equipamentos:
    - Caixa de som – 1 unidade.
    - Datashow – 1 unidade.
    - Microfone – 1 unidade.
    - Notebook – 1 unidade.
- Material de consumo:
    - Termo de compromisso atletas – 70 unidades.
    - Caneta – 3 unidades.
    - Lanche (café, pão, bolo, frutas e sucos) – no mínimo para 110 e no máximo para 200 pessoas.
    - Lista de chamada – 1 unidade.
    - Prancheta – 1 unidade.

V. Predecessoras principais do pacote de trabalho

- 2.3.3.5. Diagnóstico odontológico.
- 2.3.3.7. Diagnóstico capacidades físicas.

VI. **Sucessoras principais do pacote de trabalho**
- 2.4. Evento abertura.
- 2.5. Encerramento F2.

VII. **Riscos associados ao pacote**
- Indicação de jovens que não atendam aos requisitos para o preenchimento das vagas.
- Não comparecimento dos pais e/ou responsáveis na reunião na qual farão a assinatura do termo de compromisso.

Nota: *quaisquer alterações neste documento deverão ser submetidas ao processo de controle integrado de mudanças antes de serem incorporadas.*

Davi Tannure

APROVADO POR
Davi Tannure – Gerente do projeto

DATA
15/01/2014

PROJETO DE DESENVOLVIMENTO DE REMADORAS

Descrição da Entrega da EAP

PREPARADO POR	VERSÃO
Davi Tannure – Gerente do projeto	01

PACOTE 2.4	Evento abertura			
RESPONSÁVEL		**INÍCIO**	**TÉRMINO**	**DURAÇÃO**
Davi Tannure – Gerente do projeto		21/04/2014	30/04/2014	9 dias

I. Atividades a serem realizadas

- Contratação de serviço de produção de roteiro e identidade visual para palestra de no máximo trinta minutos.
- Ensaiar a apresentação da palestra.
- Divulgar o evento para a mídia e demais partes interessadas.
- Preparar o auditório para o evento e testar os equipamentos.
- Ministrar palestra.
- Realizar entrevista coletiva e distribuir material de divulgação sobre o projeto.

II. Instruções para a realização das atividades

- As informações sobre a realização do evento estão detalhadas no **Plano de gerenciamento das comunicações** e no **Plano de gerenciamento da qualidade** do projeto.

III. Critério de aceitação das entregas

- Contratação de serviço de acordo com o **Plano de gerenciamento das aquisições**.
- Evento realizado de acordo com informações constantes no **Plano de gerenciamento das comunicações** e no **Plano de gerenciamento da qualidade** do projeto.
- Todos os membros da equipe do projeto e todas as atletas deverão vestir o uniforme da equipe durante o evento.

IV. Recursos previstos

- Recursos humanos:
    - Aline Alvarez – Psicóloga.
    - Ana Maria Cândida – Assistente social.
    - Carlos Vasconcellos de Pádua – Auxiliar técnico de remo.
    - Carolina Bernardes – Jornalista.
    - Cristina Forte da Costa – Secretária.
    - Gustavo Fermino – Auxiliar técnico de remo.
    - Mauro Tompim de Oliveira – Técnico de remo.
    - Miguel Rey – Preparador físico.
    - Nathália de Jesus – Fisiologista.
    - Norberto Moreno – Supervisor de preparação esportiva.

- o Renata Damaceno – Nutricionista.
- o Roberto Shalom – Médico.
- o Roberto Silva – Fisioterapeuta.
- o Yuli Mikami – Dentista.
- Equipamentos:
    - o Caixa de som – 4 unidades.
    - o Datashow – 2 unidades.
    - o Filmadora – 2 unidades.
    - o Filtro de linha com 4 tomadas – 1 unidade.
    - o Máquina fotográfica – 3 unidades.
    - o Mesa para apoiar o notebook – 1 unidade.
    - o Microfone – 1 unidade.
    - o Notebook com Microsoft Office instalado – 2 unidades.
- Material de consumo:
    - o Folder com informações sobre o projeto no tamanho A5, com 4 folhas coloridas, impressa frente e verso em papel couchê fosco, gramatura: 150 g – 500 unidades.

V. Predecessoras principais do pacote de trabalho

- 2.3.3. Diagnósticos.
- 2.3.4. Admissão.

VI. Sucessoras principais do pacote de trabalho

- 2.5. Encerramento F2.
- 3.1.1.1.1. Mesociclo 1.

VII. Riscos associados ao pacote

- Atrasos nas entregas.

Nota: *quaisquer alterações neste documento deverão ser submetidas ao processo de controle integrado de mudanças antes de serem incorporadas.*

APROVADO POR	DATA
Vicente Gomes de Oliveira Moreira – Diretor de esportes olímpicos do CRUT	17/01/2014

PROJETO DE DESENVOLVIMENTO DE REMADORAS

Descrição da Entrega da EAP

PREPARADO POR	VERSÃO
Norberto Moreno – Supervisor de preparação esportiva	01

PACOTE 3.1.1.1.1.1	Microciclo 1			
RESPONSÁVEL		**INÍCIO**	**TÉRMINO**	**DURAÇÃO**
Norberto Moreno – Supervisor de preparação esportiva		21/04/2014	25/04/2014	4 dias

I. Atividades a serem realizadas

- Determinar treino, atividades de apoio e recursos microciclo 1.
- Executar treino e atividades de apoio microciclo 1.
- Monitorar e controlar treino e atividades de apoio microciclo 1.
- Determinar treino, atividades de apoio e recursos microciclo 2.

II. Instruções para a realização das atividades

- As atividades de treinamento e de apoio ao treinamento devem ser planejadas e executadas levando-se em consideração, principalmente, os seguintes documentos:
    - **Mapa periodização** (vide pacote de trabalho 2.1.3).
    - **Plano sistema de apoio treinamento** (vide pacote de trabalho 2.2).
- O supervisor de preparação esportiva deverá se reunir com os profissionais da área técnica e da área de apoio ao treinamento ao final da semana, a fim de:
    - Analisar detalhadamente as informações relacionadas ao desempenho da execução das atividades.
    - Analisar os principais problemas que estejam afetando a execução das atividades previstas no pacote de trabalho e propor planos de ação para solucioná-los.
- Os relatórios citados devem ser elaborados a partir do modelo de documento no formato Microsoft Word® denominado **Modelo de relatório de desempenho da preparação esportiva**, disponível na área restrita do site do projeto na pasta "Modelos de documentos".
- Instruções para o monitoramento e controle do desempenho das atividades de treinamento e atividades de apoio ao treinamento encontram-se detalhadas no **Plano de gerenciamento da qualidade**.
- Instruções para analisar e solucionar problemas encontram-se no **Plano de gerenciamento dos riscos**.
- Instruções para a divulgação e arquivamento dos relatórios encontram-se detalhadas no **Plano de gerenciamento das comunicações**.

III. Critério de aceitação das entregas

- Relatórios elaborados a partir do modelo de documento referido, aprovados pelo gerente do projeto e divulgados e arquivados conforme o **Plano de gerenciamento das comunicações**.

IV. Recursos previstos

- Recursos humanos:
    - Aline Alvarez – Psicóloga.
    - Ana Maria Cândida – Assistente social.
    - Carlos Vasconcellos de Pádua – Auxiliar técnico de remo.
    - Carolina Bernardes – Jornalista.
    - Cristina Forte da Costa – Secretária.
    - Davi Tannure – Gerente do projeto.
    - Gustavo Fermino – Auxiliar técnico de remo.
    - Mauro Tompim de Oliveira – Técnico de remo.
    - Miguel Rey – Preparador físico.
    - Nathália de Jesus – Fisiologista.
    - Norberto Moreno – Supervisor de preparação esportiva.
    - Renata Damaceno – Nutricionista.
    - Roberto Shalom – Médico.
    - Roberto Silva – Fisioterapeuta.
    - Yuli Mikami – Dentista.
- Equipamentos:
    - Cadeira – 20 unidades.
    - Computador – 1 unidade.
    - Datashow – 1 unidade.
    - Impressora – 1 unidade.

V. Predecessoras principais do pacote de trabalho

- 2.4. Evento abertura.
- 2.5. Encerramento F2.

VI. Sucessoras principais do pacote de trabalho

- 3.1.1.1.1.2. Microciclo 2.
- 3.1.1.1.1.3. Microciclo 3.
- 3.1.1.1.1.4. Microciclo 4.

VII. Riscos associados ao pacote

- Falta de experiência da equipe do projeto em relação ao emprego de ferramentas de análise de desempenho e análise da causa-raiz de problemas pode gerar uma dependência em relação ao gerente do projeto.
- Atrasos nas entregas.

Nota: *quaisquer alterações neste documento deverão ser submetidas ao processo de controle integrado de mudanças antes de serem incorporadas.*

APROVADO POR	DATA
Davi Tannure – Gerente do projeto	17/01/2014

PROJETO DE DESENVOLVIMENTO DE REMADORAS

Descrição da Entrega da EAP

PREPARADO POR	VERSÃO
Norberto Moreno – Supervisor de preparação esportiva	01

PACOTE 3.1.1.1.5	Encerramento EB			
RESPONSÁVEL		**INÍCIO**	**TÉRMINO**	**DURAÇÃO**
Norberto Moreno – Supervisor de preparação esportiva		07/08/2014	11/08/2014	4 dias

I. Atividades a serem realizadas

- Realizar reunião de análise do desempenho das atividades de treinamento e de apoio ao treinamento.
- Finalizar relatório do desempenho das atividades de treinamento e de apoio ao treinamento realizadas na etapa básica do macrociclo.

II. Instruções para a realização das atividades

- O supervisor de preparação esportiva deverá se reunir com a equipe do projeto a fim de:
    o Analisar, detalhadamente, as informações relacionadas ao desempenho da execução das atividades.
    o Analisar os principais problemas que afetaram a execução das atividades previstas no pacote de trabalho e propor medidas para solucioná-los.
- Os relatórios citados devem ser elaborados a partir do modelo de documento no formato Microsoft Word® denominado **Modelo de relatório de desempenho da preparação esportiva**, disponível na área restrita do site do projeto na pasta "Modelos de documentos".
- Instruções para analisar e solucionar problemas encontram-se no **Plano de gerenciamento dos riscos**.
- Instruções para a divulgação e arquivamento dos relatórios encontram-se detalhadas no **Plano de gerenciamento das comunicações**.

III. Critério de aceitação das entregas

- Relatórios elaborados a partir do modelo de documento referido, devendo ser aprovados pelo gerente do projeto e divulgados e arquivados conforme o **Plano de gerenciamento das comunicações**.

IV. Recursos previstos

- Recursos humanos:
    o Aline Alvarez – Psicóloga.
    o Ana Maria Cândida – Assistente social.
    o Carlos Vasconcellos de Pádua – Auxiliar técnico de remo.
    o Carolina Bernardes – Jornalista.
    o Cristina Forte da Costa – Secretária.
    o Davi Tannure – Gerente do projeto.

- o Gustavo Fermino – Auxiliar técnico de remo.
- o Mauro Tompim de Oliveira – Técnico de remo.
- o Miguel Rey – Preparador físico.
- o Nathália de Jesus – Fisiologista.
- o Norberto Moreno – Supervisor de preparação esportiva.
- o Renata Damaceno – Nutricionista.
- o Roberto Shalom – Médico.
- o Roberto Silva – Fisioterapeuta.
- o Yuli Mikami – Dentista.
- Equipamentos:
  - o Cadeira – 20 unidades.
  - o Computador – 1 unidade.
  - o Datashow – 1 unidade.
  - o Impressora – 1 unidade.

V. Predecessoras principais do pacote de trabalho

- 3.1.1.1.4.2. Microciclo 14.
- 3.1.1.1.4.3. Microciclo 15.
- 3.1.1.1.4.4. Microciclo 16.

VI. Sucessoras principais do pacote de trabalho

- 3.1.1.2.1.1. Microciclo 17.
- 3.1.1.2.1.2. Microciclo 18.
- 3.1.1.2.1.3. Microciclo 19.

VII. Riscos associados ao pacote

- Falta de experiência da equipe do projeto em relação ao emprego de ferramentas de análise de desempenho e análise da causa-raiz de problemas pode gerar uma dependência em relação ao gerente do projeto.
- Atrasos nas entregas.

Nota: *quaisquer alterações neste documento deverão ser submetidas ao processo de controle integrado de mudanças antes de serem incorporadas.*

APROVADO POR
Davi Tannure – Gerente do projeto

DATA
17/01/2014

GERENCIAMENTO DO TEMPO

PROJETO DE DESENVOLVIMENTO DE REMADORAS

Plano de Gerenciamento do Cronograma

PREPARADO POR	VERSÃO
Davi Tannure – Gerente do projeto	02

I. Descrição dos procedimentos de gerenciamento do cronograma

- O cronograma do projeto será gerado e atualizado a partir da utilização do software Microsoft Project®.
- A avaliação do desempenho do cumprimento dos prazos do projeto será documentada nos seguintes relatórios:
    - Diagramas de rede do projeto.
    - Status das atividades:
        - Atividades assinaladas na cor verde = completadas.
        - Atividades assinaladas na cor amarela = sendo completadas.
        - Atividades assinaladas em vermelho = atrasadas.
    - Lista de marcos do projeto.

II. Frequência de avaliação do cronograma do projeto

- O cronograma será avaliado semanalmente nas reuniões de acompanhamento do projeto.

III. Sistema de controle de mudanças no cronograma

- Caso seja necessário fazer alguma mudança no cronograma do projeto, uma solicitação de mudança deverá ser encaminhada, em formulário apropriado, ao endereço de correio eletrônico do gerente do projeto conforme descrito no **Plano de gerenciamento das comunicações**.
- Após receber a solicitação de mudança, o gerente de projeto deverá classificar o nível de prioridade da mudança. Depois disso, a solicitação de mudança deverá ser encaminhada ao *Comitê de Controle de Mudanças* (*CCM*) ou ao patrocinador executivo do projeto, conforme fluxo descrito a seguir.

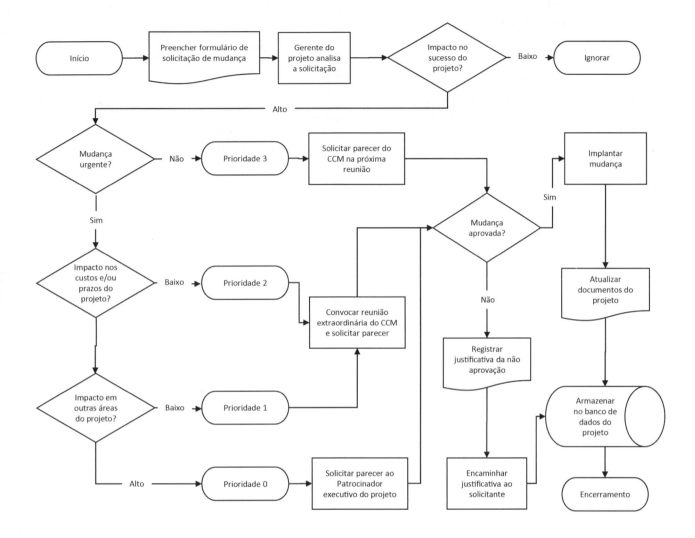

IV. Alocação financeira das mudanças do cronograma

- As mudanças aprovadas que tenham impacto nos custos deverão utilizar as reservas gerenciais do projeto.
- Caso essas reservas tenham se esgotado, ou caso sejam insuficientes, o patrocinador executivo deverá especificar, no documento de aprovação, de onde sairá o recurso para o custeio da mudança.

V. Administração do Plano de gerenciamento do cronograma

- **Responsável pelo plano**
  - Davi Tannure, gerente do projeto, será o responsável pelo **Plano de gerenciamento do cronograma**.
  - Norberto Moreno, supervisor de preparação esportiva, será suplente do responsável pelo **Plano de gerenciamento do cronograma**.
- **Frequência de atualização do Plano de gerenciamento do cronograma**
  - O **Plano de gerenciamento do cronograma** será avaliado e atualizado, quando necessário, após as reuniões do *CCM*.

VI. **Outros assuntos relacionados ao gerenciamento do cronograma do projeto não previstos neste plano**
- Os casos não previstos neste documento serão resolvidos pelo *CCM*.

Nota: *quaisquer alterações neste documento deverão ser submetidas ao processo de controle integrado de mudanças antes de serem incorporadas.*

APROVADO POR	DATA
Vicente Gomes de Oliveira Moreira – Diretor de esportes olímpicos no CRUT	11/12/2013

Exemplo de plano do projeto 169

PROJETO DE DESENVOLVIMENTO DE REMADORAS

Cronograma

PREPARADO POR
Davi Tannure – Gerente do projeto

VERSÃO
03

Código EAP	Fase / Pacote de trabalho / Atividades	Duração (dias)	Início	Término	Predecessora	Sucessora
0	Projeto de desenvolvimento de remadoras	365	04/11/2013	03/11/2014	Início	Término
1	Fase 1	121	04/11/2013	04/03/2014	Início	2
1.1	Contratação RH	40	04/11/2013	13/12/2013	Início	1.2; 1.3; 1.4
1.1.1	Contratar secretárias				Na	1.1.1
1.1.2	Contratar supervisor de preparação esportiva				Na	1.1.2
1.1.3	Contratar plano de saúde				Na	1.1.3
1.2	Aquisições	61	16/12/2013	14/02/2014	1.1	1.5
1.2.1	Aquisição equipamentos esportivos	61	16/12/2013	14/02/2014	1.1	1.5
1.2.1.1	Comprar barco motor 25 HP				Na	1.1
1.2.1.2	Comprar kettlebell 8kg				Na	1.1
1.2.1.3	Comprar remoergômetro				Na	1.1
1.2.1.4	Comprar monitor de frequência cardíaca com GPS				Na	1.1
1.2.2	Aquisição uniformes	61	16/12/2013	14/02/2014	1.1	1.5
1.2.2.1	Comprar agasalho				Na	1.1
1.2.2.2	Comprar bermuda				Na	1.1
1.2.2.3	Comprar boné				Na	1.1
1.2.2.4	Comprar camiseta				Na	1.1
1.2.2.5	Comprar camisa polo				Na	1.1
1.2.2.6	Comprar capa de chuva				Na	1.1
1.2.2.7	Comprar chinelo				Na	1.1
1.2.2.8	Comprar macaquinho				Na	1.1
1.2.2.9	Comprar mochila				Na	1.1
1.2.2.10	Comprar short				Na	1.1
1.2.2.11	Comprar tênis				Na	1.1
1.2.2.12	Comprar top				Na	1.1
1.2.2.13	Comprar viseira				Na	1.1
1.2.3	Aquisição equipamentos informática	61	16/12/2013	14/02/2014	1.1	1.5
1.2.3.1	Comprar HD externo portátil				Na	1.1
1.2.3.2	Comprar notebook				Na	1.1
1.2.3.3	Comprar filmadora				Na	1.1
1.2.4	Aquisição mobiliário	61	16/12/2013	14/02/2014	1.1	1.5
1.2.4.1	Comprar arquivo 4 gavetas				Na	1.1

Código EAP	Fase / Pacote de trabalho / Atividades	Duração (dias)	Início	Término	Predecessora	Sucessora
1.2.5	**Aquisição material consumo**	**61**	**16/12/2013**	**14/02/2014**	**1.1**	**1.5**
1.2.5.1.	Comprar bloco *flip chart* com 50 fls.				Na	1.1
1.2.5.2	Comprar bloco autoadesivo com 100 fls.				Na	1.1
1.2.5.3	Comprar borracha				Na	1.1
1.2.5.4	Comprar caneta esferográfica				Na	1.1
1.2.5.5	Comprar cartucho tinta preta				Na	1.1
1.2.5.6	Comprar cartucho tinta colorida				Na	1.1
1.2.5.7	Comprar fita crepe				Na	1.1
1.2.5.8	Comprar lápis preto 2B				Na	1.1
1.2.5.9	Comprar papel A4 com 500 fls.				Na	1.1
1.2.5.10	Comprar pasta suspensa				Na	1.1
1.2.5.11	Comprar pincel atômico (azul, preto e vermelho)				Na	1.1
1.3	**Capacitação RH**	**41**	**01/01/2014**	**10/02/2014**	**1.1**	**1.5**
1.3.1	Matricular membros da equipe do projeto no curso "Gerenciamento de Projetos de Preparação Esportiva" e arquivar comprovante de pagamento				Na	1.1
1.3.2	Cursar módulo 1 e produzir as respectivas entregas				Na	1.3.2
1.3.3	Enviar relatório do módulo 1 do curso para o gerente do projeto				Na	1.3.3
1.3.4	Cursar módulo 2 e produzir as respectivas entregas				Na	1.3.4
1.3.5	Enviar relatório do módulo 2 do curso para o gerente do projeto				Na	1.3.5
1.3.6	Cursar módulo 3 e produzir as respectivas entregas				Na	1.3.6
1.3.7	Enviar relatório do módulo 3 do curso para o gerente do projeto				Na	1.3.7
1.3.8	Cursar módulo 4 e produzir as respectivas entregas				Na	1.3.8
1.3.9	Enviar relatório do módulo 4 do curso para o gerente do projeto				Na	1.3.9
1.3.10	Cursar módulo 5 e produzir as respectivas entregas				Na	1.3.10
1.3.11	Enviar relatório do módulo 5 do curso para o gerente do projeto				Na	1.3.11

Código EAP	Fase / Pacote de trabalho / Atividades	Duração (dias)	Início	Término	Predecessora	Sucessora
1.3.12	Coletar opinião dos membros da equipe do projeto a respeito da qualidade do curso e relevância da experiência de aprendizagem				Na	1.5
1.4	**Recrutamento**	**54**	**16/12/2013**	**07/02/2014**	**1.1**	**1.5**
1.4.1	Contratar serviço de designer				1.1	1.4.2
1.4.2	Produzir conteúdo para a página do Facebook				1.4.1	1.4.3; 1.4.4
1.4.3	Atualizar conteúdo na página do Facebook				1.4.2	1.4.4
1.4.4	Contratar anúncios pagos no Facebook				1.4.2	1.5
1.4.5	Contratar serviço de impressão gráfica				1.4.2	1.4.6
1.4.6	Enviar cartazes para escolas públicas e privadas				1.4.5	1.4.7
1.4.7	Receber as inscrições de candidatas				1.4.2	1.5
1.5	**Encerramento F1**	**22**	**11/02/2014**	**04/03/2014**	**1.2; 1.3; 1.4**	**2.1**
1.5.1	Finalizar a prestação de contas da F1				1.2; 1.3; 1.4	1.5.2
1.5.2	Avaliar a F1 e determinar a causa-raiz dos principais problemas				1.5.1	1.5.3
1.5.3	Finalizar relatório da F1				1.5.2	1.5.4
1.5.4	Arquivar documentos da F1				1.5.3	2.1
2	**Fase 2**	**112**	**05/02/2014**	**27/05/2014**	**1.4.5**	**3**
2.1	**Plano sistema treinamento**	**39**	**07/02/2014**	**17/03/2014**	**1.4.5**	**2.3**
2.1.1	**Padrões**	**25**	**07/02/2014**	**03/03/2014**	**1.4.5**	**2.2**
2.1.1.1	**Padrão documentos**	**11**	**07/02/2014**	**17/02/2014**	**1.4.5**	**2.1.1.2**
2.1.1.1.1	Elaborar modelos padronizados de documentos				1.4.5	2.1.1.1.2
2.1.1.1.2	Testar funcionamento dos modelos de documentos				2.1.1.1.1	2.1.1.1.3
2.1.1.1.3	Obter aprovação dos modelos de documentos				2.1.1.1.2	2.1.1.1.4
2.1.1.1.4	Salvar modelos de documentos aprovados na pasta eletrônica do projeto				2.1.1.1.3	2.1.1.2
2.1.1.2	**Padrão competitivo**	**7**	**18/02/2014**	**24/02/2014**	**2.1.1.1**	**2.1.1.5; 2.1.1.7; 2.1.2.2; 2.1.2.3**
2.1.1.2.1	Levantar dados para redação do padrão competitivo				2.1.1.1	2.1.1.2.2
2.1.1.2.2	Redigir documento contendo padrão competitivo				2.1.1.2.1	2.1.1.5; 2.1.1.7; 2.1.2.2; 2.1.2.3

Código EAP	Fase / Pacote de trabalho / Atividades	Duração (dias)	Início	Término	Predecessora	Sucessora
2.1.1.3	**Padrão antropométrico**	**7**	**07/02/2014**	**13/02/2014**	**1.5**	**2.1.1.2; 2.1.1.6; 2.1.2.1**
2.1.1.3.1	Levantar dados para redação do padrão antropométrico				1.5	2.1.1.3.2
2.1.1.3.2	Redigir documento contendo padrão antropométrico				2.1.1.3.1	2.1.1.2; 2.1.1.6; 2.1.2.1
2.1.1.4	**Padrão comportamental e valores**	**7**	**07/02/2014**	**13/02/2014**	**1.5**	**2.1.1.2; 2.1.1.6; 2.1.2.1**
2.1.1.4.1	Levantar dados para redação do padrão comportamental e valores				1.5	2.1.1.4.2
2.1.1.4.2	Redigir documento contendo padrão comportamental e valores				2.1.1.4.1	2.1.1.2; 2.1.1.6; 2.1.2.1
2.1.1.5	**Padrão técnico**	**7**	**25/02/2014**	**03/03/2014**	**2.1.1.2; 2.1.1.6; 2.1.2.1**	**2.1.2.4; 2.1.3**
2.1.1.5.1	Levantar dados para criação de instrumento para avaliação qualitativa da técnica				2.1.1.2; 2.1.1.6; 2.1.2.1	2.1.1.5.2
2.1.1.5.2	Criar instrumento para avaliação qualitativa da técnica				2.1.1.5.1	2.1.1.5.3
2.1.1.5.3	Validar instrumento para avaliação qualitativa da técnica				2.1.1.5.2	2.1.2.4; 2.1.3
2.1.1.6	**Padrão testes físicos**	**7**	**14/02/2014**	**20/02/2014**	**2.1.1.1; 2.1.1.3; 2.1.1.4**	**2.1.2.4; 2.1.3**
2.1.1.6.1	Levantar dados para redação do padrão de desempenho em testes físicos				2.1.1.1; 2.1.1.3; 2.1.1.4	2.1.1.6.2
2.1.1.6.2	Redigir documento contendo padrão de desempenho em testes físicos				2.1.1.6.1	2.1.2.4; 2.1.3
2.1.1.7	**Padrão organização treinamento**	**7**	**25/02/2014**	**03/03/2014**	**2.1.1.2; 2.1.1.6; 2.1.2.1**	**2.1.2.4; 2.1.3**
2.1.1.7.1	Levantar dados para redação do padrão para organização do treinamento				2.1.1.2; 2.1.1.6; 2.1.2.1	2.1.1.7.2
2.1.1.7.2	Redigir documento contendo padrão para organização do treinamento				2.1.1.7.1	2.1.2.4; 2.1.3
2.1.2	**Catálogo exercícios**	**28**	**18/02/2014**	**17/03/2014**	**2.1.1.5; 2.1.1.7; 2.1.2.2; 2.1.2.3**	**2.2**
2.1.2.1	**Catálogo coordenação**	**7**	**18/02/2014**	**24/02/2014**	**2.1.1.5; 2.1.1.7; 2.1.2.2; 2.1.2.3**	**2.1.2.2**
2.1.2.1.1	Levantar dados para criação do catálogo de coordenação				2.1.1.5; 2.1.1.7; 2.1.2.2; 2.1.2.3	2.1.2.1.2
2.1.2.1.2	Criar catálogo de coordenação				2.1.2.1.1	2.1.2.2

Código EAP	Fase / Pacote de trabalho / Atividades	Duração (dias)	Início	Término	Predecessora	Sucessora
2.1.2.2	Catálogo velocidade	7	25/02/2014	03/03/2014	2.1.2.2	2.1.2.4
2.1.2.2.1	Levantar dados para criação do catálogo de velocidade				2.1.2.2	2.1.2.2.2
2.1.2.2.2	Criar catálogo de velocidade				2.1.2.2.1	2.1.2.4
2.1.2.3	Catálogo força	7	25/02/2014	03/03/2014	2.1.2.2	2.1.2.4
2.1.2.1.1	Levantar dados para criação do catálogo de força				2.1.2.2	2.1.2.2.2
2.1.2.1.2	Criar catálogo de força				2.1.2.2.1	2.1.2.4
2.1.2.4	Catálogo resistência	7	04/03/2014	10/03/2014	2.1.2.2.2	2.1.2.5
2.1.2.4.1	Levantar dados para criação do catálogo de resistência				2.1.2.2.2	2.1.2.4.2
2.1.2.4.2	Criar catálogo de resistência				2.1.2.4.1	2.1.2.5
2.1.2.5	Catálogo flexibilidade	7	11/03/2014	17/03/2014	2.1.2.4; 2.1.3	2.1.4
2.1.2.5.1	Levantar dados para criação do catálogo de flexibilidade				2.1.2.4; 2.1.3	2.1.2.5.2
2.1.2.5.2	Criar catálogo de flexibilidade				2.1.2.5.1	2.1.4
2.1.3	Mapa periodização	2	04/03/2014	05/03/2014	2.1.1.5; 2.1.1.7; 2.1.2.2; 2.1.2.3	2.1.2.5
2.1.3.1	Preencher o modelo de documento Mapa da periodização				2.1.1.5; 2.1.1.7; 2.1.2.2; 2.1.2.3	2.1.3.2
2.1.3.2	Obter aprovação do mapa da periodização				2.1.3.1	2.1.2.5
2.1.4	Metas preparação esportiva	3	16/04/2014	18/04/2014	2.3.3.7	2.3.4
2.1.4.1	Preencher o modelo de documento Metas preparação esportiva				2.3.3.7	2.1.4.2
2.1.4.2	Obter aprovação das metas da preparação esportiva				2.1.4.1	2.3.4
2.2	Plano sistema apoio treinamento	36	06/03/2014	10/04/2014	2.1.3	2.4
2.2.1	Plano assistência social	36	06/03/2014	10/04/2014	2.1.3	2.4
2.2.1.1	Elaborar modelos padronizados de documentos da área de assistência social				2.1.3	2.2.1.2
2.2.1.2	Testar funcionamento dos modelos de documentos da área de assistência social				2.2.1.1	2.2.1.3
2.2.1.3	Obter aprovação dos modelos de documentos da área de assistência social				2.2.1.2	2.2.1.4
2.2.1.4	Salvar modelos de documentos aprovados da área de assistência social na pasta eletrônica do projeto				2.2.1.3	2.2.1.5
2.2.1.5	Elaborar plano de ação para prestação de serviços de assistência social				2.2.1.4	2.2.1.6

Código EAP	Fase / Pacote de trabalho / Atividades	Duração (dias)	Início	Término	Predecessora	Sucessora
2.2.1.6	Obter aprovação do plano de ação para prestação de serviços da área de assistência social				2.2.1.5	2.4
2.2.2	**Plano psicologia**	**36**	**06/03/2014**	**10/04/2014**	**2.1.3**	**2.4**
2.2.2.1	Elaborar modelos padronizados de documentos da área de psicologia				2.1.3	2.2.1.2
2.2.2.2	Testar funcionamento dos modelos de documentos da área de psicologia				2.2.1.1	2.2.1.3
2.2.2.3	Obter aprovação dos modelos de documentos da área de psicologia				2.2.1.2	2.2.1.4
2.2.2.4	Salvar modelos de documentos aprovados da área de psicologia na pasta eletrônica do projeto				2.2.1.3	2.2.1.5
2.2.2.5	Elaborar plano de ação para prestação de serviços de psicologia				2.2.1.4	2.2.1.6
2.2.2.6	Obter aprovação do plano de ação para prestação de serviços da área de psicologia				2.2.1.5	2.4
2.2.3	**Plano nutrição**	**36**	**06/03/2014**	**10/04/2014**	**2.1.3**	**2.4**
2.2.3.1	Elaborar modelos padronizados de documentos da área de nutrição				2.1.3	2.2.1.2
2.2.3.2	Testar funcionamento dos modelos de documentos da área de nutrição				2.2.1.1	2.2.1.3
2.2.3.3	Obter aprovação dos modelos de documentos da área de nutrição				2.2.1.2	2.2.1.4
2.2.3.4	Salvar modelos de documentos aprovados da área de nutrição na pasta eletrônica do projeto				2.2.1.3	2.2.1.5
2.2.3.5	Elaborar plano de ação para prestação de serviços de nutrição				2.2.1.4	2.2.1.6
2.2.3.6	Obter aprovação do plano de ação para prestação de serviços da área de nutrição				2.2.1.5	2.4
2.2.4	**Plano fisioterapia**	**36**	**06/03/2014**	**10/04/2014**	**2.1.3**	**2.4**
2.2.4.1	Elaborar modelos padronizados de documentos da área de fisioterapia				2.1.3	2.2.1.2
2.2.4.2	Testar funcionamento dos modelos de documentos da área de fisioterapia				2.2.1.1	2.2.1.3
2.2.4.3	Obter aprovação dos modelos de documentos da área de fisioterapia				2.2.1.2	2.2.1.4

Exemplo de plano do projeto 175

Código EAP	Fase / Pacote de trabalho / Atividades	Duração (dias)	Início	Término	Predecessora	Sucessora
2.2.4.4	Salvar modelos de documentos aprovados da área de fisioterapia na pasta eletrônica do projeto				2.2.1.3	2.2.1.5
2.2.4.5	Elaborar plano de ação para prestação de serviços de fisioterapia				2.2.1.4	2.2.1.6
2.2.4.6	Obter aprovação do plano de ação para prestação de serviços da área de fisioterapia				2.2.1.5	2.4
2.2.5	**Plano odontologia**	**36**	**06/03/2014**	**10/04/2014**	**2.1.3**	**2.4**
2.2.5.1	Elaborar modelos padronizados de documentos da área de odontologia				2.1.3	2.2.1.2
2.2.5.2	Testar funcionamento dos modelos de documentos da área de odontologia				2.2.1.1	2.2.1.3
2.2.5.3	Obter aprovação dos modelos de documentos da área de odontologia				2.2.1.2	2.2.1.4
2.2.5.4	Salvar modelos de documentos aprovados da área de odontologia na pasta eletrônica do projeto				2.2.1.3	2.2.1.5
2.2.5.5	Elaborar plano de ação para prestação de serviços de odontologia				2.2.1.4	2.2.1.6
2.2.5.6	Obter aprovação do plano de ação para prestação de serviços da área de odontologia				2.2.1.5	2.4
2.2.6	**Plano medicina**	**36**	**06/03/2014**	**10/04/2014**	**2.1.3**	**2.4**
2.2.6.1	Elaborar modelos padronizados de documentos da área de medicina				2.1.3	2.2.1.2
2.2.6.2	Testar funcionamento dos modelos de documentos da área de medicina				2.2.1.1	2.2.1.3
2.2.6.3	Obter aprovação dos modelos de documentos da área de medicina				2.2.1.2	2.2.1.4
2.2.6.4	Salvar modelos de documentos aprovados da área de medicina na pasta eletrônica do projeto				2.2.1.3	2.2.1.5
2.2.6.5	Elaborar plano de ação para prestação de serviços de medicina				2.2.1.4	2.2.1.6
2.2.6.6	Obter aprovação do plano de ação para prestação de serviços da área de medicina				2.2.1.5	2.4

Código EAP	Fase / Pacote de trabalho / Atividades	Duração (dias)	Início	Término	Predecessora	Sucessora
2.3	Seleção atletas	76	05/02/2014	21/04/2014	2.1.3	2.4
2.3.1	Testes	28	05/02/2014	04/03/2014	2.1.3	2.3.2
2.3.1.1	Contratação de UTI móvel				2.1.3	2.3.1.2
2.3.1.2	Preparar local dos testes do grupo 1				2.3.1.1	2.3.1.3
2.3.1.3	Realizar testes do grupo 1				2.3.1.2	2.3.1.4
2.3.1.4	Documentar testes em vídeos e fotos do grupo 1				2.3.1.3	2.3.1.5
2.3.1.5	Elaborar relatório dos testes do grupo 1				2.3.1.4	2.3.1.6
2.3.1.6	Preparar local dos testes do grupo 2				2.3.1.5	2.3.1.7
2.3.1.7	Realizar testes do grupo 2				2.3.1.6	2.3.1.8
2.3.1.8	Documentar testes em vídeos e fotos do grupo 2				2.3.1.7	2.3.1.9
2.3.1.9	Elaborar relatório dos testes do grupo 2				2.3.1.8	2.3.1.10
2.3.1.10	Comunicar resultado dos testes				2.3.1.9	2.3.2
2.3.2	Estágio	41	05/03/2014	14/04/2014	2.3.1	2.3.3
2.3.2.1	Conferir documentos				2.3.1	2.3.2.1
2.3.2.2	Realizar avaliações de saúde				2.3.2.2	2.3.2.2
2.3.2.3	Realizar curso básico de remo				2.3.2.3	2.3.2.3
2.3.2.4	Finalizar relatório do estágio				2.3.2.4	2.3.2.4
2.3.2.5	Comunicar resultado do estágio				2.3.2.5	2.3.3
2.3.3	Diagnósticos	38	10/03/2014	16/04/2014	2.3.1	2.3.4
2.3.3.1	Diagnóstico social	9	10/03/2014	18/03/2014	2.3.1	2.3.3.2
2.3.3.1.1	Realizar diagnóstico social				2.3.1	2.3.3.1.2
2.3.3.1.2	Finalizar relatório do diagnóstico social				2.3.3.1.1	2.3.3.1.3
2.3.3.1.3	Comunicar resultado do diagnóstico social				2.3.3.1.2	2.3.3.2
2.3.3.2	Diagnóstico psicológico	9	19/03/2014	27/03/2014	2.3.3.1	2.3.3.4
2.3.3.2.1	Realizar diagnóstico psicológico				2.3.3.1	2.3.3.2.2
2.3.3.2.2	Finalizar relatório do diagnóstico psicológico				2.3.3.2.1	2.3.3.2.3
2.3.3.2.3	Comunicar resultado do diagnóstico psicológico				2.3.3.2.2	2.3.3.4
2.3.3.3	Diagnóstico nutricional	9	19/03/2014	27/03/2014	2.3.3.1	2.3.3.4
2.3.3.3.1	Realizar diagnóstico nutricional				2.3.3.1	2.3.3.3.1
2.3.3.3.2	Finalizar relatório do diagnóstico nutricional				2.3.3.3.1	2.3.3.3.2
2.3.3.3.3	Comunicar resultado do diagnóstico nutricional				2.3.3.3.2	2.3.3.4
2.3.3.4	Diagnóstico fisioterápico	11	28/03/2014	07/04/2014	2.3.3.3	2.3.3.7

Exemplo de plano do projeto 177

Código EAP	Fase / Pacote de trabalho / Atividades	Duração (dias)	Início	Término	Predecessora	Sucessora
2.3.3.4.1	Realizar diagnóstico fisioterápico				2.3.3.3	2.3.3.4.2
2.3.3.4.2	Finalizar relatório do diagnóstico fisioterápico				2.3.3.4.1	2.3.3.4.3
2.3.3.4.3	Comunicar resultado do diagnóstico fisioterápico				2.3.3.4.2	2.3.3.7
2.3.3.5	**Diagnóstico odontológico**	**11**	**28/03/2014**	**07/04/2014**	**2.3.3.3**	**2.3.3.7**
2.3.3.5.1	Realizar diagnóstico odontológico				2.3.3.3	2.3.3.5.2
2.3.3.5.2	Finalizar relatório do diagnóstico odontológico				2.3.3.5.1	2.3.3.5.3
2.3.3.5.3	Comunicar resultado do diagnóstico odontológico				2.3.3.5.2	2.3.3.7
2.3.3.6	**Diagnóstico médico**	**9**	**10/03/2014**	**18/03/2014**	**2.3.1**	**2.3.3.2**
2.3.3.6.1	Realizar diagnóstico médico				2.3.1	2.3.3.1.2
2.3.3.6.2	Finalizar relatório do diagnóstico médico				2.3.3.1.1	2.3.3.1.3
2.3.3.6.3	Comunicar resultado do diagnóstico médico				2.3.3.1.2	2.3.3.2
2.3.3.7	**Diagnóstico capacidades físicas**	**9**	**08/04/2014**	**16/04/2014**	**2.3.3.5**	**2.3.4**
2.3.3.7.1	Realizar diagnóstico das capacidades físicas				2.3.3.5	2.3.3.7.2
2.3.3.7.2	Finalizar relatório do diagnóstico das capacidades físicas				2.3.3.7.1	2.3.3.7.3
2.3.3.7.3	Comunicar resultado do diagnóstico das capacidades físicas				2.3.3.7.2	2.3.4
2.3.4	**Admissão**	**14**	**08/04/2014**	**21/04/2014**	**2.3.3.7**	**2.4**
2.3.4.1	Adquirir lanche				2.3.3.7	2.3.4.2
2.3.4.2	Divulgar lista de aprovadas				2.3.4.1	2.3.4.3
2.3.4.3	Preparar e apresentar palestra				2.3.4.2	2.3.4.4
2.3.4.4	Servir lanche				2.3.4.3	2.3.4.5
2.3.4.5	Limpar local				2.3.4.4	2.3.4.6
2.3.4.6	Assinar termo de compromisso				2.3.4.5	2.4
2.4	**Evento abertura**	**10**	**21/04/2014**	**30/04/2014**	**2.3.4**	**2.5**
2.4.1	Preparar roteiro e identidade visual para palestra				2.3.4	2.4.2
2.4.2	Ensaiar a apresentação da palestra				2.4.1	2.4.3
2.4.3	Divulgar o evento para a mídia e demais partes interessadas				2.4.2	2.4.4
2.4.4	Preparar o auditório para o evento e testar os equipamentos				2.4.3	2.4.5
2.4.5	Ministrar palestra				2.4.4	2.4.6
2.4.6	Realizar entrevista coletiva e distribuir material de divulgação sobre o projeto				2.4.5	2.4.7

Código EAP	Fase / Pacote de trabalho / Atividades	Duração (dias)	Início	Término	Predecessora	Sucessora
2.4.7	Finalizar relatório do evento de abertura				2.4.6	2.5
2.5	Encerramento F2	27	01/05/2014	27/05/2014	2.4	3.1.1.1.1.1
2.5.1	Finalizar a prestação de contas da F2				2.4	2.5.2
2.5.2	Avaliar a F2 e determinar a causa-raiz dos principais problemas				2.5.1	2.5.3
2.5.3	Finalizar relatório da F2				2.5.2	2.5.4
2.5.4	Arquivar documentos da F2				2.5.3	3.1.1.1.1.1
3	Fase 3	197	21/04/2014	03/11/2014	2.5	Término
3.1	Macrociclo	173	21/04/2014	10/10/2014	2.5	3.2
3.1.1	Período preparação	141	21/04/2014	08/09/2014	2.5	3.1.1.1.5
3.1.1.1	Etapa básica	120	21/04/2014	18/08/2014	2.5	3.1.1.1.5
3.1.1.1.1	Mesociclo 1	26	21/04/2014	16/05/2014	2.5	3.1.1.1.2
3.1.1.1.1.1	Microciclo 1	5	21/04/2014	25/04/2014	2.5	3.1.1.1.1.2
3.1.1.1.1.1.1	Determinar treino, atividades de apoio e recursos microciclo 1				2.5	3.1.1.1.1.1.2
3.1.1.1.1.1.2	Executar treino e atividades de apoio microciclo 1				3.1.1.1.1.1.1	3.1.1.1.1.1.3
3.1.1.1.1.1.3	Monitorar e controlar treino e atividades de apoio microciclo 1				3.1.1.1.1.1.2	3.1.1.1.1.1.4
3.1.1.1.1.1.4	Determinar treino, atividades de apoio e recursos microciclo 2				3.1.1.1.1.1.3	3.1.1.1.1.2
3.1.1.1.1.2	Microciclo 2	5	28/04/2014	02/05/2014	3.1.1.1.1.1	3.1.1.1.1.3
3.1.1.1.1.2.1	Executar treino e atividades de apoio microciclo 2				3.1.1.1.1.1	3.1.1.1.1.2.2
3.1.1.1.1.2.2	Monitorar e controlar treino e atividades de apoio microciclo 2				3.1.1.1.1.2.1	3.1.1.1.1.2.3
3.1.1.1.1.2.3	Finalizar relatório microciclo 1				3.1.1.1.1.2.2	3.1.1.1.1.2.4
3.1.1.1.1.2.4	Determinar treino, atividades de apoio e recursos microciclo 3				3.1.1.1.1.2.3	3.1.1.1.1.3
3.1.1.1.1.3	Microciclo 3	5	05/05/2014	09/05/2014	3.1.1.1.1.2	3.1.1.1.1.4
3.1.1.1.1.3.1	Executar treino e atividades de apoio microciclo 3				3.1.1.1.1.2	3.1.1.1.1.3.2
3.1.1.1.1.3.2	Monitorar e controlar treino e atividades de apoio microciclo 3				3.1.1.1.1.3.1	3.1.1.1.1.3.3
3.1.1.1.1.3.3	Finalizar relatório microciclo 2				3.1.1.1.1.3.2	3.1.1.1.1.3.4
3.1.1.1.1.3.4	Determinar treino, atividades de apoio e recursos microciclo 4				3.1.1.1.1.3.3	3.1.1.1.1.4
3.1.1.1.1.4	Microciclo 4	5	12/05/2014	16/05/2014	3.1.1.1.1.3	3.1.1.1.2
3.1.1.1.1.4.1	Executar treino e atividades de apoio microciclo 4				3.1.1.1.1.3	3.1.1.1.1.4.2
3.1.1.1.1.4.2	Monitorar e controlar treino e atividades de apoio microciclo 4				3.1.1.1.1.4.1	3.1.1.1.1.4.3

Exemplo de plano do projeto 179

Código EAP	Fase / Pacote de trabalho / Atividades	Duração (dias)	Início	Término	Predecessora	Sucessora
3.1.1.1.1.4.3	Finalizar relatório microciclo 3				3.1.1.1.1.4.2	3.1.1.1.1.4.4
3.1.1.1.1.4.4	Determinar treino, atividades de apoio e recursos microciclo 5				3.1.1.1.1.4.3	3.1.1.1.2
3.1.1.1.2	Mesociclo 2	26	19/05/2014	13/06/2014	3.1.1.1.1.4	3.1.1.1.3
3.1.1.1.2.1	Microciclo 5	5	19/05/2014	23/05/2014	3.1.1.1.1.4	3.1.1.1.2.2
3.1.1.1.2.1.1	Executar treino e atividades de apoio microciclo 5				3.1.1.1.1.4	3.1.1.1.2.1.2
3.1.1.1.2.1.2	Monitorar e controlar treino e atividades de apoio microciclo 5				3.1.1.1.2.1.1	3.1.1.1.2.1.3
3.1.1.1.2.1.3	Finalizar relatório microciclo 4				3.1.1.1.2.1.2	3.1.1.1.2.1.4
3.1.1.1.2.1.4	Determinar treino, atividades de apoio e recursos microciclo 6				3.1.1.1.2.1.3	3.1.1.1.2.2
3.1.1.1.2.2	Microciclo 6	5	26/05/2014	30/05/2014	3.1.1.1.2.1	3.1.1.1.2.3
3.1.1.1.2.2.1	Executar treino e atividades de apoio microciclo 6				3.1.1.1.2.1	3.1.1.1.2.2.2
3.1.1.1.2.2.2	Monitorar e controlar treino e atividades de apoio microciclo 6				3.1.1.1.2.2.1	3.1.1.1.2.2.3
3.1.1.1.2.2.3	Finalizar relatório microciclo 5				3.1.1.1.2.2.2	3.1.1.1.2.2.4
3.1.1.1.2.2.4	Determinar treino, atividades de apoio e recursos microciclo 7				3.1.1.1.2.2.3	3.1.1.1.2.3
3.1.1.1.2.3	Microciclo 7	5	02/06/2014	06/06/2014	3.1.1.1.2.2	3.1.1.1.2.4
3.1.1.1.2.3.1	Executar treino e atividades de apoio microciclo 7				3.1.1.1.2.2	3.1.1.1.2.3.2
3.1.1.1.2.3.2	Monitorar e controlar treino e atividades de apoio microciclo 7				3.1.1.1.2.3.1	3.1.1.1.2.3.3
3.1.1.1.2.3.3	Finalizar relatório microciclo 6				3.1.1.1.2.3.2	3.1.1.1.2.3.4
3.1.1.1.2.3.4	Determinar treino, atividades de apoio e recursos microciclo 8				3.1.1.1.2.3.3	3.1.1.1.2.4
3.1.1.1.2.4	Microciclo 8	5	09/06/2014	13/06/2014	3.1.1.1.2.3	3.1.1.1.3
3.1.1.1.2.4.1	Executar treino e atividades de apoio microciclo 8				3.1.1.1.2.3	3.1.1.1.2.4.2
3.1.1.1.2.4.2	Monitorar e controlar treino e atividades de apoio microciclo 8				3.1.1.1.2.4.1	3.1.1.1.2.4.3
3.1.1.1.2.4.3	Finalizar relatório microciclo 7				3.1.1.1.2.4.2	3.1.1.1.2.4.4
3.1.1.1.2.4.4	Determinar treino, atividades de apoio e recursos microciclo 9				3.1.1.1.2.4.3	3.1.1.1.3
3.1.1.1.3	Mesociclo 3	26	16/06/2014	11/07/2014	3.1.1.1.2.4	3.1.1.1.4
3.1.1.1.3.1	Microciclo 9	5	16/06/2014	20/06/2014	3.1.1.1.2.4	3.1.1.1.3.2
3.1.1.1.3.1.1	Executar treino e atividades de apoio microciclo 9				3.1.1.1.2.4	3.1.1.1.3.1.2
3.1.1.1.3.1.2	Monitorar e controlar treino e atividades de apoio microciclo 9				3.1.1.1.3.1.1	3.1.1.1.3.1.3
3.1.1.1.3.1.3	Finalizar relatório microciclo 8				3.1.1.1.3.1.2	3.1.1.1.3.1.4

Código EAP	Fase / Pacote de trabalho / Atividades	Duração (dias)	Início	Término	Predecessora	Sucessora
3.1.1.1.3.1.4	Determinar treino, atividades de apoio e recursos microciclo 10				3.1.1.1.3.1.3	3.1.1.1.3.2
3.1.1.1.3.2	Microciclo 10	5	23/06/2014	27/06/2014	3.1.1.1.3.1	3.1.1.1.3.3
3.1.1.1.3.2.1	Executar treino e atividades de apoio microciclo 10				3.1.1.1.3.1	3.1.1.1.3.2.2
3.1.1.1.3.2.2	Monitorar e controlar treino e atividades de apoio microciclo 10				3.1.1.1.3.2.1	3.1.1.1.3.2.3
3.1.1.1.3.2.3	Finalizar relatório microciclo 9				3.1.1.1.3.2.2	3.1.1.1.3.2.4
3.1.1.1.3.2.4	Determinar treino, atividades de apoio e recursos microciclo 11				3.1.1.1.3.2.3	3.1.1.1.3.3
3.1.1.1.3.3	Microciclo 11	5	30/06/2014	04/07/2014	3.1.1.1.3.2	3.1.1.1.3.4
3.1.1.1.3.3.1	Executar treino e atividades de apoio microciclo 11				3.1.1.1.3.2	3.1.1.1.3.3.2
3.1.1.1.3.3.2	Monitorar e controlar treino e atividades de apoio microciclo 11				3.1.1.1.3.3.1	3.1.1.1.3.3.3
3.1.1.1.3.3.3	Finalizar relatório microciclo 10				3.1.1.1.3.3.2	3.1.1.1.3.3.4
3.1.1.1.3.3.4	Determinar treino, atividades de apoio e recursos microciclo 12				3.1.1.1.3.3.3	3.1.1.1.3.4
3.1.1.1.3.4	Microciclo 12	5	07/07/2014	11/07/2014	3.1.1.1.3.3	3.1.1.1.4
3.1.1.1.3.4.1	Executar treino e atividades de apoio microciclo 12				3.1.1.1.3.3	3.1.1.1.3.4.2
3.1.1.1.3.4.2	Monitorar e controlar treino e atividades de apoio microciclo 12				3.1.1.1.3.4.1	3.1.1.1.3.4.3
3.1.1.1.3.4.3	Finalizar relatório microciclo 11				3.1.1.1.3.4.2	3.1.1.1.3.4.4
3.1.1.1.3.4.4	Determinar treino, atividades de apoio e recursos microciclo 13				3.1.1.1.3.4.3	3.1.1.1.4
3.1.1.1.4	Mesociclo 4	26	14/07/2014	08/08/2014	3.1.1.1.3.4	3.1.1.1.5
3.1.1.1.4.1	Microciclo 13	5	14/07/2014	18/07/2014	3.1.1.1.3.4	3.1.1.1.4.2
3.1.1.1.4.1.1	Executar treino e atividades de apoio microciclo 13				3.1.1.1.3.4	3.1.1.1.4.1.2
3.1.1.1.4.1.2	Monitorar e controlar treino e atividades de apoio microciclo 13				3.1.1.1.4.1.1	3.1.1.1.4.1.3
3.1.1.1.4.1.3	Finalizar relatório microciclo 12				3.1.1.1.4.1.2	3.1.1.1.4.1.4
3.1.1.1.4.1.4	Determinar treino, atividades de apoio e recursos microciclo 14				3.1.1.1.4.1.3	3.1.1.1.4.2
3.1.1.1.4.2	Microciclo 14	5	21/07/2014	25/07/2014	3.1.1.1.4.1	
3.1.1.1.4.2.1	Executar treino e atividades de apoio microciclo 14				3.1.1.1.4.1	3.1.1.1.4.2.2
3.1.1.1.4.2.2	Monitorar e controlar treino e atividades de apoio microciclo 14				3.1.1.1.4.2.1	3.1.1.1.4.2.3

Código EAP	Fase / Pacote de trabalho / Atividades	Duração (dias)	Início	Término	Predecessora	Sucessora
3.1.1.1.4.2.3	Finalizar relatório microciclo 13				3.1.1.1.4.2.2	3.1.1.1.4.2.4
3.1.1.1.4.2.4	Determinar treino, atividades de apoio e recursos microciclo 15				3.1.1.1.4.2.3	3.1.1.1.4.3
3.1.1.1.4.3	**Microciclo 15**	**5**	**28/07/2014**	**01/08/2014**	**3.1.1.1.4.2**	**3.1.1.1.4.4**
3.1.1.1.4.3.1	Executar treino e atividades de apoio microciclo 15				3.1.1.1.4.2	3.1.1.1.4.3.2
3.1.1.1.4.3.2	Monitorar e controlar treino e atividades de apoio microciclo 15				3.1.1.1.4.3.1	3.1.1.1.4.3.3
3.1.1.1.4.3.3	Finalizar relatório microciclo 14				3.1.1.1.4.3.2	3.1.1.1.4.3.4
3.1.1.1.4.3.4	Determinar treino, atividades de apoio e recursos microciclo 16				3.1.1.1.4.3.3	3.1.1.1.4.4
3.1.1.1.4.4	**Microciclo 16**	**5**	**04/08/2014**	**08/08/2014**	**3.1.1.1.4.3**	**3.1.1.1.5**
3.1.1.1.4.4.1	Executar treino e atividades de apoio microciclo 16				3.1.1.1.4.3	3.1.1.1.4.4.2
3.1.1.1.4.4.2	Monitorar e controlar treino e atividades de apoio microciclo 16				3.1.1.1.4.4.1	3.1.1.1.4.4.3
3.1.1.1.4.4.3	Finalizar relatório microciclo 15				3.1.1.1.4.4.2	3.1.1.1.4.4.4
3.1.1.1.4.4.4	Determinar treino, atividades de apoio e recursos microciclo 17				3.1.1.1.4.4.3	3.1.1.1.5
3.1.1.1.5	**Encerramento etapa básica**	**5**	**07/08/2014**	**11/08/2014**	**3.1.1.1.4.4**	**3.1.1.2.1**
3.1.1.1.5.1	Avaliar etapa básica e determinar a causa-raiz dos principais problemas				3.1.1.1.4.4	3.1.1.1.5.2
3.1.1.1.5.2	Finalizar relatórios do microciclo 16 e da etapa básica				3.1.1.1.5.1	3.1.1.1.5.3
3.1.1.1.5.3	Arquivar documentos da etapa básica				3.1.1.1.5.2	3.1.1.2.1
3.1.1.2	**Etapa específica**	**29**	**11/08/2014**	**08/09/2014**	**3.1.1.1.5**	**3.1.2**
3.1.1.2.1	**Mesociclo 5**	**26**	**11/08/2014**	**05/09/2014**	**3.1.1.1.5**	**3.1.2.1**
3.1.1.2.2	**Microciclo 17**	**5**	**11/08/2014**	**15/08/2014**	**3.1.1.1.5**	**3.1.1.2.3**
3.1.1.2.2.1	Executar treino e atividades de apoio microciclo 17				3.1.1.1.5	3.1.1.2.2.2
3.1.1.2.2.2	Monitorar e controlar treino e atividades de apoio microciclo 17				3.1.1.2.2.1	3.1.1.2.2.3
3.1.1.2.2.3	Finalizar relatório microciclo 16				3.1.1.2.2.2	3.1.1.2.2.4
3.1.1.2.2.4	Determinar treino, atividades de apoio e recursos microciclo 18				3.1.1.2.2.3	3.1.1.2.3
3.1.1.2.3	**Microciclo 18**	**5**	**18/08/2014**	**22/08/2014**	**3.1.1.2.2**	**3.1.1.2.4**
3.1.1.2.3.1	Executar treino e atividades de apoio microciclo 18				3.1.1.2.2	3.1.1.2.3.2

Código EAP	Fase / Pacote de trabalho / Atividades	Duração (dias)	Início	Término	Predecessora	Sucessora
3.1.1.2.3.2	Monitorar e controlar treino e atividades de apoio microciclo 18				3.1.1.2.3.1	3.1.1.2.3.3
3.1.1.2.3.3	Finalizar relatório microciclo 17				3.1.1.2.3.2	3.1.1.2.3.4
3.1.1.2.3.4	Determinar treino, atividades de apoio e recursos microciclo 19				3.1.1.2.3.3	3.1.1.2.4
3.1.1.2.4	**Microciclo 19**	**5**	**25/08/2014**	**29/08/2014**	**3.1.1.2.3**	**3.1.1.2.5**
3.1.1.2.4.1	Executar treino e atividades de apoio microciclo 19				3.1.1.2.3	3.1.1.2.4.2
3.1.1.2.4.2	Monitorar e controlar treino e atividades de apoio microciclo 19				3.1.1.2.4.1	3.1.1.2.4.3
3.1.1.2.4.3	Finalizar relatório microciclo 18				3.1.1.2.4.2	3.1.1.2.4.4
3.1.1.2.4.4	Determinar treino, atividades de apoio e recursos microciclo 20				3.1.1.2.4.3	3.1.1.2.5
3.1.1.2.5	**Microciclo 20**	**5**	**01/09/2014**	**05/09/2014**	**3.1.1.2.4**	**3.1.1.2.6**
3.1.1.2.5.1	Executar treino e atividades de apoio microciclo 20				3.1.1.2.4	3.1.1.2.5.2
3.1.1.2.5.2	Monitorar e controlar treino e atividades de apoio microciclo 20				3.1.1.2.5.1	3.1.1.2.5.3
3.1.1.2.5.3	Finalizar relatório microciclo 19				3.1.1.2.5.2	3.1.1.2.5.4
3.1.1.2.5.4	Determinar treino, atividades de apoio e recursos microciclo 21				3.1.1.2.5.3	3.1.1.2.6
3.1.1.2.6	**Encerramento etapa específica**	**5**	**04/09/2014**	**08/09/2014**	**3.1.1.2.5**	**3.1.2.1**
3.1.1.2.6.1	Avaliar etapa específica e determinar a causa-raiz dos principais problemas				3.1.1.2.5	3.1.1.2.6.2
3.1.1.2.6.2	Finalizar relatórios do microciclo 19 e da etapa específica				3.1.1.2.6.1	3.1.1.2.6.3
3.1.1.2.6.3	Arquivar documentos da etapa específica				3.1.1.2.6.2	3.1.2.1
3.1.2	**Período competição**	**19**	**08/09/2014**	**26/09/2014**	**3.1.1**	**3.1.3**
3.1.2.1	**Mesociclo 6**	**19**	**08/09/2014**	**26/09/2014**	**3.1.1**	**3.1.3.1**
3.1.2.1.1	**Microciclo 21**	**5**	**08/09/2014**	**12/09/2014**	**3.1.1**	**3.1.2.1.2**
3.1.2.1.1.1	Executar treino e atividades de apoio microciclo 21				3.1.1	3.1.2.1.1.2
3.1.2.1.1.2	Monitorar e controlar treino e atividades de apoio microciclo 21				3.1.2.1.1.1	3.1.2.1.1.3
3.1.2.1.1.3	Finalizar relatório microciclo 20				3.1.2.1.1.2	3.1.2.1.1.4

Exemplo de plano do projeto 183

Código EAP	Fase / Pacote de trabalho / Atividades	Duração (dias)	Início	Término	Predecessora	Sucessora
3.1.2.1.1.4	Determinar treino, atividades de apoio e recursos microciclo 22				3.1.2.1.1.3	3.1.2.1.2
3.1.2.1.2	**Microciclo 22**	**5**	**15/09/2014**	**19/09/2014**	**3.1.2.1.1**	**3.1.2.1.3**
3.1.2.1.2.1	Executar treino e atividades de apoio microciclo 22				3.1.2.1.1	3.1.2.1.2.2
3.1.2.1.2.2	Monitorar e controlar treino e atividades de apoio microciclo 22				3.1.2.1.2.1	3.1.2.1.2.3
3.1.2.1.2.3	Finalizar relatório microciclo 21				3.1.2.1.2.2	3.1.2.1.2.4
3.1.2.1.2.4	Determinar treino, atividades de apoio e recursos microciclo 23				3.1.2.1.2.3	3.1.2.1.2.5
3.1.2.1.2.5	Enviar convite da regata interna para partes interessadas				3.1.2.1.2.4	3.1.1.2.6.3
3.1.2.1.2.6	Enviar release da regata interna para a imprensa				3.1.2.1.2.5	3.1.1.2.6.3
3.1.2.1.3	**Microciclo 23**	**5**	**22/09/2014**	**26/09/2014**	**3.1.2.1.2**	**3.1.2.2**
3.1.2.1.3.1	Executar treino e atividades de apoio microciclo 23; competir na regata interna				3.1.2.1.2	3.1.2.1.3.2
3.1.2.1.3.2	Monitorar e controlar treino e atividades de apoio microciclo 23				3.1.2.1.3.1	3.1.2.1.3.3
3.1.2.1.3.3	Finalizar relatório microciclo 22				3.1.2.1.3.2	3.1.2.1.3.4
3.1.2.1.3.4	Determinar treino, atividades de apoio e recursos microciclo 24				3.1.2.1.3.3	3.1.2.1.3.5
3.1.2.1.3.5	Registrar imagens em vídeo e fotos da regata interna				3.1.2.1.3.4	3.1.2.1.3.6
3.1.2.1.3.6	Realizar regata interna				3.1.2.1.3.5	3.1.2.1.3.7
3.1.2.1.3.7	Realizar avaliação da regata interna				3.1.2.1.3.6	3.1.2.2
3.1.2.2	**Encerramento período competição**	**5**	**25/09/2014**	**29/09/2014**	**3.1.2.1.3**	**3.1.3.1**
3.1.2.2.1	Avaliar período competição e determinar a causa-raiz dos principais problemas				3.1.2.1.3	3.1.2.2.2
3.1.2.2.2	Finalizar relatórios do microciclo 23 e do período competição				3.1.2.2.1	3.1.2.2.3
3.1.2.2.3	Arquivar documentos do período competição				3.1.2.2.2	3.1.3.1
3.1.3	**Período transição**	**12**	**29/09/2014**	**10/10/2014**	**3.1.2**	**3.3**
3.1.3.1	**Mesociclo 7**	**12**	**29/09/2014**	**10/10/2014**	**3.1.2.2**	**3.1.3.2**
3.1.3.1.1	**Microciclo 24**	**5**	**29/09/2014**	**03/10/2014**	**3.1.2.2**	**3.1.3.1.2**
3.1.3.1.1.1	Executar treino e atividades de apoio microciclo 24				3.1.2.2	3.1.3.1.1.2

Código EAP	Fase / Pacote de trabalho / Atividades	Duração (dias)	Início	Término	Predecessora	Sucessora
3.1.3.1.1.2	Determinar treino, atividades de apoio e recursos microciclo 25				3.1.3.1.1.1	3.1.3.1.2
3.1.3.1.2	**Microciclo 25**	**5**	**06/10/2014**	**10/10/2014**	**3.1.3.1.1**	**3.1.3.2**
3.1.3.1.2.1	Executar treino e atividades de apoio microciclo 25				3.1.3.1.1	3.1.3.1.2.2
3.1.3.1.2.2	Finalizar relatório microciclo 24				3.1.3.1.2.1	3.1.3.2
3.1.3.2	**Encerramento período transição**	**5**	**09/10/2014**	**13/10/2014**	**3.1.3.1.2**	**3.3**
3.1.3.2.1	Avaliar período transição e determinar a causa-raiz dos principais problemas				3.1.3.1.2	3.1.3.2.2
3.1.3.2.2	Finalizar relatórios do microciclo 25 e do período de transição				3.1.3.2.1	3.1.3.2.3
3.1.3.2.3	Arquivar documentos do período transição				3.1.3.2.2	3.3
3.2	**Evento encerramento**	**8**	**29/09/2014**	**06/10/2014**	**3.1.2**	**3.3**
3.2.1	Editar vídeo de encerramento				3.1.2	3.2.2
3.2.2	Preparar palestra de encerramento				3.2.1	3.2.3
3.2.3	Preparar local entrevista de encerramento				3.2.2	3.2.4
3.2.4	Preparar evento de encerramento				3.2.3	3.2.5
3.2.5	Realizar evento de encerramento				3.2.4	3.2.6
3.2.6	Finalizar relatório do evento de encerramento				3.2.5	3.3
3.3	**Encerramento projeto**	**28**	**07/10/2014**	**03/11/2014**	**3.2**	**Término**
3.3.1	Finalizar a prestação de contas do projeto				3.2	3.3.2
3.3.2	Avaliar a F3 e determinar a causa-raiz dos principais problemas				3.3.1	3.3.3
3.3.3	Finalizar relatório da F3				3.3.2	3.3.4
3.3.4	Arquivar documentos do projeto				3.3.3	Término

Nota: *quaisquer alterações neste documento deverão ser submetidas ao processo de controle integrado de mudanças antes de serem incorporadas.*

APROVADO POR
Vicente Gomes de Oliveira Moreira –
Diretor de esportes olímpicos no CRUT

DATA
21/11/2013

PROJETO DE DESENVOLVIMENTO DE REMADORAS

Lista das Atividades

PREPARADO POR
Davi Tannure – Gerente do projeto

VERSÃO
03

Código EAP	Fase / Pacote de trabalho / Atividades
1	**Fase 1**
1.1	**Contratação RH**
1.1.1	Contratar secretárias
1.1.2	Contratar supervisor de preparação esportiva
1.1.3	Contratar plano de saúde
1.2	**Aquisições**
1.2.1	**Aquisição equipamentos esportivos**
1.2.1.1	Comprar barco motor 25 HP
1.2.1.2	Comprar kettlebell 8kg
1.2.1.3	Comprar remoergômetro
1.2.1.4	Comprar monitor de frequência cardíaca com GPS
1.2.2	**Aquisição uniformes**
1.2.2.1	Comprar agasalho
1.2.2.2	Comprar bermuda
1.2.2.3	Comprar boné
1.2.2.4	Comprar camiseta
1.2.2.5	Comprar camisa polo
1.2.2.6	Comprar capa de chuva
1.2.2.7	Comprar chinelo
1.2.2.8	Comprar macaquinho
1.2.2.9	Comprar mochila
1.2.2.10	Comprar short
1.2.2.11	Comprar tênis
1.2.2.12	Comprar top
1.2.2.13	Comprar viseira
1.2.3	**Aquisição equipamentos informática**
1.2.3.1	Comprar HD externo portátil
1.2.3.2	Comprar notebook
1.2.3.3	Comprar filmadora
1.2.4	**Aquisição mobiliário**
1.2.4.1	Comprar arquivo 4 gavetas
1.2.5	**Aquisição material consumo**
1.2.5.1	**Aquisição material consumo esportivo**
1.2.5.1.1	Comprar bloco *flip chart* com 50 fls.
1.2.5.1.2	Comprar bloco autoadesivo com 100 fls.
1.2.5.1.3	Comprar borracha
1.2.5.1.4	Comprar caneta esferográfica
1.2.5.1.5	Comprar cartucho tinta preta

Código EAP	Fase / Pacote de trabalho / Atividades
1.2.5.1.6	Comprar cartucho tinta colorida
1.2.5.1.7	Comprar fita crepe
1.2.5.1.8	Comprar lápis preto 2B
1.2.5.1.9	Comprar papel A4 com 500 fls.
1.2.5.1.10	Comprar pasta suspensa
1.2.5.1.11	Comprar pincel atômico (azul, preto e vermelho)
1.3	**Capacitação RH**
1.3.1	Matricular membros da equipe do projeto no curso "Gerenciamento de Projetos de Preparação Esportiva"
1.3.2	Cursar módulo 1 e produzir as respectivas entregas
1.3.3	Enviar relatório do módulo 1 do curso para o gerente do projeto
1.3.4	Cursar módulo 2 e produzir as respectivas entregas
1.3.5	Enviar relatório do módulo 2 do curso para o gerente do projeto
1.3.6	Cursar módulo 3 e produzir as respectivas entregas
1.3.7	Enviar relatório do módulo 3 do curso para o gerente do projeto
1.3.8	Cursar módulo 4 e produzir as respectivas entregas
1.3.9	Enviar relatório do módulo 4 do curso para o gerente do projeto
1.3.10	Cursar módulo 5 e produzir as respectivas entregas
1.3.11	Enviar relatório do módulo 5 do curso para o gerente do projeto
1.3.12	Coletar opinião dos membros da equipe do projeto a respeito da qualidade do curso e da relevância da experiência de aprendizagem
1.4	**Recrutamento**
1.4.1	Contratar serviço de designer
1.4.2	Produzir conteúdo para a página do Facebook
1.4.3	Atualizar conteúdo na página do Facebook
1.4.4	Contratar anúncios pagos no Facebook
1.4.5	Contratar serviço de impressão gráfica
1.4.6	Enviar cartazes para escolas públicas e privadas
1.4.7	Receber as inscrições de candidatas
1.5	**Encerramento F1**
1.5.1	Finalizar a prestação de contas da F1
1.5.2	Avaliar a F1 e determinar a causa-raiz dos principais problemas
1.5.3	Finalizar relatório da F1
1.5.4	Arquivar documentos da F1
2.1	**Plano sistema treinamento**
2.1.1	**Padrões**
2.1.1.1	**Padrão documentos**
2.1.1.1.1	Elaborar modelos padronizados de documentos
2.1.1.1.2	Testar funcionamento dos modelos de documentos
2.1.1.1.3	Obter aprovação dos modelos de documentos
2.1.1.1.4	Salvar modelos de documentos aprovados na pasta eletrônica do projeto
2.1.1.2	**Padrão competitivo**
2.1.1.2.1	Levantar dados para redação do padrão competitivo
2.1.1.2.2	Redigir documento contendo padrão competitivo
2.1.1.3	**Padrão antropométrico**
2.1.1.3.1	Levantar dados para redação do padrão antropométrico
2.1.1.3.2	Redigir documento contendo padrão antropométrico

Código EAP	Fase / Pacote de trabalho / Atividades
2.1.1.4	**Padrão comportamental e valores**
2.1.1.4.1	Levantar dados para redação do padrão comportamental e valores
2.1.1.4.2	Redigir documento contendo padrão comportamental e valores
2.1.1.5	**Padrão técnico**
2.1.1.5.1	Levantar dados para criação de instrumento para avaliação qualitativa da técnica
2.1.1.5.2	Criar instrumento para avaliação qualitativa da técnica
2.1.1.5.3	Validar instrumento para avaliação qualitativa da técnica
2.1.1.6	**Padrão testes físicos**
2.1.1.6.1	Levantar dados para redação do padrão de desempenho em testes físicos
2.1.1.6.2	Redigir documento contendo padrão de desempenho em testes físicos
2.1.1.7	**Padrão organização treinamento**
2.1.1.7.1	Levantar dados para redação do padrão para organização do treinamento
2.1.1.7.2	Redigir documento contendo padrão para organização do treinamento
2.1.2	**Catálogo exercícios**
2.1.2.1	**Catálogo coordenação**
2.1.2.1.1	Levantar dados para criação do catálogo de coordenação
2.1.2.1.2	Criar catálogo de coordenação
2.1.2.2	**Catálogo velocidade**
2.1.2.2.1	Levantar dados para criação do catálogo de velocidade
2.1.2.2.2	Criar catálogo de velocidade
2.1.2.3	**Catálogo força**
2.1.2.1.1	Levantar dados para criação do catálogo de força
2.1.2.1.2	Criar catálogo de força
2.1.2.4	**Catálogo resistência**
2.1.2.4.1	Levantar dados para criação do catálogo de resistência
2.1.2.4.2	Criar catálogo de resistência
2.1.2.5	**Catálogo flexibilidade**
2.1.2.5.1	Levantar dados para criação do catálogo de flexibilidade
2.1.2.5.2	Criar catálogo de flexibilidade
2.1.3	**Mapa periodização**
2.1.3.1	Preencher o modelo de documento Mapa da periodização
2.1.3.2	Obter aprovação do mapa da periodização
2.1.4	**Metas preparação esportiva**
2.1.4.1	Preencher o modelo de documento Metas preparação esportiva
2.1.4.2	Obter aprovação das metas da preparação esportiva
2.2	**Plano sistema apoio treinamento**
2.2.1	**Plano assistência social**
2.2.1.1	Elaborar modelos padronizados de documentos da área de assistência social
2.2.1.2	Testar funcionamento dos modelos de documentos da área de assistência social
2.2.1.3	Obter aprovação dos modelos de documentos da área de assistência social
2.2.1.4	Salvar modelos de documentos aprovados da área de assistência social na pasta eletrônica do projeto
2.2.1.5	Elaborar plano de ação para prestação de serviços de assistência social
2.2.1.6	Obter aprovação do plano de ação para prestação de serviços da área de assistência social
2.2.2	**Plano psicologia**
2.2.2.1	Elaborar modelos padronizados de documentos da área de psicologia
2.2.2.2	Testar funcionamento dos modelos de documentos da área de psicologia

Código EAP	Fase / Pacote de trabalho / Atividades
2.2.2.3	Obter aprovação dos modelos de documentos da área de psicologia
2.2.2.4	Salvar modelos de documentos aprovados da área de psicologia na pasta eletrônica do projeto
2.2.2.5	Elaborar plano de ação para prestação de serviços de psicologia
2.2.2.6	Obter aprovação do plano de ação para prestação de serviços da área de psicologia
2.2.3	**Plano nutrição**
2.2.3.1	Elaborar modelos padronizados de documentos da área de nutrição
2.2.3.2	Testar funcionamento dos modelos de documentos da área de nutrição
2.2.3.3	Obter aprovação dos modelos de documentos da área de nutrição
2.2.3.4	Salvar modelos de documentos aprovados da área de nutrição na pasta eletrônica do projeto
2.2.3.5	Elaborar plano de ação para prestação de serviços de nutrição
2.2.3.6	Obter aprovação do plano de ação para prestação de serviços da área de nutrição
2.2.4	**Plano fisioterapia**
2.2.4.1	Elaborar modelos padronizados de documentos da área de fisioterapia
2.2.4.2	Testar funcionamento dos modelos de documentos da área de fisioterapia
2.2.4.3	Obter aprovação dos modelos de documentos da área de fisioterapia
2.2.4.4	Salvar modelos de documentos aprovados da área de fisioterapia na pasta eletrônica do projeto
2.2.4.5	Elaborar plano de ação para prestação de serviços de fisioterapia
2.2.4.6	Obter aprovação do plano de ação para prestação de serviços da área de fisioterapia
2.2.5	**Plano odontologia**
2.2.5.1	Elaborar modelos padronizados de documentos da área de odontologia
2.2.5.2	Testar funcionamento dos modelos de documentos da área de odontologia
2.2.5.3	Obter aprovação dos modelos de documentos da área de odontologia
2.2.5.4	Salvar modelos de documentos aprovados da área de odontologia na pasta eletrônica do projeto
2.2.5.5	Elaborar plano de ação para prestação de serviços de odontologia
2.2.5.6	Obter aprovação do plano de ação para prestação de serviços da área de odontologia
2.2.6	**Plano medicina**
2.2.6.1	Elaborar modelos padronizados de documentos da área de medicina
2.2.6.2	Testar funcionamento dos modelos de documentos da área de medicina
2.2.6.3	Obter aprovação dos modelos de documentos da área de medicina
2.2.6.4	Salvar modelos de documentos aprovados da área de medicina na pasta eletrônica do projeto
2.2.6.5	Elaborar plano de ação para prestação de serviços de medicina
2.2.6.6	Obter aprovação do plano de ação para prestação de serviços da área de medicina
2.3	**Seleção atletas**
2.3.1	**Testes**
2.3.1.1	Contratação de UTI móvel
2.3.1.2	Preparar local dos testes do grupo 1
2.3.1.3	Realizar testes grupo 1
2.3.1.4	Documentar testes em vídeos e fotos do grupo 1
2.3.1.5	Elaborar relatório dos testes do grupo 1
2.3.1.6	Preparar local dos testes do grupo 2
2.3.1.7	Realizar testes grupo 2
2.3.1.8	Documentar testes em vídeos e fotos do grupo 2
2.3.1.9	Elaborar relatório dos testes do grupo 2
2.3.1.10	Comunicar resultado dos testes
2.3.2	**Estágio**
2.3.2.1	Conferir documentos

Código EAP	Fase / Pacote de trabalho / Atividades
2.3.2.2	Realizar palestra para os responsáveis
2.3.2.3	Assinar termo de compromisso
2.3.2.4	Realizar avaliações de saúde
2.3.2.5	Realizar curso básico de remo
2.3.2.6	Finalizar relatório do estágio
2.3.2.7	Comunicar resultado do estágio
2.3.3	**Diagnósticos**
2.3.3.1	**Diagnóstico social**
2.3.3.1.1	Realizar diagnóstico social
2.3.3.1.2	Finalizar relatório do diagnóstico social
2.3.3.1.3	Comunicar resultado do diagnóstico social
2.3.3.2	**Diagnóstico psicológico**
2.3.3.2.1	Realizar diagnóstico psicológico
2.3.3.2.2	Finalizar relatório do diagnóstico psicológico
2.3.3.2.3	Comunicar resultado do diagnóstico psicológico
2.3.3.3	**Diagnóstico nutricional**
2.3.3.3.1	Realizar diagnóstico nutricional
2.3.3.3.2	Finalizar relatório do diagnóstico nutricional
2.3.3.3.3	Comunicar resultado do diagnóstico nutricional
2.3.3.4	**Diagnóstico fisioterápico**
2.3.3.4.1	Realizar diagnóstico fisioterápico
2.3.3.4.2	Finalizar relatório do diagnóstico fisioterápico
2.3.3.4.3	Comunicar resultado do diagnóstico fisioterápico
2.3.3.5	**Diagnóstico odontológico**
2.3.3.5.1	Realizar diagnóstico odontológico
2.3.3.5.2	Finalizar relatório do diagnóstico odontológico
2.3.3.5.3	Comunicar resultado do diagnóstico odontológico
2.3.3.6	**Diagnóstico médico**
2.3.3.6.1	Realizar diagnóstico médico
2.3.3.6.2	Finalizar relatório do diagnóstico médico
2.3.3.6.3	Comunicar resultado do diagnóstico médico
2.3.3.7	**Diagnóstico capacidades físicas**
2.3.3.7.1	Realizar diagnóstico das capacidades físicas
2.3.3.7.2	Finalizar relatório do diagnóstico das capacidades físicas
2.3.3.7.3	Comunicar resultado do diagnóstico das capacidades físicas
2.3.4	**Admissão**
2.3.4.1	Adquirir lanche
2.3.4.2	Divulgar lista de aprovadas
2.3.4.3	Preparar e apresentar palestra
2.3.4.4	Servir lanche
2.3.4.5	Limpar local
2.3.4.6	Assinar termo de compromisso
2.4	**Evento abertura**
2.4.1	Preparar evento de abertura
2.4.2	Realizar evento de abertura
2.4.3	Finalizar relatório do evento de abertura

Código EAP	Fase / Pacote de trabalho / Atividades
2.5	**Encerramento F2**
2.5.1	Finalizar a prestação de contas da F2
2.5.2	Avaliar a F2 e determinar a causa-raiz dos principais problemas
2.5.3	Finalizar relatório da F2
2.5.4	Arquivar documentos da F2
3	**Fase 3**
3.1	**Macrociclo**
3.1.1	**Período preparação**
3.1.1.1	**Etapa básica**
3.1.1.1.1	**Mesociclo 1**
3.1.1.1.1.1	**Microciclo 1**
3.1.1.1.1.1.1	Determinar treino, atividades de apoio e recursos microciclo 1
3.1.1.1.1.1.2	Executar treino e atividades de apoio microciclo 1
3.1.1.1.1.1.3	Monitorar e controlar treino e atividades de apoio microciclo 1
3.1.1.1.1.1.4	Determinar treino, atividades de apoio e recursos microciclo 2
3.1.1.1.1.2	**Microciclo 2**
3.1.1.1.1.2.1	Executar treino e atividades de apoio microciclo 2
3.1.1.1.1.2.2	Monitorar e controlar treino e atividades de apoio microciclo 2
3.1.1.1.1.2.3	Finalizar relatório microciclo 1
3.1.1.1.1.2.4	Determinar treino, atividades de apoio e recursos microciclo 3
3.1.1.1.1.3	**Microciclo 3**
3.1.1.1.1.3.1	Executar treino e atividades de apoio microciclo 3
3.1.1.1.1.3.2	Monitorar e controlar treino e atividades de apoio microciclo 3
3.1.1.1.1.3.3	Finalizar relatório microciclo 2
3.1.1.1.1.3.4	Determinar treino, atividades de apoio e recursos microciclo 4
3.1.1.1.1.4	**Microciclo 4**
3.1.1.1.1.4.1	Executar treino e atividades de apoio microciclo 4
3.1.1.1.1.4.2	Monitorar e controlar treino e atividades de apoio microciclo 4
3.1.1.1.1.4.3	Finalizar relatório microciclo 3
3.1.1.1.1.4.4	Determinar treino, atividades de apoio e recursos microciclo 5
3.1.1.1.2	**Mesociclo 2**
3.1.1.1.2.1	**Microciclo 5**
3.1.1.1.2.1.1	Executar treino e atividades de apoio microciclo 5
3.1.1.1.2.1.2	Monitorar e controlar treino e atividades de apoio microciclo 5
3.1.1.1.2.1.3	Finalizar relatório microciclo 4
3.1.1.1.2.1.4	Determinar treino, atividades de apoio e recursos microciclo 6
3.1.1.1.2.2	**Microciclo 6**
3.1.1.1.2.2.1	Executar treino e atividades de apoio microciclo 6
3.1.1.1.2.2.2	Monitorar e controlar treino e atividades de apoio microciclo 6
3.1.1.1.2.2.3	Finalizar relatório microciclo 5
3.1.1.1.2.2.4	Determinar treino, atividades de apoio e recursos microciclo 7
3.1.1.1.2.3	**Microciclo 7**
3.1.1.1.2.3.1	Executar treino e atividades de apoio microciclo 7
3.1.1.1.2.3.2	Monitorar e controlar treino e atividades de apoio microciclo 7
3.1.1.1.2.3.3	Finalizar relatório microciclo 6
3.1.1.1.2.3.4	Determinar treino, atividades de apoio e recursos microciclo 8

Código EAP	Fase / Pacote de trabalho / Atividades
3.1.1.1.2.4	**Microciclo 8**
3.1.1.1.2.4.1	Executar treino e atividades de apoio microciclo 8
3.1.1.1.2.4.2	Monitorar e controlar treino e atividades de apoio microciclo 8
3.1.1.1.2.4.3	Finalizar relatório microciclo 7
3.1.1.1.2.4.4	Determinar treino, atividades de apoio e recursos microciclo 9
3.1.1.1.3	**Mesociclo 3**
3.1.1.1.3.1	**Microciclo 9**
3.1.1.1.3.1.1	Executar treino e atividades de apoio microciclo 9
3.1.1.1.3.1.2	Monitorar e controlar treino e atividades de apoio microciclo 9
3.1.1.1.3.1.3	Finalizar relatório microciclo 8
3.1.1.1.3.1.4	Determinar treino, atividades de apoio e recursos microciclo 10
3.1.1.1.3.2	**Microciclo 10**
3.1.1.1.3.2.1	Executar treino e atividades de apoio microciclo 10
3.1.1.1.3.2.2	Monitorar e controlar treino e atividades de apoio microciclo 10
3.1.1.1.3.2.3	Finalizar relatório microciclo 9
3.1.1.1.3.2.4	Determinar treino, atividades de apoio e recursos microciclo 11
3.1.1.1.3.3	**Microciclo 11**
3.1.1.1.3.3.1	Executar treino e atividades de apoio microciclo 11
3.1.1.1.3.3.2	Monitorar e controlar treino e atividades de apoio microciclo 11
3.1.1.1.3.3.3	Finalizar relatório microciclo 10
3.1.1.1.3.3.4	Determinar treino, atividades de apoio e recursos microciclo 12
3.1.1.1.3.4	**Microciclo 12**
3.1.1.1.3.4.1	Executar treino e atividades de apoio microciclo 12
3.1.1.1.3.4.2	Monitorar e controlar treino e atividades de apoio microciclo 12
3.1.1.1.3.4.3	Finalizar relatório microciclo 11
3.1.1.1.3.4.4	Determinar treino, atividades de apoio e recursos microciclo 13
3.1.1.1.4	**Mesociclo 4**
3.1.1.1.4.1	**Microciclo 13**
3.1.1.1.4.1.1	Executar treino e atividades de apoio microciclo 13
3.1.1.1.4.1.2	Monitorar e controlar treino e atividades de apoio microciclo 13
3.1.1.1.4.1.3	Finalizar relatório microciclo 12
3.1.1.1.4.1.4	Determinar treino, atividades de apoio e recursos microciclo 14
3.1.1.1.4.2	**Microciclo 14**
3.1.1.1.4.2.1	Executar treino e atividades de apoio microciclo 14
3.1.1.1.4.2.2	Monitorar e controlar treino e atividades de apoio microciclo 14
3.1.1.1.4.2.3	Finalizar relatório microciclo 13
3.1.1.1.4.2.4	Determinar treino, atividades de apoio e recursos microciclo 15
3.1.1.1.4.3	**Microciclo 15**
3.1.1.1.4.3.1	Executar treino e atividades de apoio microciclo 15
3.1.1.1.4.3.2	Monitorar e controlar treino e atividades de apoio microciclo 15
3.1.1.1.4.3.3	Finalizar relatório microciclo 14
3.1.1.1.4.3.4	Determinar treino, atividades de apoio e recursos microciclo 16
3.1.1.1.4.4	**Microciclo 16**
3.1.1.1.4.4.1	Executar treino e atividades de apoio microciclo 16
3.1.1.1.4.4.2	Monitorar e controlar treino e atividades de apoio microciclo 16
3.1.1.1.4.4.3	Finalizar relatório microciclo 15

Código EAP	Fase / Pacote de trabalho / Atividades
3.1.1.1.4.4.4	Determinar treino, atividades de apoio e recursos microciclo 17
3.1.1.1.5	**Encerramento etapa básica**
3.1.1.1.5.1	Avaliar etapa básica e determinar a causa-raiz dos principais problemas
3.1.1.1.5.2	Finalizar relatórios do microciclo 16 e da etapa básica
3.1.1.1.5.3	Arquivar documentos da etapa básica
3.1.1.2	**Etapa específica**
3.1.1.2.1	**Mesociclo 5**
3.1.1.2.2	**Microciclo 17**
3.1.1.2.2.1	Executar treino e atividades de apoio microciclo 17
3.1.1.2.2.2	Monitorar e controlar treino e atividades de apoio microciclo 17
3.1.1.2.2.3	Finalizar relatório microciclo 16
3.1.1.2.2.4	Determinar treino, atividades de apoio e recursos microciclo 18
3.1.1.2.3	**Microciclo 18**
3.1.1.2.3.1	Executar treino e atividades de apoio microciclo 18
3.1.1.2.3.2	Monitorar e controlar treino e atividades de apoio microciclo 18
3.1.1.2.3.3	Finalizar relatório microciclo 17
3.1.1.2.3.4	Determinar treino, atividades de apoio e recursos microciclo 19
3.1.1.2.4	**Microciclo 19**
3.1.1.2.4.1	Executar treino e atividades de apoio microciclo 19
3.1.1.2.4.2	Monitorar e controlar treino e atividades de apoio microciclo 19
3.1.1.2.4.3	Finalizar relatório microciclo 18
3.1.1.2.4.4	Determinar treino, atividades de apoio e recursos microciclo 20
3.1.1.2.5	**Microciclo 20**
3.1.1.2.5.1	Executar treino e atividades de apoio microciclo 20
3.1.1.2.5.2	Monitorar e controlar treino e atividades de apoio microciclo 20
3.1.1.2.5.3	Finalizar relatório microciclo 19
3.1.1.2.5.4	Determinar treino, atividades de apoio e recursos microciclo 21
3.1.1.2.6	**Encerramento etapa específica**
3.1.1.2.6.1	Avaliar etapa específica e determinar a causa-raiz dos principais problemas
3.1.1.2.6.2	Finalizar relatórios do microciclo 19 e da etapa específica
3.1.1.2.6.3	Arquivar documentos da etapa específica
3.1.2	**Período competição**
3.1.2.1	**Mesociclo 6**
3.1.2.1.1	**Microciclo 21**
3.1.2.1.1.1	Executar treino e atividades de apoio microciclo 21
3.1.2.1.1.2	Monitorar e controlar treino e atividades de apoio microciclo 21
3.1.2.1.1.3	Finalizar relatório microciclo 20
3.1.2.1.1.4	Determinar treino, atividades de apoio e recursos microciclo 22
3.1.2.1.2	**Microciclo 22**
3.1.2.1.2.1	Executar treino e atividades de apoio microciclo 22
3.1.2.1.2.2	Monitorar e controlar treino e atividades de apoio microciclo 22
3.1.2.1.2.3	Finalizar relatório microciclo 21
3.1.2.1.2.4	Determinar treino, atividades de apoio e recursos microciclo 23
3.1.2.1.2.5	Enviar convite da regata interna para partes interessadas
3.1.2.1.2.6	Enviar release da regata interna para a imprensa

Código EAP	Fase / Pacote de trabalho / Atividades
3.1.2.1.3	**Microciclo 23**
3.1.2.1.3.1	Executar treino e atividades de apoio microciclo 23; competir na regata interna
3.1.2.1.3.2	Monitorar e controlar treino e atividades de apoio microciclo 23
3.1.2.1.3.3	Finalizar relatório microciclo 22
3.1.2.1.3.4	Determinar treino, atividades de apoio e recursos microciclo 24
3.1.2.1.3.5	Registrar imagens em vídeo e fotos da regata interna
3.1.2.1.3.6	Realizar regata interna
3.1.2.1.3.7	Realizar avaliação da regata interna
3.1.2.2	**Encerramento período competição**
3.1.2.2.1	Avaliar período competição e determinar a causa-raiz dos principais problemas
3.1.2.2.2	Finalizar relatórios do microciclo 23 e do período competição
3.1.2.2.3	Arquivar documentos do período competição
3.1.3	**Período transição**
3.1.3.1	**Mesociclo 7**
3.1.3.1.1	**Microciclo 24**
3.1.3.1.1.1	Executar treino e atividades de apoio microciclo 24
3.1.3.1.1.2	Determinar treino, atividades de apoio e recursos microciclo 25
3.1.3.1.2	**Microciclo 25**
3.1.3.1.2.1	Executar treino e atividades de apoio microciclo 25
3.1.3.1.2.2	Finalizar relatório microciclo 24
3.1.3.2	**Encerramento período transição**
3.1.3.2.1	Avaliar período transição e determinar a causa-raiz dos principais problemas
3.1.3.2.2	Finalizar relatórios do microciclo 25 e do período de transição
3.1.3.2.3	Arquivar documentos do período transição
3.2	**Evento encerramento**
3.2.1	Editar vídeo de encerramento
3.2.2	Preparar palestra de encerramento
3.2.3	Preparar local entrevista de encerramento
3.2.4	Preparar evento de encerramento
3.2.5	Realizar evento de encerramento
3.2.6	Finalizar relatório do evento de encerramento
3.3	**Encerramento projeto**
3.3.1	Finalizar a prestação de contas do projeto
3.3.2	Avaliar a F3 e determinar a causa-raiz dos principais problemas
3.3.3	Finalizar relatório da F3
3.3.4	Arquivar documentos do projeto

Nota: *quaisquer alterações neste documento deverão ser submetidas ao processo de controle integrado de mudanças antes de serem incorporadas.*

APROVADO POR
Vicente Gomes de Oliveira Moreira –
Diretor de esportes olímpicos no CRUT

DATA
21/11/2013

PROJETO DE DESENVOLVIMENTO DE REMADORAS

Lista de Marcos

PREPARADO POR	VERSÃO
Davi Tannure – Gerente do projeto	01

Código EAP	Pacote de trabalho	Data de conclusão
1.1	Contratação RH	13/12/2013
1.4	Recrutamento	07/02/2014
1.3	Capacitação RH	10/02/2014
1.2	Aquisições	14/02/2014
1.5	Encerramento F1	04/03/2014
2.3.1	Testes	04/03/2014
2.1	Plano sistema treinamento	17/03/2014
2.2	Plano sistema apoio treinamento	10/04/2014
2.3.2	Estágio	14/04/2014
2.3.3	Diagnósticos	16/04/2014
2.3.4	Admissão	21/04/2014
2.4	Evento abertura	30/04/2014
2.5	Encerramento F2	27/05/2014
3.1.1.1	Etapa básica	11/08/2014
3.1.1.2	Etapa específica	08/09/2014
3.1.2	Período competição	02/10/2014
3.2	Evento encerramento	06/10/2014
3.1.3	Período transição	10/10/2014
3.3	Encerramento projeto	03/11/2014

Nota: *quaisquer alterações neste documento deverão ser submetidas ao processo de controle integrado de mudanças antes de serem incorporadas.*

APROVADO POR	DATA
Vicente Gomes de Oliveira Moreira – Diretor de esportes olímpicos no CRUT	21/11/2013

PROJETO DE DESENVOLVIMENTO DE REMADORAS
Diagrama de Rede do Cronograma

PREPARADO POR
Davi Tannure – Gerente do projeto

VERSÃO
01

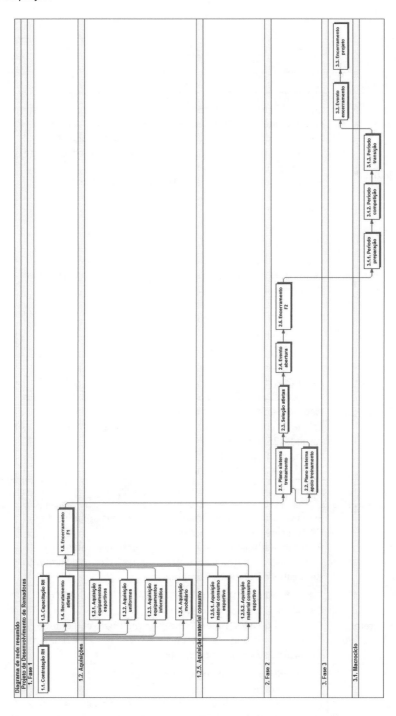

Nota: *quaisquer alterações neste documento deverão ser submetidas ao processo de controle integrado de mudanças antes de serem incorporadas.*

APROVADO POR
Vicente Gomes de Oliveira Moreira – Diretor de esportes olímpicos no CRUT

DATA
21/11/2013

PROJETO DE DESENVOLVIMENTO DE REMADORAS

Requisitos de Recursos das Atividades

PREPARADO POR	VERSÃO
Davi Tannure – Gerente do projeto	03

Código EAR	Item	Detalhamento	Quantidade	Unidade
1	**Recursos Humanos**			
1.1	**Gerenciamento do projeto**			
1.1.1	Gerente do projeto	Necessidade de contratar este profissional para o projeto. Requisitos desejáveis para o preenchimento do cargo e respectivas atribuições encontram-se descritas no documento **Requisitos de recursos humanos**. Forma de contratação: prazo determinado de 19 meses. Jornada: 35 horas semanais. Regime: CLT (art. 443). Remuneração: vide orçamento.	1	Pessoa
1.1.2	Secretária	Necessidade de contratar este profissional para o projeto. Requisitos desejáveis para o preenchimento do cargo e respectivas atribuições encontram-se descritas no documento **Requisitos de recursos humanos**. Forma de contratação: prazo determinado de 18 meses. Jornada: 35 horas semanais. Regime: CLT (art. 443). Remuneração: vide orçamento.	1	Pessoa
1.1.3	Supervisor de preparação esportiva	Necessidade de contratar este profissional para o projeto. Requisitos desejáveis para o preenchimento do cargo e respectivas atribuições encontram-se descritas no documento **Requisitos de recursos humanos**. Forma de contratação: prazo determinado de 18 meses. Jornada: 35 horas semanais. Regime: CLT (art. 443). Remuneração: vide orçamento.	1	Pessoa
1.2	**Área técnica**			
1.2.1	Técnico de remo	Este profissional já faz parte do quadro de funcionários do CRUT e será alocado no projeto. Requisitos desejáveis para o preenchimento do cargo e respectivas atribuições encontram-se descritas no documento **Requisitos de recursos humanos**.	1	Pessoa
1.2.2	Auxiliar técnico de remo	Este profissional já faz parte do quadro de funcionários do CRUT e será alocado no projeto. Requisitos desejáveis para o preenchimento do cargo e respectivas atribuições encontram-se descritas no documento **Requisitos de recursos humanos**.	2	Pessoa
1.2.3	Preparador físico	Este profissional já faz parte do quadro de funcionários do CRUT e será alocado no projeto. Requisitos desejáveis para o preenchimento do cargo e respectivas atribuições encontram-se descritas no documento **Requisitos de recursos humanos**.	1	Pessoa
1.3	**Área de apoio ao treinamento**			

Código EAR	Item	Detalhamento	Quantidade	Unidade
1.3.1	Assistente social	Este profissional já faz parte do quadro de funcionários do CRUT e será alocado no projeto. Requisitos desejáveis para o preenchimento do cargo e respectivas atribuições encontram-se descritas no documento **Requisitos de recursos humanos.**	1	Pessoa
1.3.2	Dentista	Este profissional já faz parte do quadro de funcionários do CRUT e será alocado no projeto. Requisitos desejáveis para o preenchimento do cargo e respectivas atribuições encontram-se descritas no documento **Requisitos de recursos humanos.**	1	Pessoa
1.3.3	Fisiologista	Este profissional já faz parte do quadro de funcionários do CRUT e será alocado no projeto. Requisitos desejáveis para o preenchimento do cargo e respectivas atribuições encontram-se descritas no documento **Requisitos de recursos humanos.**	1	Pessoa
1.3.4	Fisioterapeuta	Este profissional já faz parte do quadro de funcionários do CRUT e será alocado no projeto. Requisitos desejáveis para o preenchimento do cargo e respectivas atribuições encontram-se descritas no documento **Requisitos de recursos humanos.**	1	Pessoa
1.3.5	Médico	Este profissional já faz parte do quadro de funcionários do CRUT e será alocado no projeto. Requisitos desejáveis para o preenchimento do cargo e respectivas atribuições encontram-se descritas no documento **Requisitos de recursos humanos.**	1	Pessoa
1.3.6	Jornalista	Este profissional já faz parte do quadro de funcionários do CRUT e será alocado no projeto. Requisitos desejáveis para o preenchimento do cargo e respectivas atribuições encontram-se descritas no documento **Requisitos de recursos humanos.**	1	Pessoa
1.3.7	Nutricionista	Este profissional já faz parte do quadro de funcionários do CRUT e será alocado no projeto. Requisitos desejáveis para o preenchimento do cargo e respectivas atribuições encontram-se descritas no documento **Requisitos de recursos humanos.**	1	Pessoa
1.3.8	Psicólogo	Este profissional já faz parte do quadro de funcionários do CRUT e será alocado no projeto. Requisitos desejáveis para o preenchimento do cargo e respectivas atribuições encontram-se descritas no documento **Requisitos de recursos humanos.**	1	Pessoa
2	**Equipamentos esportivos**			
2.1	**Acessórios**			
2.1.1	Monitor de frequência cardíaca com GPS	Será adquirido: monitor de frequência cardíaca com GPS. Equipamento utilizado pelas atletas em dias de treinamento e competições.	33	Unidade
2.2	**Barcos**			
2.2.1	Barco Single skiff	Material já se encontra disponível no CRUT.	16	Unidade
2.2.2	Barco Duplo skiff / Dois sem	Material já se encontra disponível no CRUT.	8	Unidade
2.2.3	Barco Quádruplo skiff / Quatro sem	Material já se encontra disponível no CRUT.	4	Unidade
2.2.4	Barco Oito com	Material já se encontra disponível no CRUT.	1	Unidade

Código EAR	Item	Detalhamento	Quantidade	Unidade
2.2.5	Barco motor 25 HP	Será adquirido: barco com casco de alumínio com motor de popa de 25 HP acompanhado de tanque de combustível (24 litros) com mangueira e bulbo.	3	Unidade
2.3	**Remos**			
2.3.1	Remo Palamenta dupla	Material já se encontra disponível no CRUT.	52	Par
2.3.2	Remo Palamenta simples	Material já se encontra disponível no CRUT.	16	Par
2.4	**Anilhas/implementos**			
2.5	**Bancos/suportes**			
2.5.1	Banco reto	Material já se encontra disponível no CRUT.	2	Unidade
2.5.2	Banco remada	Material já se encontra disponível no CRUT.	4	Unidade
2.5.3	Plinto 80 cm	Material já se encontra disponível no CRUT.	2	Unidade
2.5.4	Suporte agachamento	Material já se encontra disponível no CRUT.	4	Unidade
2.5.5	Supino reto	Material já se encontra disponível no CRUT.	2	Unidade
2.6	**Barras**			
2.6.1	Barra olímpica 15kg	Material já se encontra disponível no CRUT.	4	Unidade
2.6.2	Barra W 1,2m	Material já se encontra disponível no CRUT.	4	Unidade
2.7	**Máquinas condicionamento físico**			
2.7.1	Cadeira extensora	Material já se encontra disponível no CRUT.	1	Unidade
2.7.2	Cadeira flexora	Material já se encontra disponível no CRUT.	1	Unidade
2.7.3	Leg press	Material já se encontra disponível no CRUT.	1	Unidade
2.7.4	Pulley	Material já se encontra disponível no CRUT.	1	Unidade
2.7.5	Remoergômetro	Será adquirido: Remoergômetro Concept 2, modelo D, com monitor de performance PM4.	20	Unidade
3	**Material de Consumo/Esportivo**			
3.1	Gasolina	Será adquirido: Gasolina comum.	2.700	Litro
3.2	Óleo 2 T	Será adquirido: Óleo para motor de popa 2 T.	135	Litro
4	**Uniformes**			
4.1	Agasalho	Serão adquiridas: calça na cor preta e jaqueta de manga comprida na cor rosa, modelagem feminina, feita de tecido 100% poliéster.	152	Unidade
4.2	Bermuda	Será adquirida: bermuda na cor preta, modelagem feminina, feita de tecido composto de poliéster e elastano.	304	Unidade
4.3	Boné	Será adquirido: boné na cor rosa, modelagem feminina, feito de tecido 100% poliéster.	46	Unidade
4.4	Camiseta	Será adquirida: camiseta regata na cor rosa, modelagem feminina, feita de tecido composto de poliéster e elastano.	368	Unidade
4.5	Camisa polo	Será adquirida: camisa polo na cor branca, feita de tecido composto de poliéster e elastano.	184	Unidade
4.6	Capa de chuva	Será adquirida: capa de chuva em PVC laminado, soldada eletronicamente, com manga e capuz e botões de pressão no fechamento.	46	Unidade
4.7	Chinelo	Será adquirido: chinelo na cor branca, com solado em borracha e tira em borracha flexível.	30	Par
4.8	Macaquinho	Será adquirido: macaquinho curto, na cor preta e rosa, feito de tecido 100% poliéster.	120	Unidade
4.9	Mochila	Será adquirida: mochila na cor rosa, feita de tecido poliéster, dimensões: 28 cm x 16 cm x 38 cm.	46	Unidade

Código EAR	Item	Detalhamento	Quantidade	Unidade
4.10	Short	Será adquirido: short na cor rosa, modelagem feminina, feito de tecido poliéster.	368	Unidade
4.11	Tênis	Será adquirido: tênis de corrida, nas cores rosa e preto, entressola em EVA, com tecnologia de amortecimento.	138	Par
4.12	Top	Será adquirido: top na cor preta, feito de tecido composto de poliéster e elastano.	240	Unidade
4.13	Viseira	Será adquirida: viseira na cor preta, feita de tecido 100% poliéster.	60	Unidade
5	**Divulgação/Promoção**			
5.1	Cartaz colorido tamanho A3	Será contratado serviço: impressão de cartazes com quatro cores tamanho A3 115g.	1	Unidade
5.2	Serviço de design	Será contratado serviço de designer para criar: 1. Marca e identidade visual para a campanha de recrutamento. 2. Layout de uma página no Facebook. 3. *Banners* de divulgação para a página do Facebook. 4. Cartaz que será distribuído nas escolas. 5. Ilustrações que farão parte do conteúdo da página do Facebook.	1	Serviço
6	**Material de Consumo/Expediente**			
6.1	Bloco *flip chart* com 50 fls.	Será adquirido: bloco *flip chart* 56g, dimensões: 64x88cm, com 50 folhas.	10	Unidade
6.2	Bloco autoadesivo	Será adquirido: bloco autoadesivo, dimensões: 76x76mm. Pacote com 4 unidades de 100 folhas cada.	20	Pacote
6.3	Borracha	Será adquirida: borracha macia e suave, aplicável sobre diversos tipos de superfície e para qualquer graduação de grafite. Caixa com 24 unidades.	1	Caixa
6.4	Caneta esferográfica	Será adquirida: caneta esferográfica azul.	50	Caixa
6.5	Cartucho tinta preta	Será adquirido: cartucho de tinta preta.	10	Unidade
6.6	Cartucho tinta colorida	Será adquirido: cartucho tinta colorida.	10	Unidade
6.7	Fita crepe	Será adquirida: Fita crepe, dimensões: 19mm x 50m. Rolo com seis unidades.	10	Rolo
6.8	Lápis preto	Será adquirido: lápis preto. Caixa com 72 unidades.	1	Caixa
6.9	Papel A4 com 500 fls.	Será adquirido: papel sulfite, 75g, alcalino, dimensões: 210x297mm (A4).	15	Pacote
6.10	Pasta suspensa	Será adquirida: pasta suspensa, feita em cartão, dimensões: 360 x 240 mm. Caixa com 50 unidades.	3	Caixa
6.11	Pincel atômico	Será adquirido: pincel marcador atômico, escrita grossa. Caixa com 12 unidades.	12	Caixa
7	**Material de Informática/Eletrônicos**			
7.1	Balança digital	Material já se encontra disponível no CRUT.	1	Unidade
7.2	Caixa som	Material já se encontra disponível no CRUT.	4	Unidade
7.3	Cronômetro	Material já se encontra disponível no CRUT.	6	Unidade
7.4	Filmadora	Será adquirida: filmadora Full HD.	1	Unidade
7.5	HD externo portátil	Será adquirido: HD com conexão USB, com capacidade de 1TB. Utilizado para armazenamento de arquivos eletrônicos do projeto.	1	Unidade
7.6	Impressora	Material já se encontra disponível no CRUT.	2	Unidade

Código EAR	Item	Detalhamento	Quantidade	Unidade
7.7	Notebook	Será adquirido: notebook com tela de LED de 14" com memória RAM de 4 GB ou superior e HD de 500 GB.	3	Unidade
7.8	Projetor multimídia	Material já se encontra disponível no CRUT.	2	Unidade
7.9	Rádio transmissor	Material já se encontra disponível no CRUT.	4	Unidade
8	**Mobiliário**			
8.1	Arquivo 4 gavetas	Será adquirido: arquivo de aço com quatro gavetas para pastas suspensas.	1	Unidade
8.2	Geladeira	Material já se encontra disponível no CRUT.	1	Unidade

Nota: *quaisquer alterações neste documento deverão ser submetidas ao processo de controle integrado de mudanças antes de serem incorporadas.*

Vicente Moreira

APROVADO POR
Vicente Gomes de Oliveira Moreira –
Diretor de esportes olímpicos no CRUT

DATA
22/11/2013

PROJETO DE DESENVOLVIMENTO DE REMADORAS

Estimativas de Duração das Atividades

PREPARADO POR
Davi Tannure – Gerente do projeto

VERSÃO
01

Código EAP	Fase / Pacote de trabalho / Atividades	Duração (dias)			
0	Projeto de desenvolvimento de remadoras	Otimista	Mais provável	Pessimista	Estimada
1	Fase 1				
1.1	Contratação RH				
1.1.1	Contratar secretárias	30	45	60	45
1.1.2	Contratar supervisor de preparação esportiva	30	45	60	45
1.1.3	Contratar plano de saúde	10	15	20	15
1.2	Aquisições				
1.2.1	Aquisição equipamentos esportivos				
1.2.1.1	Comprar barco motor 25 HP	30	45	60	45
1.2.1.2	Comprar kettlebell 8kg	30	45	60	45
1.2.1.3	Comprar remoergômetro	30	45	60	45
1.2.1.4	Comprar monitor de frequência cardíaca com GPS	30	45	60	45
1.2.2	Aquisição uniformes				
1.2.2.1	Comprar agasalho	30	45	60	45
1.2.2.2	Comprar bermuda	30	45	60	45
1.2.2.3	Comprar boné	30	45	60	45
1.2.2.4	Comprar camiseta	30	45	60	45
1.2.2.5	Comprar camisa polo	30	45	60	45
1.2.2.6	Comprar capa de chuva	30	45	60	45
1.2.2.7	Comprar chinelo	30	45	60	45
1.2.2.8	Comprar macaquinho	30	45	60	45
1.2.2.9	Comprar mochila	30	45	60	45
1.2.2.10	Comprar short	30	45	60	45
1.2.2.11	Comprar tênis	30	45	60	45
1.2.2.12	Comprar top	30	45	60	45
1.2.2.13	Comprar viseira	30	45	60	45
1.2.3	Aquisição equipamentos informática				
1.2.3.1	Comprar HD externo portátil	30	45	60	45
1.2.3.2	Comprar notebook	30	45	60	45
1.2.3.3	Comprar filmadora	30	45	60	45
1.2.4	Aquisição mobiliário				
1.2.4.1	Comprar arquivo 4 gavetas	30	45	60	45
1.2.5	Aquisição material consumo				
1.2.5.1	Aquisição material consumo esportivo				
1.2.5.1.1	Comprar bloco *flip chart* com 50 fls.	30	45	60	45
1.2.5.1.2	Comprar bloco autoadesivo com 100 fls.	30	45	60	45

Código EAP	Fase / Pacote de trabalho / Atividades	Duração (dias) Otimista	Mais provável	Pessimista	Estimada
1.2.5.1.3	Comprar borracha	30	45	60	45
1.2.5.1.4	Comprar caneta esferográfica	30	45	60	45
1.2.5.1.5	Comprar cartucho tinta preta	30	45	60	45
1.2.5.1.6	Comprar cartucho tinta colorida	30	45	60	45
1.2.5.1.7	Comprar fita crepe	30	45	60	45
1.2.5.1.8	Comprar lápis preto 2B	30	45	60	45
1.2.5.1.9	Comprar papel A4 com 500 fls.	30	45	60	45
1.2.5.1.10	Comprar pasta suspensa	30	45	60	45
1.2.5.1.11	Comprar pincel atômico (azul, preto e vermelho)	30	45	60	45
1.3	Capacitação RH				
1.3.1	Matricular membros da equipe do projeto no curso "Gerenciamento de Projetos de Preparação Esportiva" e arquivar comprovante de pagamento	1	2	3	2
1.3.2	Cursar módulo um e produzir as respectivas entregas	3	5	7	5
1.3.3	Enviar relatório do módulo 1 do curso para o gerente do projeto	0,5	1	2	1
1.3.4	Cursar módulo 2 e produzir as respectivas entregas	3	5	7	5
1.3.5	Enviar relatório do módulo 2 do curso para o gerente do projeto	0,5	1	2	1
1.3.6	Cursar módulo 3 e produzir as respectivas entregas	3	5	7	5
1.3.7	Enviar relatório do módulo 3 do curso para o gerente do projeto	0,5	1	2	1
1.3.8	Cursar módulo 4 e produzir as respectivas entregas	3	5	7	5
1.3.9	Enviar relatório do módulo 4 do curso para o gerente do projeto	0,5	1	2	1
1.3.10	Cursar módulo 5 e produzir as respectivas entregas	3	5	7	5
1.3.11	Enviar relatório do módulo 5 do curso para o gerente do projeto	0,5	1	2	1
1.3.12	Coletar opinião dos membros da equipe do projeto a respeito da qualidade do curso e relevância da experiência de aprendizagem	1	1	1	1
1.4	Recrutamento				
1.4.1	Contratar serviço de designer	1	3	5	3
1.4.2	Produzir conteúdo para a página do Facebook	40	55	60	53
1.4.3	Atualizar conteúdo na página do Facebook	40	55	60	53
1.4.4	Contratar anúncios pagos no Facebook	1	3	5	3
1.4.5	Contratar serviço de impressão gráfica	1	3	5	3
1.4.6	Enviar cartazes para escolas públicas e privadas	2	3	5	3
1.4.7	Receber as inscrições de candidatas	28	28	28	28

Código EAP	Fase / Pacote de trabalho / Atividades	Duração (dias)			
		Otimista	Mais provável	Pessimista	Estimada
1.5	**Encerramento F1**				
1.5.1	Finalizar a prestação de contas da F1	10	12	15	12
1.5.2	Avaliar a F1 e determinar a causa-raiz dos principais problemas	1	3	5	3
1.5.3	Finalizar relatório da F1	1	3	5	3
1.5.4	Arquivar documentos da F1	0,5	1	2	1
2	**Fase 2**				
2.1	**Plano sistema treinamento**				
2.1.1	**Padrões**				
2.1.1.1	**Padrão documentos**				
2.1.1.1.1	Elaborar modelos padronizados de documentos	7	14	21	14
2.1.1.1.2	Testar funcionamento dos modelos de documentos	3	5	7	5
2.1.1.1.3	Obter aprovação dos modelos de documentos	1	2	4	2
2.1.1.1.4	Salvar modelos de documentos aprovados na pasta eletrônica do projeto	0,5	1	2	1
2.1.1.2	**Padrão competitivo**				
2.1.1.2.1	Levantar dados para redação do padrão competitivo	3	5	7	5
2.1.1.2.2	Redigir documento contendo padrão competitivo	1	3	5	3
2.1.1.3	**Padrão antropométrico**				
2.1.1.3.1	Levantar dados para redação do padrão antropométrico	3	5	7	5
2.1.1.3.2	Redigir documento contendo padrão antropométrico	1	3	5	3
2.1.1.4	**Padrão comportamental e valores**				
2.1.1.4.1	Levantar dados para redação do padrão comportamental e valores	9	15	21	15
2.1.1.4.2	Redigir documento contendo padrão comportamental e valores	1	3	5	3
2.1.1.5	**Padrão técnico**				
2.1.1.5.1	Levantar dados para criação de instrumento para avaliação qualitativa da técnica	9	12	5	7
2.1.1.5.2	Criar instrumento para avaliação qualitativa da técnica	3	5	7	5
2.1.1.5.3	Validar instrumento para avaliação qualitativa da técnica	9	10	12	10
2.1.1.6	**Padrão testes físicos**				
2.1.1.6.1	Levantar dados para redação do padrão de desempenho em testes físicos	3	5	7	5
2.1.1.6.2	Redigir documento contendo padrão de desempenho em testes físicos	1	3	5	3
2.1.1.7	**Padrão organização treinamento**				
2.1.1.7.1	Levantar dados para redação do padrão para organização do treinamento	3	5	7	5
2.1.1.7.2	Redigir documento contendo padrão para organização do treinamento	1	3	5	3

Código EAP	Fase / Pacote de trabalho / Atividades	Duração (dias)			
		Otimista	Mais provável	Pessimista	Estimada
2.1.2	**Catálogo exercícios**				
2.1.2.1	**Catálogo coordenação**				
2.1.2.1.1	Levantar dados para criação do catálogo de coordenação	9	15	21	15
2.1.2.1.2	Criar catálogo de coordenação	3	5	7	5
2.1.2.2	**Catálogo velocidade**				
2.1.2.2.1	Levantar dados para criação do catálogo de velocidade	9	15	21	15
2.1.2.2.2	Criar catálogo de velocidade	3	5	7	5
2.1.2.3	**Catálogo força**				
2.1.2.1.1	Levantar dados para criação do catálogo de força	9	15	21	15
2.1.2.1.2	Criar catálogo de força	3	5	7	5
2.1.2.4	**Catálogo resistência**				
2.1.2.4.1	Levantar dados para criação do catálogo de resistência	9	15	21	15
2.1.2.4.2	Criar catálogo de resistência	3	5	7	5
2.1.2.5	**Catálogo flexibilidade**				
2.1.2.5.1	Levantar dados para criação do catálogo de flexibilidade	9	15	21	15
2.1.2.5.2	Criar catálogo de flexibilidade	3	5	7	5
2.1.3	**Mapa periodização**				
2.1.3.1	Preencher o modelo de documento Mapa da periodização	1	2	3	2
2.1.3.2	Obter aprovação do Mapa da periodização	1	2	4	2
2.1.4	**Metas preparação esportiva**				
2.1.4.1	Preencher o modelo de documento Metas preparação esportiva	1	2	3	2
2.1.4.2	Obter aprovação das metas da preparação esportiva	0,5	1	2	1
2.2	**Plano sistema apoio treinamento**				
2.2.1	**Plano assistência social**				
2.2.1.1	Elaborar modelos padronizados de documentos da área de assistência social	8	12	20	13
2.2.1.2	Testar funcionamento dos modelos de documentos da área de assistência social	3	5	7	5
2.2.1.3	Obter aprovação dos modelos de documentos da área de assistência social	1	2	4	2
2.2.1.4	Salvar modelos de documentos aprovados da área de assistência social na pasta eletrônica do projeto	0,5	1	2	1
2.2.1.5	Elaborar plano de ação para prestação de serviços de assistência social	2	3	5	3
2.2.1.6	Obter aprovação do plano de ação para prestação de serviços da área de assistência social	1	2	4	2

Código EAP	Fase / Pacote de trabalho / Atividades	Duração (dias)			
		Otimista	Mais provável	Pessimista	Estimada
2.2.2	**Plano psicologia**				
2.2.2.1	Elaborar modelos padronizados de documentos da área de psicologia	8	12	20	13
2.2.2.2	Testar funcionamento dos modelos de documentos da área de psicologia	3	5	7	5
2.2.2.3	Obter aprovação dos modelos de documentos da área de psicologia	1	2	4	2
2.2.2.4	Salvar modelos de documentos aprovados da área de psicologia na pasta eletrônica do projeto	0,5	1	2	1
2.2.2.5	Elaborar plano de ação para prestação de serviços de psicologia	2	3	5	3
2.2.2.6	Obter aprovação do plano de ação para prestação de serviços da área de psicologia	1	2	4	2
2.2.3	**Plano nutrição**				
2.2.3.1	Elaborar modelos padronizados de documentos da área de nutrição	8	12	20	13
2.2.3.2	Testar funcionamento dos modelos de documentos da área de nutrição	3	5	7	5
2.2.3.3	Obter aprovação dos modelos de documentos da área de nutrição	1	2	4	2
2.2.3.4	Salvar modelos de documentos aprovados da área de nutrição na pasta eletrônica do projeto	0,5	1	2	1
2.2.3.5	Elaborar plano de ação para prestação de serviços de nutrição	2	3	5	3
2.2.3.6	Obter aprovação do plano de ação para prestação de serviços da área de nutrição	1	2	4	2
2.2.4	**Plano fisioterapia**				
2.2.4.1	Elaborar modelos padronizados de documentos da área de fisioterapia	8	12	20	13
2.2.4.2	Testar funcionamento dos modelos de documentos da área de fisioterapia	3	5	7	5
2.2.4.3	Obter aprovação dos modelos de documentos da área de fisioterapia	1	2	4	2
2.2.4.4	Salvar modelos de documentos aprovados da área de fisioterapia na pasta eletrônica do projeto	0,5	1	2	1
2.2.4.5	Elaborar plano de ação para prestação de serviços de fisioterapia	2	3	5	3
2.2.4.6	Obter aprovação do plano de ação para prestação de serviços da área de fisioterapia	1	2	4	2
2.2.5	**Plano odontologia**				
2.2.5.1	Elaborar modelos padronizados de documentos da área de odontologia	8	12	20	13
2.2.5.2	Testar funcionamento dos modelos de documentos da área de odontologia	3	5	7	5
2.2.5.3	Obter aprovação dos modelos de documentos da área de odontologia	1	2	4	2

Código EAP	Fase / Pacote de trabalho / Atividades	Duração (dias)			
		Otimista	Mais provável	Pessimista	Estimada
2.2.5.4	Salvar modelos de documentos aprovados da área de odontologia na pasta eletrônica do projeto	0,5	1	2	1
2.2.5.5	Elaborar plano de ação para prestação de serviços de odontologia	2	3	5	3
2.2.5.6	Obter aprovação do plano de ação para prestação de serviços da área de odontologia	1	2	4	2
2.2.6	**Plano medicina**				
2.2.6.1	Elaborar modelos padronizados de documentos da área de medicina	8	12	20	13
2.2.6.2	Testar funcionamento dos modelos de documentos da área de medicina	3	5	7	5
2.2.6.3	Obter aprovação dos modelos de documentos da área de medicina	1	2	4	2
2.2.6.4	Salvar modelos de documentos aprovados da área de medicina na pasta eletrônica do projeto	0,5	1	2	1
2.2.6.5	Elaborar plano de ação para prestação de serviços de medicina	2	3	5	3
2.2.6.6	Obter aprovação do plano de ação para prestação de serviços da área de medicina	1	2	4	2
2.3	**Seleção atletas**				
2.3.1	**Testes**				
2.3.1.1	Contratação de UTI móvel	1	3	5	3
2.3.1.2	Preparar local dos testes do grupo 1	0,5	1	2	1
2.3.1.3	Realizar testes do grupo 1	7	14	21	14
2.3.1.4	Documentar testes em vídeos e fotos do grupo 1	1	1	1	1
2.3.1.5	Elaborar relatório dos testes do grupo 1	1	3	5	3
2.3.1.6	Preparar local dos testes do grupo 2	0,5	1	2	1
2.3.1.7	Realizar testes do grupo 2	7	14	21	14
2.3.1.8	Documentar testes em vídeos e fotos do grupo 2	1	1	1	1
2.3.1.9	Elaborar relatório dos testes do grupo 2	1	3	5	3
2.3.1.10	Comunicar resultado dos testes	0,5	1	2	1
2.3.2	**Estágio**				
2.3.2.1	Conferir documentos	0,5	1	2	1
2.3.2.4	Realizar avaliações de saúde	1	2	3	2
2.3.2.5	Realizar curso básico de remo	21	28	35	28
2.3.2.6	Finalizar relatório do estágio	3	5	7	5
2.3.2.7	Comunicar resultado do estágio	0,5	1	2	1
2.3.3	**Diagnósticos**				
2.3.3.1	**Diagnóstico social**				
2.3.3.1.1	Realizar diagnóstico social	3	4	5	4
2.3.3.1.2	Finalizar relatório do diagnóstico social	1	2	3	2
2.3.3.1.3	Comunicar resultado do diagnóstico social	0,5	1	2	1

Código EAP	Fase / Pacote de trabalho / Atividades	Duração (dias)			
		Otimista	Mais provável	Pessimista	Estimada
2.3.3.2	**Diagnóstico psicológico**				
2.3.3.2.1	Realizar diagnóstico psicológico	3	4	5	4
2.3.3.2.2	Finalizar relatório do diagnóstico psicológico	1	2	3	2
2.3.3.2.3	Comunicar resultado do diagnóstico psicológico	0,5	1	2	1
2.3.3.3	**Diagnóstico nutricional**				
2.3.3.3.1	Realizar diagnóstico nutricional	3	4	5	4
2.3.3.3.2	Finalizar relatório do diagnóstico nutricional	1	2	3	2
2.3.3.3.3	Comunicar resultado do diagnóstico nutricional	0,5	1	2	1
2.3.3.4	**Diagnóstico fisioterápico**				
2.3.3.4.1	Realizar diagnóstico fisioterápico	3	4	5	4
2.3.3.4.2	Finalizar relatório do diagnóstico fisioterápico	1	2	3	2
2.3.3.4.3	Comunicar resultado do diagnóstico fisioterápico	0,5	1	2	1
2.3.3.5	**Diagnóstico odontológico**				
2.3.3.5.1	Realizar diagnóstico odontológico	3	4	5	4
2.3.3.5.2	Finalizar relatório do diagnóstico odontológico	1	2	3	2
2.3.3.5.3	Comunicar resultado do diagnóstico odontológico	0,5	1	2	1
2.3.3.6	**Diagnóstico médico**				
2.3.3.6.1	Realizar diagnóstico médico	3	4	5	4
2.3.3.6.2	Finalizar relatório do diagnóstico médico	1	2	3	2
2.3.3.6.3	Comunicar resultado do diagnóstico médico	0,5	1	2	1
2.3.3.7	**Diagnóstico capacidades físicas**				
2.3.3.7.1	Realizar diagnóstico das capacidades físicas	3	4	5	4
2.3.3.7.2	Finalizar relatório do diagnóstico das capacidades físicas	1	2	3	2
2.3.3.7.3	Comunicar resultado do diagnóstico das capacidades físicas	0,5	1	2	1
2.3.4	**Admissão**				
2.3.4.1	Adquirir lanche	1	3	5	3
2.3.4.2	Divulgar lista de aprovadas	0,5	1	2	1
2.3.4.3	Preparar e apresentar palestra	3	5	7	5
2.3.4.4	Servir lanche	0,5	0,5	0,5	1
2.3.4.5	Limpar local	0,5	0,5	0,5	1
2.3.4.6	Assinar termo de compromisso	7	7	7	7
2.4	**Evento abertura**				
2.4.1	Preparar roteiro e identidade visual para palestra	5	7	10	7
2.4.2	Ensaiar a apresentação da palestra	1	1	1	1
2.4.3	Divulgar o evento para a mídia e demais partes interessadas	10	12	15	12
2.4.4	Preparar o auditório para o evento e testar os equipamentos	2	3	5	3
2.4.5	Ministrar palestra	1	1	1	1

Código EAP	Fase / Pacote de trabalho / Atividades	Duração (dias)			
		Otimista	Mais provável	Pessimista	Estimada
2.4.6	Realizar entrevista coletiva e distribuir material de divulgação sobre o projeto	1	1	1	1
2.4.7	Finalizar relatório do evento de abertura	1	3	5	3
2.5	**Encerramento F2**				
2.5.1	Finalizar a prestação de contas da F2	10	12	15	12
2.5.2	Avaliar a F2 e determinar a causa-raiz dos principais problemas	1	3	5	3
2.5.3	Finalizar relatório da F2	1	3	5	3
2.5.4	Arquivar documentos da F2	0,5	1	2	1
3	**Fase 3**				
3.1	**Macrociclo**				
3.1.1	**Período preparação**				
3.1.1.1	**Etapa básica**				
3.1.1.1.1	**Mesociclo 1**				
3.1.1.1.1.1	**Microciclo 1**				
3.1.1.1.1.1.1	Determinar treino, atividades de apoio e recursos microciclo 1	0,5	1	2	1
3.1.1.1.1.1.2	Executar treino e atividades de apoio microciclo 1	5	5	5	5
3.1.1.1.1.1.3	Monitorar e controlar treino e atividades de apoio microciclo 1	5	5	5	5
3.1.1.1.1.1.4	Determinar treino, atividades de apoio e recursos microciclo 2	0,5	1	2	1
3.1.1.1.1.2	**Microciclo 2**				
3.1.1.1.1.2.1	Executar treino e atividades de apoio microciclo 2	0,5	1	2	1
3.1.1.1.1.2.2	Monitorar e controlar treino e atividades de apoio microciclo 2	5	5	5	5
3.1.1.1.1.2.3	Finalizar relatório microciclo 1	5	5	5	5
3.1.1.1.1.2.4	Determinar treino, atividades de apoio e recursos microciclo 3	0,5	1	2	1
3.1.1.1.1.3	**Microciclo 3**				
3.1.1.1.1.3.1	Executar treino e atividades de apoio microciclo 3	0,5	1	2	1
3.1.1.1.1.3.2	Monitorar e controlar treino e atividades de apoio microciclo 3	5	5	5	5
3.1.1.1.1.3.3	Finalizar relatório microciclo 2	5	5	5	5
3.1.1.1.1.3.4	Determinar treino, atividades de apoio e recursos microciclo 4	0,5	1	2	1
3.1.1.1.1.4	**Microciclo 4**				
3.1.1.1.1.4.1	Executar treino e atividades de apoio microciclo 4	0,5	1	2	1
3.1.1.1.1.4.2	Monitorar e controlar treino e atividades de apoio microciclo 4	5	5	5	5
3.1.1.1.1.4.3	Finalizar relatório microciclo 3	5	5	5	5
3.1.1.1.1.4.4	Determinar treino, atividades de apoio e recursos microciclo 5	0,5	1	2	1

Código EAP	Fase / Pacote de trabalho / Atividades	Duração (dias)			
		Otimista	Mais provável	Pessimista	Estimada
3.1.1.1.2	**Mesociclo 2**				
3.1.1.1.2.1	**Microciclo 5**				
3.1.1.1.2.1.1	Executar treino e atividades de apoio microciclo 5	0,5	1	2	1
3.1.1.1.2.1.2	Monitorar e controlar treino e atividades de apoio microciclo 5	5	5	5	5
3.1.1.1.2.1.3	Finalizar relatório microciclo 4	5	5	5	5
3.1.1.1.2.1.4	Determinar treino, atividades de apoio e recursos microciclo 6	0,5	1	2	1
3.1.1.1.2.2	**Microciclo 6**				
3.1.1.1.2.2.1	Executar treino e atividades de apoio microciclo 6	0,5	1	2	1
3.1.1.1.2.2.2	Monitorar e controlar treino e atividades de apoio microciclo 6	5	5	5	5
3.1.1.1.2.2.3	Finalizar relatório microciclo 5	5	5	5	5
3.1.1.1.2.2.4	Determinar treino, atividades de apoio e recursos microciclo 7	0,5	1	2	1
3.1.1.1.2.3	**Microciclo 7**				
3.1.1.1.2.3.1	Executar treino e atividades de apoio microciclo 7	0,5	1	2	1
3.1.1.1.2.3.2	Monitorar e controlar treino e atividades de apoio microciclo 7	5	5	5	5
3.1.1.1.2.3.3	Finalizar relatório microciclo 6	5	5	5	5
3.1.1.1.2.3.4	Determinar treino, atividades de apoio e recursos microciclo 8	0,5	1	2	1
3.1.1.1.2.4	**Microciclo 8**				
3.1.1.1.2.4.1	Executar treino e atividades de apoio microciclo 8	0,5	1	2	1
3.1.1.1.2.4.2	Monitorar e controlar treino e atividades de apoio microciclo 8	5	5	5	5
3.1.1.1.2.4.3	Finalizar relatório microciclo 7	5	5	5	5
3.1.1.1.2.4.4	Determinar treino, atividades de apoio e recursos microciclo 9	0,5	1	2	1
3.1.1.1.3	**Mesociclo 3**				
3.1.1.1.3.1	**Microciclo 9**				
3.1.1.1.3.1.1	Executar treino e atividades de apoio microciclo 9	0,5	1	2	1
3.1.1.1.3.1.2	Monitorar e controlar treino e atividades de apoio microciclo 9	5	5	5	5
3.1.1.1.3.1.3	Finalizar relatório microciclo 8	5	5	5	5
3.1.1.1.3.1.4	Determinar treino, atividades de apoio e recursos microciclo 10	0,5	1	2	1
3.1.1.1.3.2	**Microciclo 10**				
3.1.1.1.3.2.1	Executar treino e atividades de apoio microciclo 10	0,5	1	2	1
3.1.1.1.3.2.2	Monitorar e controlar treino e atividades de apoio microciclo 10	5	5	5	5
3.1.1.1.3.2.3	Finalizar relatório microciclo 9	5	5	5	5
3.1.1.1.3.2.4	Determinar treino, atividades de apoio e recursos microciclo 11	0,5	1	2	1

Código EAP	Fase / Pacote de trabalho / Atividades	Duração (dias)			
		Otimista	Mais provável	Pessimista	Estimada
3.1.1.1.3.3	**Microciclo 11**				
3.1.1.1.3.3.1	Executar treino e atividades de apoio microciclo 11	0,5	1	2	1
3.1.1.1.3.3.2	Monitorar e controlar treino e atividades de apoio microciclo 11	5	5	5	5
3.1.1.1.3.3.3	Finalizar relatório microciclo 10	5	5	5	5
3.1.1.1.3.3.4	Determinar treino, atividades de apoio e recursos microciclo 12	0,5	1	2	1
3.1.1.1.3.4	**Microciclo 12**				
3.1.1.1.3.4.1	Executar treino e atividades de apoio microciclo 12	0,5	1	2	1
3.1.1.1.3.4.2	Monitorar e controlar treino e atividades de apoio microciclo 12	5	5	5	5
3.1.1.1.3.4.3	Finalizar relatório microciclo 11	5	5	5	5
3.1.1.1.3.4.4	Determinar treino, atividades de apoio e recursos microciclo 13	0,5	1	2	1
3.1.1.1.4	**Mesociclo 4**				
3.1.1.1.4.1	**Microciclo 13**				
3.1.1.1.4.1.1	Executar treino e atividades de apoio microciclo 13	0,5	1	2	1
3.1.1.1.4.1.2	Monitorar e controlar treino e atividades de apoio microciclo 13	5	5	5	5
3.1.1.1.4.1.3	Finalizar relatório microciclo 12	5	5	5	5
3.1.1.1.4.1.4	Determinar treino, atividades de apoio e recursos microciclo 14	0,5	1	2	1
3.1.1.1.4.2	**Microciclo 14**				
3.1.1.1.4.2.1	Executar treino e atividades de apoio microciclo 14	0,5	1	2	1
3.1.1.1.4.2.2	Monitorar e controlar treino e atividades de apoio microciclo 14	5	5	5	5
3.1.1.1.4.2.3	Finalizar relatório microciclo 13	5	5	5	5
3.1.1.1.4.2.4	Determinar treino, atividades de apoio e recursos microciclo 15	0,5	1	2	1
3.1.1.1.4.3	**Microciclo 15**				
3.1.1.1.4.3.1	Executar treino e atividades de apoio microciclo 15	0,5	1	2	1
3.1.1.1.4.3.2	Monitorar e controlar treino e atividades de apoio microciclo 15	5	5	5	5
3.1.1.1.4.3.3	Finalizar relatório microciclo 14	5	5	5	5
3.1.1.1.4.3.4	Determinar treino, atividades de apoio e recursos microciclo 16	0,5	1	2	1
3.1.1.1.4.4	**Microciclo 16**				
3.1.1.1.4.4.1	Executar treino e atividades de apoio microciclo 16	0,5	1	2	1
3.1.1.1.4.4.2	Monitorar e controlar treino e atividades de apoio microciclo 16	5	5	5	5

Código EAP	Fase / Pacote de trabalho / Atividades	Duração (dias)			
		Otimista	Mais provável	Pessimista	Estimada
3.1.1.1.4.4.3	Finalizar relatório microciclo 15	5	5	5	5
3.1.1.1.4.4.4	Determinar treino, atividades de apoio e recursos microciclo 17	0,5	1	2	1
3.1.1.1.5	**Encerramento etapa básica**				
3.1.1.1.5.1	Avaliar etapa básica e determinar a causa raiz dos principais problemas	1	3	5	3
3.1.1.1.5.2	Finalizar relatórios do microciclo 16 e da etapa básica	1	3	5	3
3.1.1.1.5.3	Arquivar documentos da etapa básica	0,5	1	2	1
3.1.1.2	**Etapa específica**				
3.1.1.2.1	**Mesociclo 5**				
3.1.1.2.2	**Microciclo 17**				
3.1.1.2.2.1	Executar treino e atividades de apoio microciclo 17	0,5	1	2	1
3.1.1.2.2.2	Monitorar e controlar treino e atividades de apoio microciclo 17	5	5	5	5
3.1.1.2.2.3	Finalizar relatório microciclo 16	5	5	5	5
3.1.1.2.2.4	Determinar treino, atividades de apoio e recursos microciclo 18	0,5	1	2	1
3.1.1.2.3	**Microciclo 18**				
3.1.1.2.3.1	Executar treino e atividades de apoio microciclo 18	0,5	1	2	1
3.1.1.2.3.2	Monitorar e controlar treino e atividades de apoio microciclo 18	5	5	5	5
3.1.1.2.3.3	Finalizar relatório microciclo 17	5	5	5	5
3.1.1.2.3.4	Determinar treino, atividades de apoio e recursos microciclo 19	0,5	1	2	1
3.1.1.2.4	**Microciclo 19**				
3.1.1.2.4.1	Executar treino e atividades de apoio microciclo 19	0,5	1	2	1
3.1.1.2.4.2	Monitorar e controlar treino e atividades de apoio microciclo 19	5	5	5	5
3.1.1.2.4.3	Finalizar relatório microciclo 18	5	5	5	5
3.1.1.2.4.4	Determinar treino, atividades de apoio e recursos microciclo 20	0,5	1	2	1
3.1.1.2.5	**Microciclo 20**				
3.1.1.2.5.1	Executar treino e atividades de apoio microciclo 20	0,5	1	2	1
3.1.1.2.5.2	Monitorar e controlar treino e atividades de apoio microciclo 20	5	5	5	5
3.1.1.2.5.3	Finalizar relatório microciclo 19	5	5	5	5
3.1.1.2.5.4	Determinar treino, atividades de apoio e recursos microciclo 21	0,5	1	2	1
3.1.1.2.6	**Encerramento etapa específica**				
3.1.1.2.6.1	Avaliar etapa específica e determinar a causa raiz dos principais problemas	1	3	5	3

Código EAP	Fase / Pacote de trabalho / Atividades	Duração (dias)			
		Otimista	Mais provável	Pessimista	Estimada
3.1.1.2.6.2	Finalizar relatórios do microciclo 19 e da etapa específica	1	3	5	3
3.1.1.2.6.3	Arquivar documentos da etapa específica	0,5	1	2	1
3.1.2	**Período competição**				
3.1.2.1	**Mesociclo 6**				
3.1.2.1.1	**Microciclo 21**				
3.1.2.1.1.1	Executar treino e atividades de apoio microciclo 21	0,5	1	2	1
3.1.2.1.1.2	Monitorar e controlar treino e atividades de apoio microciclo 21	5	5	5	5
3.1.2.1.1.3	Finalizar relatório microciclo 20	5	5	5	5
3.1.2.1.1.4	Determinar treino, atividades de apoio e recursos microciclo 22	0,5	1	2	1
3.1.2.1.2	**Microciclo 22**				
3.1.2.1.2.1	Executar treino e atividades de apoio microciclo 22	0,5	1	2	1
3.1.2.1.2.2	Monitorar e controlar treino e atividades de apoio microciclo 22	5	5	5	5
3.1.2.1.2.3	Finalizar relatório microciclo 21	5	5	5	5
3.1.2.1.2.4	Determinar treino, atividades de apoio e recursos microciclo 23	0,5	1	2	1
3.1.2.1.2.5	Enviar convite da regata interna para partes interessadas	1	1	1	1
3.1.2.1.2.6	Enviar release da regata interna para a imprensa	1	1	1	1
3.1.2.1.3	**Microciclo 23**				
3.1.2.1.3.1	Executar treino e atividades de apoio microciclo 23; competir na regata interna	0,5	1	2	1
3.1.2.1.3.2	Monitorar e controlar treino e atividades de apoio microciclo 23	5	5	5	5
3.1.2.1.3.3	Finalizar relatório microciclo 22	5	5	5	5
3.1.2.1.3.4	Determinar treino, atividades de apoio e recursos microciclo 24	0,5	1	2	1
3.1.2.1.3.5	Registrar imagens em vídeo e fotos da regata interna	1	1	1	1
3.1.2.1.3.6	Realizar regata interna	1	1	1	1
3.1.2.1.3.7	Realizar avaliação da regata interna	1	1	1	1
3.1.2.2	**Encerramento período competição**				
3.1.2.2.1	Avaliar período competição e determinar a causa-raiz dos principais problemas	1	3	5	3
3.1.2.2.2	Finalizar relatórios do microciclo 23 e do período competição	1	3	5	3
3.1.2.2.3	Arquivar documentos do período competição	0,5	1	2	1
3.1.3	**Período transição**				
3.1.3.1	**Mesociclo 7**				
3.1.3.1.1	**Microciclo 24**				

Código EAP	Fase / Pacote de trabalho / Atividades	Duração (dias)			
		Otimista	Mais provável	Pessimista	Estimada
3.1.3.1.1.1	Executar treino e atividades de apoio microciclo 24	5	5	5	5
3.1.3.1.1.2	Determinar treino, atividades de apoio e recursos microciclo 25	0,5	1	2	1
3.1.3.1.2	**Microciclo 25**				
3.1.3.1.2.1	Executar treino e atividades de apoio microciclo 25	5	5	5	5
3.1.3.1.2.2	Finalizar relatório microciclo 24	1	3	5	3
3.1.3.2	**Encerramento período transição**				
3.1.3.2.1	Avaliar período transição e determinar a causa-raiz dos principais problemas	1	3	5	3
3.1.3.2.2	Finalizar relatórios do microciclo 25 e do período de transição	1	3	5	3
3.1.3.2.3	Arquivar documentos do período transição	1	1	1	1
3.2	**Evento encerramento**				
3.2.1	Editar vídeo de encerramento	3	5	7	5
3.2.2	Preparar palestra de encerramento	3	5	7	5
3.2.3	Preparar local entrevista de encerramento				
3.2.4	Preparar evento de encerramento				
3.2.5	Realizar evento de encerramento	1	1	1	1
3.2.6	Finalizar relatório do evento de encerramento	2	3	5	3
3.3	**Encerramento projeto**				
3.3.1	Finalizar a prestação de contas do projeto	10	12	15	12
3.3.2	Avaliar a F3 e determinar a causa-raiz dos principais problemas	1	3	5	3
3.3.3	Finalizar relatório da F3	1	3	5	3
3.3.4	Arquivar documentos do projeto	0,5	1	2	1

Nota: *quaisquer alterações neste documento deverão ser submetidas ao processo de controle integrado de mudanças antes de serem incorporadas.*

APROVADO POR
Vicente Gomes de Oliveira Moreira – Diretor de esportes olímpicos no CRUT

DATA
21/11/2013

GERENCIAMENTO DOS CUSTOS

PROJETO DE DESENVOLVIMENTO DE REMADORAS

Plano de Gerenciamento dos Custos

PREPARADO POR
Davi Tannure – Gerente do projeto

VERSÃO
01

I. Descrição dos processos de gerenciamento dos custos

- O orçamento do projeto será gerado e atualizado a partir da utilização do software Microsoft Project®.
- Os itens que compõem o orçamento do projeto deverão estar justificados através da união de no mínimo três cotações de preços que identifiquem claramente o nome e o CNPJ do fornecedor. Todos os comprovantes de cotações de preços devem ser arquivados para fins de comprovação.
    - No caso dos itens relativos à contratação de recursos humanos, os comprovantes deverão ser coletados em sites de empregos que disponibilizem a descrição das funções e o salário praticado pelo mercado.
    - Quando não houver possibilidade de comprovar a cotação de preços, por exemplo, no caso de haver somente um fornecedor de um determinado produto ou serviço, deve haver uma nota explicativa justificando essa condição na coluna "Detalhamento" do documento intitulado **Orçamento do projeto**.
- Todos os recursos do projeto deverão ser movimentados, obrigatoriamente, a partir da conta corrente do Banco do Brasil (Conta nº. 0210-x / Agência:0934.x).
- Todos os débitos feitos na conta corrente do projeto devem ter sua destinação identificada a partir da emissão de cheque nominativo, transferência eletrônica (TED ou DOC) ou pagamento com cartão de débito. **Em hipótese nenhuma devem ser feitos saques em dinheiro para pagamento de despesas, mesmo que sejam de pequeno valor.**
- Somente despesas autorizadas pelo gerente do projeto poderão ser executadas.

II. Frequência de avaliação da execução do orçamento do projeto e das reservas financeiras

- As informações relacionadas à execução do orçamento do projeto devem ser atualizadas diariamente e disponibilizadas na área restrita do site do projeto.
- Semanalmente, na reunião do *Comitê de Controle de Mudanças (CCM)*, serão apresentadas e avaliadas informações relacionadas à execução do orçamento do projeto e reservas financeiras.

III. Reserva financeira do projeto

- O patrocinador executivo do projeto aprovou uma reserva de R$ 48.000,00, que poderá ser utilizada como reserva gerencial do projeto.

IV. Critério para utilização da reserva financeira do projeto

Quem	Como	Valor (R$)
Davi Tannure – Gerente do projeto	Após receber aval, por escrito, do patrocinador executivo do projeto	R$ 4.000 até o limite da reserva financeira do projeto
	Não necessita de autorização prévia, porém deve apresentar justificativa na reunião do *CCM*	R$ 2.000 até o teto máximo de R$ 6.000

V. Sistema de controle de mudanças no orçamento

- Caso seja necessário fazer alguma mudança relacionada ao orçamento aprovado, uma solicitação de mudança deverá ser encaminhada em formulário apropriado ao endereço de correio eletrônico do gerente do projeto conforme descrito no **Plano de gerenciamento das comunicações**.
- Após receber a solicitação de mudança, o gerente do projeto deverá classificar o nível de prioridade da mudança. Depois disso, a solicitação de mudança deverá ser encaminhada ao *CCM* ou ao patrocinador executivo do projeto, conforme fluxo descrito a seguir.

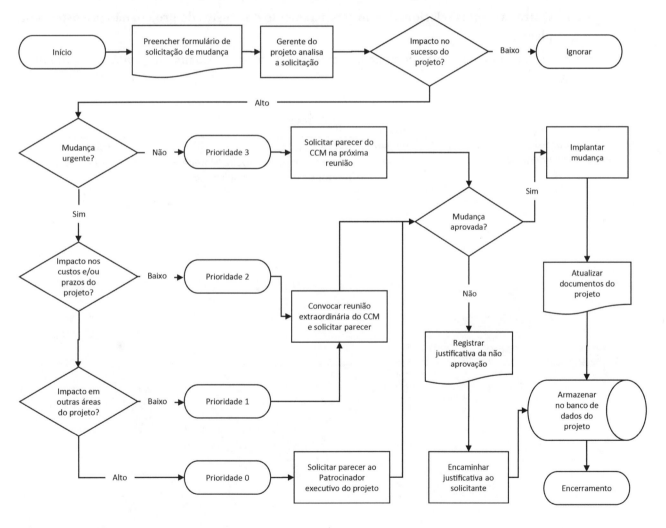

VI. **Alocação financeira das mudanças no orçamento**

- As mudanças aprovadas que tenham impacto no orçamento deverão utilizar as reservas gerenciais do projeto.
- Caso essas reservas tenham se esgotado, ou caso sejam insuficientes, o patrocinador executivo deverá especificar, no documento de aprovação, de onde sairá o recurso para o custeio da mudança.

VII. **Administração do Plano de gerenciamento dos custos**

- **Responsável pelo plano**
    - Davi Tannure, gerente do projeto, será o responsável pelo **Plano de gerenciamento dos custos**.
    - Vicente Gomes de Oliveira Moreira, diretor de esportes olímpicos do *CRUT*, será suplente do responsável pelo **Plano de gerenciamento dos custos**.
- **Frequência de atualização do Plano de gerenciamento dos custos**
    - O **Plano de gerenciamento dos custos** será avaliado e atualizado, quando necessário, após as reuniões do *Comitê de Controle de Mudanças (CCM)*.

VIII. **Outros assuntos relacionados ao gerenciamento dos custos do projeto não previstos neste plano**

- Os casos não previstos neste documento serão resolvidos pelo *Comitê de Controle de Mudanças (CCM)*.

Nota: *quaisquer alterações neste documento deverão ser submetidas ao processo de controle integrado de mudanças antes de serem incorporadas.*

APROVADO POR	DATA
Vicente Gomes de Oliveira Moreira – Diretor de esportes olímpicos no CRUT	26/11/2013

PROJETO DE DESENVOLVIMENTO DE REMADORAS

Orçamento do Projeto

PREPARADO POR
Davi Tannure – Gerente do projeto

VERSÃO
01

ID	Item	Detalhamento	Quant.	Unidade	Duração (meses)	R$ Unit.	Total
1	**Recursos humanos**						**R$ 257.000,00**
1.1	Gerente do projeto	Forma de contratação: prazo determinado de 19 meses. Jornada: 35 horas semanais. Regime: CLT (art. 443). Remuneração: R$ 8.000,00.	1	Pessoa	14	R$ 8.000,00	R$ 112.000,00
1.2	Secretária	Forma de contratação: prazo determinado de 18 meses. Jornada: 20 horas semanais. Regime: CLT (art. 443). Remuneração: R$ 2.000,00.	1	Pessoa	13	R$ 2.000,00	R$ 26.000,00
1.3	Supervisor de preparação esportiva	Forma de contratação: prazo determinado de 18 meses. Jornada: 35 horas semanais. Regime: CLT (art. 443). Remuneração: R$ 5.000,00.	1	Pessoa	13	R$ 5.000,00	R$ 65.000,00
1.4	Bolsa auxílio atleta	Bolsa auxílio para atletas. Valores do auxílio determinados com base em valores análogos pagos pela Caixa Econômica Federal.	30	Unidade	6	R$ 300,00	R$ 54.000,00
2	**Encargos trabalhistas**						**R$ 182.120,00**
2.1	Gerente do projeto	Encargo de 58% em relação ao salário do funcionário.	1	Unidade	19	R$ 4.640,00	R$ 88.160,00
2.2	Secretária	Encargo de 58% em relação ao salário do funcionário.	2	Unidade	18	R$ 1.160,00	R$ 41.760,00
2.3	Supervisor de preparação esportiva	Encargo de 58% em relação ao salário do funcionário.	1	Unidade	18	R$ 2.900,00	R$ 52.200,00
3	**Equipamentos esportivos**						**R$ 236.064,20**
3.1	Barco motor 25 HP	Barco com casco de alumínio com motor de popa de 25 HP acompanhado de tanque de combustível (24 litros) com mangueira e bulbo	3	Unidade	1	R$ 16.519,86	R$ 49.559,58
3.2	Kettlebell 8kg	Kettlebell feito de ferro fundido	2	Unidade	1	R$ 103,96	R$ 207,92
3.3	Remoergômetro	Remoergômetro Concept 2, modelo D, com monitor de performance PM4	20	Unidade	1	R$ 8.490,00	R$ 169.800,00
3.4	Monitor de frequência cardíaca com GPS	Monitor de frequência cardíaca com GPS. Equipamento utilizado pelas atletas em dias de treinamento e competições.	33	Unidade	1	R$ 499,90	R$ 16.496,70

ID	Item	Detalhamento	Quant.	Unidade	Duração (meses)	R$ Unit.	Total
4	**Material de consumo/esportivo**						**R$ 57.161,70**
4.1	Gasolina	Gasolina comum	2.700	Litro	6	R$ 2,60	R$ 42.120,00
4.2	Óleo 2 T	Óleo para motor de popa 2 T	135	Litro	6	R$ 18,57	R$ 15.041,70
5	**Uniformes**						**R$ 160.335,84**
5.1	Agasalho	Calça na cor preta e jaqueta de manga comprida na cor rosa, modelagem feminina, feita de tecido 100% poliéster	152	Unidade	1	R$ 133,00	R$ 20.216,00
5.2	Bermuda	Bermuda na cor preta, modelagem feminina, feita de tecido composto de poliéster e elastano	304	Unidade	1	R$ 41,00	R$ 12.464,00
5.3	Boné	Boné na cor rosa, modelagem feminina, feito de tecido 100% poliéster	46	Unidade	1	R$ 53,23	R$ 2.448,58
5.4	Camiseta	Camiseta regata na cor rosa, modelagem feminina, feita de tecido composto de poliéster e elastano	368	Unidade	1	R$ 41,00	R$15.088,00
5.5	Camisa polo	Camisa polo na cor branca, feita de tecido composto de poliéster e elastano	184	Unidade	1	R$ 61,26	R$ 11.271,84
5.6	Capa de chuva	Capa de chuva em PVC laminado, soldada eletronicamente, com manga, capuz e botões de pressão no fechamento	46	Unidade	1	R$ 138,13	R$ 6.353,98
5.7	Chinelo	Chinelo na cor branca, com solado em borracha e tira em borracha flexível	30	Par	1	R$ 35,23	R$ 1.056,90
5.8	Macaquinho	Macaquinho curto, na cor preta e rosa, feito de tecido 100% poliéster	120	Unidade	1	R$ 139,30	R$ 16.716,00
5.9	Mochila	Mochila na cor rosa, feita de tecido poliéster, dimensões: 28 x 16 x 38 cm	46	Unidade	1	R$ 103,23	R$ 4.748,58
5.10	Short	Short na cor rosa, modelagem feminina, feito de tecido poliéster	368	Unidade	1	R$ 56,62	R$ 20.836,16
5.11	Tênis	Tênis de corrida, nas cores rosa e preto, entressola em EVA, com tecnologia de amortecimento	138	Par	1	R$ 209,90	R$ 28.966,20
5.12	Top	Top na cor preta, feito de tecido composto de poliéster e elastano	240	Unidade	1	R$ 74,90	R$ 17.976,00
5.13	Viseira	Viseira na cor preta, feita de tecido 100% poliéster	60	Unidade	1	R$ 36,56	R$ 2.193,60
6	**Divulgação/Promoção**						**R$ 830,00**
6.1	Cartaz colorido tamanho A3	Impressão de cartazes coloridos tamanho A3 115g	1	Unidade	1000	R$ 0,83	R$ 830,00
7	**Material de consumo/expediente**						**R$ 4.917,40**
7.1	Bloco *flip chart* com 50 fls.	Bloco *flip chart* 56g, dimensões: 64x88cm, com 50 folhas	10	Unidade	1	R$ 23,15	R$ 231,50

ID	Item	Detalhamento	Quant.	Unidade	Duração (meses)	R$ Unit.	Total
7.2	Bloco autoadesivo	Bloco autoadesivo, dimensões: 76x76mm. Pacote com 4 unidades de 100 folhas cada	20	Pacote	1	R$ 15,20	R$ 304,00
7.3	Borracha	Borracha macia e suave, aplicável sobre diversos tipos de superfície e para qualquer graduação de grafite. Caixa com 24 unidades	1	Caixa	1	R$ 29,90	R$ 29,90
7.4	Caneta esferográfica	Caneta esferográfica azul	50	Caixa	1	R$ 28,00	R$ 1.400,00
7.5	Cartucho tinta preta	Cartucho de tinta preta	10	Unidade	1	R$ 92,00	R$ 920,00
7.6	Cartucho tinta colorida	Cartucho tinta colorida	10	Unidade	1	R$ 99,00	R$ 990,00
7.7	Fita crepe	Fita crepe, dimensões: 19mm x 50m. Rolo com 6 unidades	10	Rolo	1	R$ 20,00	R$ 200,00
7.8	Lápis preto	Lápis preto. Caixa com 72 unidades	1	Caixa	1	R$ 24,80	R$ 24,80
7.9	Papel A4 com 500 fls.	Papel sulfite, 75g, alcalino, dimensões: 210x297mm (A4)	15	Pacote	1	R$ 14,60	R$ 219,00
7.10	Pasta suspensa	Pasta suspensa, feita em cartão, dimensões: 360 x 240 mm. Caixa com 50 unidades	3	Caixa	1	R$ 86,20	R$ 258,60
7.11	Pincel atômico	Pincel marcador atômico, escrita grossa. Caixa com 12 unidades	12	Caixa	1	R$ 28,30	R$ 339,60
8	**Material de informática/eletrônicos**						**R$ 8.161,37**
8.1	HD externo portátil	HD com conexão USB, com capacidade de 1TB. Utilizado para armazenamento de arquivos eletrônicos do projeto	1	Unidade	1	R$ 265,36	R$ 265,36
8.2	Notebook	Notebook com tela de LED de 14" com memória RAM de 4 GB ou superior e HD de 500 GB	3	Unidade	1	R$ 2.065,67	R$ 6.197,01
8.3	Filmadora	Filmadora Full HD	1	Unidade	1	R$ 1.699,00	R$ 1.699,00
9	**Serviços**						**R$ 9.165,00**
9.1	Correios	Envio documentação, via SEDEX	1	Serviço	19	R$ 35,00	R$ 665,00
9.2	Designer	Contratação de designer para criar: 1. Marca e identidade visual para a campanha de recrutamento 2. Layout de uma página no Facebook 3. *Banners* de divulgação para a página do Facebook 4. Cartaz que serão distribuídos nas escolas 5. Ilustrações que farão parte do conteúdo da página do Facebook	1	Serviço	1	R$ 8.500,00	R$ 8.500,00

ID	Item	Detalhamento	Quant.	Unidade	Duração (meses)	R$ Unit.	Total
10	**Cursos de Capacitação**						**R$ 9.198,00**
10.1	Curso de aperfeiçoamento profissional	Curso de aperfeiçoamento com 30 horas de duração, oferecido 100% *on-line*, intitulado: "Gerenciamento de Projetos de Preparação Esportiva". Farão o curso 14 integrantes da equipe do projeto	14	Unidade	1	R$ 657,00	R$ 9.198,00
11	**Alimentação**						**R$ 2.162,70**
11.1	Kit lanche	Kit composto de: um suco, um sanduíche, uma fruta e uma barra de cereal. Será servido para as atletas e profissionais que compõem a equipe do projeto durante os dias de treinamento e competições	45	Unidade	6	R$ 8,01	R$ 2.162,70
12	**Seguro saúde**						**R$ 28.225,32**
12.1	Plano de saúde para seis colaboradores	Plano de saúde básico sem direito a quarto exclusivo para um gerente do projeto, uma secretária e um supervisor de preparação esportiva	4	Unidade	6	R$ 241,48	R$ 5.795,52
12.2	Plano de saúde para trinta atletas	Plano de saúde básico sem direito a quarto exclusivo para trinta atletas	30	Unidade	6	R$ 124,61	R$ 22.429,80
13	**Mobiliário**						**R$ 464,17**
13.1	Arquivo quatro gavetas	Arquivo de aço com quatro gavetas para pastas suspensas	1	Unidade	1	R$ 464,17	R$ 464,17
						Custo do projeto	**R$ 955.805,70**
						Reserva financeira do projeto	**R$ 48.000,00**
						Total	**R$ 1.003.805,70**

Nota: *quaisquer alterações neste documento deverão ser submetidas ao processo de controle integrado de mudanças antes de serem incorporadas.*

APROVADO POR
Vicente Gomes de Oliveira Moreira –
Diretor de esportes olímpicos no CRUT

DATA
04/12/2013

GERENCIAMENTO DA QUALIDADE

PROJETO DE DESENVOLVIMENTO DE REMADORAS	
Plano de Gerenciamento da Qualidade	
PREPARADO POR Davi Tannure – Gerente do projeto	VERSÃO 02

I. **Descrição dos processos de gerenciamento da qualidade**

- O gerenciamento da qualidade será realizado com base nos seguintes documentos:
    - Lista de requisitos e padrões de qualidade do projeto.
    - Padrão básico de qualidade no remo (PBQR).
    - Esses documentos integram o **Plano de gerenciamento da qualidade** e deverão acompanhá-lo no formato de apêndices.
- Análise e solução de problemas:
    - Um ou mais membros, designados pelo gerente do projeto, deverão analisar as causas das não conformidades.
    - Em seguida, junto com o gerente do projeto, deverão elaborar um plano de ação, contendo contramedidas consideradas necessárias e suficientes para eliminar a(s) causa(s) do(s) problema(s).
    - O plano de ação deverá ser elaborado no modelo de documento intitulado **Plano de ação 5w2h**, disponível na área restrita do site do projeto na pasta "Modelos de documentos".
    - Em seguida, o plano de ação deverá ser encaminhado ao *Comitê de Controle de Mudanças* (*CCM*) a fim de obter aprovação e, caso seja aprovado, deverá ser implementado.

II. **Frequência de avaliação da conformidade dos requisitos de qualidade**

Padrão	Frequência de avaliação
Lista de requisitos de qualidade do projeto	Semanalmente, às segundas-feiras, nas reuniões de gerenciamento do projeto
PBQR	Duas vezes (início e término do projeto)

III. **Sistema de controle de mudanças nos requisitos e/ou padrões de qualidade**

- Caso seja necessário fazer alguma mudança relacionada aos requisitos e padrões de qualidade, uma solicitação de mudança deverá ser encaminhada, em formulário apropriado, ao endereço de correio eletrônico do gerente do projeto conforme descrito no **Plano de gerenciamento das comunicações**.
- Após receber a solicitação de mudança, o gerente do projeto deverá classificar o nível de prioridade da mudança. Depois disso, a solicitação de mudança deverá ser encaminhada ao *CCM* ou ao patrocinador executivo do projeto, conforme fluxo descrito a seguir.

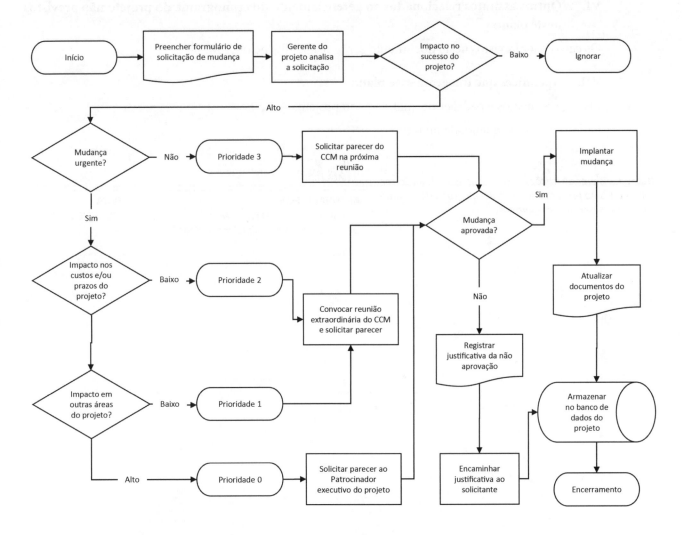

IV. Alocação financeira das mudanças nos requisitos e/ou padrões de qualidade

- As mudanças nos requisitos e/ou padrões de qualidade aprovadas que tenham impacto nos custos deverão utilizar as reservas gerenciais do projeto.
- Caso essas reservas tenham se esgotado, ou caso sejam insuficientes, o patrocinador executivo deverá especificar no documento de aprovação de onde sairá o recurso para o custeio da mudança.

V. Administração do Plano de gerenciamento da qualidade

- **Responsável pelo plano**
  - o Davi Tannure, gerente do projeto, será o responsável pelo **Plano de gerenciamento da qualidade**.
  - o Norberto Moreno, supervisor de preparação esportiva, será suplente do responsável pelo **Plano de gerenciamento da qualidade**.
- **Frequência de atualização do Plano de gerenciamento da qualidade**
  - o O **Plano de gerenciamento da qualidade** será avaliado e atualizado, quando necessário, após as reuniões do *CCM*.

VI. **Outros assuntos relacionados ao gerenciamento do cronograma do projeto não previstos neste plano**

- Os casos não previstos neste documento serão resolvidos pelo *CCM*.

VII. **Apêndices que integram esse plano**

- Lista de requisitos e padrões de qualidade do projeto.
- Padrão básico de qualidade no remo.

Nota: *quaisquer alterações neste documento deverão ser submetidas ao processo de controle integrado de mudanças antes de serem incorporadas.*

APROVADO POR	DATA
Vicente Gomes de Oliveira Moreira – Diretor de esportes olímpicos no CRUT	30/11/2013

PROJETO DE DESENVOLVIMENTO DE REMADORAS

Lista de Requisitos e Padrões de Qualidade do Projeto

PREPARADO POR	VERSÃO
Davi Tannure – Gerente do projeto	03

Código EAP	Pacote de trabalho	Requisito	Padrão
1.1	Contratação RH	1. Conformidade com a legislação.	1. Aprovação formal dos contratos de trabalho individuais emitida pelo departamento jurídico e contábil do CRUT antes de serem assinados com os colaboradores. 2. Contratação do serviço em conformidade com os procedimentos descritos na Portaria 120/09 do Ministério do Esporte (artigos 41 a 45).
1.2	Aquisições	1. Conformidade com a legislação.	1. Aquisições em conformidade com os procedimentos descritos na Portaria 120/09 do Ministério do Esporte (artigos 41 a 45).
1.3	Capacitação MGPPE	1. Colaboradores devem assinar termo de compromisso com cláusulas de cumprimento de obrigações.	1. 100% das tarefas do curso realizadas pelos alunos. 2. 90% das tarefas entregues no prazo pelos alunos.
2.1.1.1	Padrão documentos	1. Utilização de softwares específicos para elaboração de documentos. 2. Aceite do gerente do projeto.	1. Modelos de documentos devem ser elaborados nos seguintes softwares: Microsoft Word®, Microsoft Excel® e Microsoft PowerPoint®. 2. Modelos de documentos devem ser aprovados pelo gerente do projeto.
2.1.1.2	Padrão competitivo	1. Conteúdo do documento Padrão competitivo	O documento Padrão competitivo deve ser sucinto e conter dados das melhores atletas do mundo. Deve incluir: 1. Resultados, no mínimo, dos dois últimos ciclos olímpicos das seguintes competições: 1.1. Jogos Olímpicos. 1.2. Campeonato Mundial. 1.3. Copa do Mundo. 1.4. Campeonato Mundial Sub-23. 1.5. Campeonato Mundial Júnior. 1.6. Campeonato Brasileiro. 1.7. Campeonato Estadual de Remo do Rio de Janeiro. 2. Data e local da competição. 3. Colocação geral da competição. 4. Tempo da prova final. 5. Gráfico com parcial de tempos da final, no mínimo, a cada 500m. 6. Frequência de remada média (voga) em 2000m. 7. Quadro contendo os tempos mínimos e máximos alcançados pelos medalhistas em cada uma das provas a cada ciclo olímpico: 7.1. Quadro para os Jogos Olímpicos. 7.2. Quadro para os Campeonatos Mundiais. 8. Referências documentais que dão suporte e fundamentam as informações, incluindo, mas não se limitando a: World Best Times Under 23. Disponível em: <http://www.worldrowing.com/results>. Acesso em: 18 mar. 2013.

Código EAP	Pacote de trabalho	Requisito	Padrão
2.1.1.3	Padrão antropométrico	1. Conteúdo do documento Padrão antropométrico	O documento deve incluir os seguintes dados das melhores atletas do mundo das categorias Sênior, Sub-23 e Júnior: 1. Massa corporal. 2. Medidas lineares. 3. Diâmetros ósseos. 4. Espessura de dobras cutâneas. 5. Medidas de circunferências. 6. Deve incluir dados de referências documentais que dão suporte e fundamentam as informações, incluindo, mas não se limitando a: 6.1. ACKLAND, T. et al. Anthropometric normative data from Olympic rowers and paddlers. Disponível em: <http://www.ausport.gov.au/fulltext/2001/acsms/papers/ACKL.pdf>. Acesso em: 18 mar. 2013. 6.2. BOURGOIS et al. Anthropometric characteristics of elite female junior rowers, Journal of Sports Sciences, 2001.
2.1.1.4	Padrão comportamental e valores	1. Conteúdo do documento Padrão comportamental e valores	1. Consultar a opinião de no mínimo três especialistas da área de psicologia do esporte que atuam há no mínimo quatro anos com remadores que conquistaram medalhas em Campeonatos Mundiais e/ou Jogos Olímpicos. 2. Consultar a opinião de no mínimo três técnicos de remo que tenham treinado remadores que conquistaram medalhas em Campeonatos Mundiais e/ou Jogos Olímpicos. 3. Consultar a opinião de no mínimo três remadores que tenham conquistado medalhas em Campeonatos Mundiais e/ou Jogos Olímpicos. 4. O documento deve incluir comportamentos e valores que favoreçam a busca pelo alto desempenho em atividades em grupo de acordo com referências da literatura especializada na área da psicologia do esporte e gestão de pessoas.
2.1.1.5	Padrão técnico	1. Instrumento para avaliação técnica	1. O instrumento deve permitir avaliar a técnica nos barcos Skiff, Duplo Skiff e Dois Sem, a partir da observação de vídeos. 2. Deve ser utilizado um sistema de pontuação que utiliza uma escala de 0 a 5 – onde 0 = não atende aos requisitos do padrão e 5 = atende plenamente aos requisitos do padrão. 3. A máxima pontuação deve ser criada levando-se em consideração a observação de vídeos de competições e treinamento dos melhores atletas do mundo. 4. Para cada tipo de barco deve haver, no mínimo, três barcos medalhistas em Campeonatos Mundiais e/ou Jogos Olímpicos que deverão evidenciar o atendimento da máxima pontuação para um dado critério avaliado (por exemplo: velocidade de imersão da pá, alinhamento dos joelhos no ataque, trajetória retilínea, etc.). 5. A validação do instrumento deve ser feita a partir da coleta de opiniões de no mínimo dois especialistas em remo e um especialista da área de ciências do esporte.

Código EAP	Pacote de trabalho	Requisito	Padrão
2.1.1.6	Padrão testes físicos	1. Conteúdo do documento Padrão testes físicos	1. Protocolos de testes devem vir acompanhados da citação das fontes documentais de acordo com a ABNT.
2.1.1.7	Padrão organização treinamento	1. Forma e conteúdo do documento Padrão organização do treinamento.	1. Documento deve conter modelos de organização do treinamento para as categoria: Infantil, Júnior, Sub-23 e Sênior. 2. Deve ser elaborado no padrão de documento aprovado no pacote de trabalho 2.1.1.1. Padrão documentos.
2.1.2	Catálogo exercícios	1. Conteúdo do Catálogo de exercícios	1. Levantar dados a partir da coleta da opinião de especialistas e a partir da coleta de informações em sites, livros, artigos e vídeos. 2. O catálogo deve mostrar o nome do exercício, com uma breve descrição de como deve ser a técnica de execução acompanhada de um vídeo. 3. Mostrar em que momento o exercício deve ser priorizado, dentro do contexto dos períodos do macrociclo anual da etapa de especialização esportiva inicial, etapa de especialização aprofundada e etapa de resultados superiores. Para isso, deve-se utilizar o seguinte critério: 3.1. Prioridade 1 = máxima utilização do exercício. 3.2. Prioridade 2 = utilização do exercício menor que prioridade 1 e maior que prioridade 3. 3.3. Prioridade 3 = utilização do exercício menor que prioridade 2. 3.4. Prioridade 4 = exercício não deve ser utilizado. 4. Indicar o método de execução, conforme padrão a seguir: 4.1. Número de grupos (mínimo – máximo) x [(nº séries (mínimo – máximo) x nº repetições (mínimo – máximo) / t' ou t" (mínimo – máximo))] / t' (mínimo – máximo). 4.2. Indicar a faixa de intensidade conforme os exemplos: 4.2.1. x a y% de 1 RM. 4.2.2. x a y RM. 4.2.3. x% da massa corporal. 4.2.4. Altura da queda. 4.2.5. Massa do implemento.
2.1.3	Mapa periodização	1. Forma e conteúdo do documento Mapa da periodização	1. Documento deve ser preenchido em conformidade com o modelo de organização do treinamento para a categoria Infantil elaborado no pacote de trabalho 2.1.1.7. Padrão organização treinamento. 2. Deve ser elaborado no padrão de documento aprovado no pacote de trabalho 2.1.1.1. Padrão documentos.
2.1.4	Metas preparação esportiva	1. Forma e conteúdo do documento Metas preparação esportiva	1. Documento deve ser preenchido em conformidade com o modelo de organização do treinamento para a categoria Infantil elaborado no pacote de trabalho 2.1.1.7. Padrão organização treinamento. 2. Deve ser elaborado no padrão de documento aprovado no pacote de trabalho 2.1.1.1. Padrão documentos.

Código EAP	Pacote de trabalho	Requisito	Padrão
2.2.1	Plano assistência social	1. Forma e conteúdo do Plano assistência social	1. Planos devem ser elaborados, principalmente, nos seguintes softwares: Microsoft Word®, Microsoft Excel® e Microsoft PowerPoint®. 2. Devem incluir, mas não se limitar a: realização de diagnósticos, execução de ações de intervenção da área específica e elaboração de relatórios de monitoramento e controle.
2.2.2	Plano psicologia	1. Forma e conteúdo do Plano psicologia	
2.2.3	Plano nutrição	1. Forma e conteúdo do Plano nutrição	
2.2.4	Plano fisioterapia	1. Forma e conteúdo do Plano fisioterapia	
2.2.5	Plano odontologia	1. Forma e conteúdo do Plano odontologia	
2.2.6	Plano medicina	1. Forma e conteúdo do Plano medicina	
2.3.1	Testes	1. Execução dos testes e elaboração de relatório	1. Teste físico realizado de acordo com documento Padrão testes físicos, vide pacote de trabalho 2.1.1.6. 2. Relatório deve utilizar medidas de referência definidas no Padrão testes físicos e Padrão antropométrico, respectivamente definidos nos pacotes de trabalho: 2.1.1.6 e 2.1.1.3.
2.3.2	Estágio	1. Teste de natação. 2. Desempenho técnico após estágio. 3. Relatório do estágio.	1. Teste de natação: jovem em cima do barco Canoe, trajando tênis, meias, camisa e bermuda de algodão. Jovem entra no barco, fixa os pés no finca-pés e, em seguida, instrutor retira os remos de boreste para que o barco vire. Jovem deve ser capaz de sair do barco, desvirá-lo e, em seguida, nadar a uma distância de 50m trajando camisa e bermuda. 2. Ao final do estágio, as jovens deverão ser capazes de remar o barco Canoe: 2.1. Por 250m sem arrastar as pás dos remos para equilibrar o barco. 2.2. Girar no próprio eixo para a direita e para a esquerda. 2.3. Realizar a "parada brusca do barco" após aviso inesperado do instrutor. 3. Relatório com indicações das candidatas consideradas aptas para serem admitidas na equipe deverão levar em consideração as informações contidas nos seguintes padrões: Padrão antropométrico (vide pacote de trabalho: 2.1.1.3), Padrão comportamental e valores (vide pacote de trabalho: 2.1.1.4), Padrão testes físicos – Teste de corrida (Léger) (vide pacote de trabalho: 2.1.1.6). Além disso, somente jovens aprovadas no teste de natação poderão ser indicadas.
2.3.3.1	Diagnóstico social	1. Conteúdo do Relatório do diagnóstico social	1. Relatório dos diagnósticos deve emitir parecer do avaliador, fundamentado e acompanhado de evidências técnicas e científicas de cada uma das áreas de conhecimento. 2. Deve estar finalizado na data certa.
2.3.3.2	Diagnóstico psicológico	1. Conteúdo do Relatório do diagnóstico psicológico	
2.3.3.3	Diagnóstico nutricional	1. Conteúdo do Relatório do diagnóstico nutricional	
2.3.3.4	Diagnóstico fisioterápico	1. Conteúdo do Relatório do diagnóstico fisioterápico	
2.3.3.5	Diagnóstico odontológico	1. Conteúdo do Relatório do diagnóstico odontológico	
2.3.3.6	Diagnóstico médico	1. Conteúdo do Relatório do diagnóstico médico	
2.3.3.7	Diagnóstico capacidades físicas	1. Conteúdo do Relatório diagnóstico das capacidades físicas	

Código EAP	Pacote de trabalho	Requisito	Padrão
2.3.4	Admissão	1. Candidatas admitidas. 2. Termo de aceite de admissão.	1. Candidatas admitidas receberam o maior número de indicações nos diagnósticos, vide pacotes de trabalho: 2.3.3.1 a 2.3.3.7, e atendem aos requisitos definidos nos seguintes pacotes de trabalho: 2.1.1.3. Padrão antropométrico, 2.1.1.4. Padrão comportamental e valores e 2.1.1.6. Padrão testes físicos. 2. Roteiro e *slides* de acordo com o padrão e apresentação feita dentro do tempo.
2.4	Evento abertura	1. Repercussão positiva na mídia evento abertura.	1. Veiculação de no mínimo três matérias em veículos de grande circulação com opiniões positivas sobre o projeto.
3.1	Macrociclo	1. Relatórios de cada microciclo. 2. Relatórios de cada etapa/período.	1. Relatórios de cada microciclo finalizados na data certa. 2. Relatórios de cada etapa/período finalizados na data certa.
3.2	Evento encerramento	1. Repercussão positiva na mídia evento encerramento.	1. Veiculação de no mínimo três matérias em veículos de grande circulação com opiniões positivas sobre o projeto.
3.3	Encerramento projeto	1. Satisfação das partes interessadas.	1. Prestação de contas do projeto aprovada por parte do Ministério do Esporte. 2. Relatório com clipagem de matérias veiculadas na mídia mostrando retorno de mídia valor de no mínimo R$ 500.000,00. 3. No mínimo 80% das atletas declaram interesse em continuar envolvidas com a preparação esportiva no remo no próximo ano.

Nota: *quaisquer alterações neste documento deverão ser submetidas ao processo de controle integrado de mudanças antes de serem incorporadas.*

APROVADO POR
Vicente Gomes de Oliveira Moreira –
Diretor de esportes olímpicos no CRUT

DATA
30/11/2013

PROJETO DE DESENVOLVIMENTO DE REMADORAS

Padrão Básico de Qualidade no Remo

PREPARADO POR	VERSÃO
Davi Tannure – Gerente do projeto	03

Itens avaliados: instalações, equipamentos e procedimentos padronizados.

Objetivo: fornecer às organizações esportivas (OE) um referencial para que possam, a partir de autoavaliações periódicas, gerenciar suas melhorias, mantendo os itens sob sua responsabilidade dentro de padrões básicos de qualidade.

Instruções:

A. Atribuir 1 ponto para cada evidência atendida satisfatoriamente.

B. Atribuir 0 ponto para cada evidência não atendida satisfatoriamente.

C. Marcar a sigla "NA" (não avaliado) para os itens que não se aplicam à OE.

Observação: preencher a coluna ENCAMINHAMENTO com sugestão(ões) de ação(ões) para sanar o(s) problema(s).

Resultado: será expresso pelo índice de gerenciamento da qualidade no remo (IGQR-B), calculado da seguinte maneira: (total de itens avaliados como satisfatórios / total de itens avaliados) x 100.

Avaliação:

Farol vermelho	Menor que 60% de atendimento às evidências do padrão mínimo de qualidade
Farol amarelo	Maior ou igual a 60% e menor que 80% de atendimento às evidências do padrão mínimo de qualidade
Farol verde	Maior ou igual a 80% de atendimento às evidências do padrão mínimo de qualidade

Itens	Evidência	Avaliação	Encaminhamento
Secretaria	1. Todos os atletas possuem ficha de cadastro atualizada contendo nome, data de nascimento, endereço, e-mail e telefone		
	2. Existem padrões para o cadastro de atletas, atualização de dados e descarte de informações		
	3. Existem padrões para o envio e atualização de dados de atletas para a CBR		
	4. Há sinais de limpeza e higiene em todos os equipamentos e instalações observados		
Garagem	1. Existem padrões, à vista, especificando procedimentos de segurança relacionados aos treinos realizados na água		
	2. Existem padrões, à vista, especificando procedimentos para a limpeza e guarda dos barcos após a sua utilização		
	3. Há sinais de limpeza e higiene em todos os equipamentos e instalações observados		

Itens	Evidência	Avaliação	Encaminhamento
Barcos	1. Há sinais de limpeza e higiene em todos os barcos		
	2. Todos os barcos estão disponíveis e em condições de uso		
	3. Há procedimento padrão especificando o plano de manutenção preventiva dos barcos		
	4. Todos os barcos possuem cartão de regulagem, preenchido com dados atualizados após a última regulagem realizada		
Remos	1. Há sinais de limpeza e higiene em todos os remos		
	2. Todos os remos estão disponíveis e em condições de uso		
	3. Todos os punhos dos remos de PD estão conservados e sem rasgos		
	4. Todos os punhos dos remos de PS estão conservados		
	5. Todas as pás dos remos estão pintadas com as cores da OE e estão em boas condições		
Remoergômetros	1. Há sinais de limpeza e higiene em todos os remoergômetros		
	2. Todos os remoergômetros estão disponíveis e em condições de uso		
	3. Há procedimento padrão especificando o plano de manutenção preventiva dos remoergômetros		
	4. Existem padrões, à vista, especificando procedimentos para a limpeza e guarda dos remoergômetros após a sua utilização		
Tanque	1. Há sinais de limpeza e higiene na água do tanque		
	2. Existe procedimento padrão para evitar a dengue		
	3. Há sinais de limpeza e higiene em todas as bancadas do tanque		
	4. Todas as bancadas estão disponíveis e em condições de uso		
	5. Há procedimento padrão especificando o plano de manutenção preventiva do tanque		
	6. Todas as bancadas do tanque estão pintadas com as cores de BB e BE e estão em boas condições		
	7. Todas as pás dos remos do tanque estão pintadas com as cores de BB e BE e estão em boas condições		
	8. Existem padrões, à vista, especificando procedimentos para a limpeza e guarda dos carrinhos e remos do tanque após a sua utilização		
Sala de musculação	1. Há sinais de limpeza e higiene em todos os equipamentos e instalações observados		
	2. Existem padrões, à vista, especificando procedimentos de segurança na sala de musculação		
	3. Existem padrões, à vista, especificando procedimentos para a limpeza e guarda dos equipamentos após a sua utilização		
Sala de reunião com computador, TV, filmadora e DVD	1. Todos os equipamentos estão disponíveis e em condições de uso		
	2. Há sinais de limpeza e higiene em todos os equipamentos e instalações observados		

Itens	Evidência	Avaliação	Encaminhamento
Vestiários	1. Há sinais de limpeza e higiene em todos os equipamentos e instalações observados		
	2. Não há odor desagradável		
	3. Fornece papel higiênico, papel toalha e sabão para lavar as mãos		
	4. Possuem lixeira		
	5. As instalações estão livres de vazamentos e/ou entupimentos		
	6. Existem avisos de conscientização nos banheiros referentes à limpeza do local		
	7. Há identificação de vestiário feminino e masculino		
Refeitório	1. Ausência de acúmulo de resíduos que provocam a infestação de insetos e animais		
	2. Há sinais de limpeza e higiene em todos os equipamentos e instalações observados		
	3. Existe água potável disponível para todos os atletas		

Nota: *quaisquer alterações neste documento deverão ser submetidas ao processo de controle integrado de mudanças antes de serem incorporadas.*

APROVADO POR
Vicente Gomes de Oliveira Moreira –
Diretor de esportes olímpicos no CRUT

DATA
11/12/2013

GERENCIAMENTO DOS RECURSOS HUMANOS

PROJETO DE DESENVOLVIMENTO DE REMADORAS

Plano de Gerenciamento dos Recursos Humanos

PREPARADO POR	VERSÃO
Davi Tannure – Gerente do projeto	03

I. Organograma do projeto

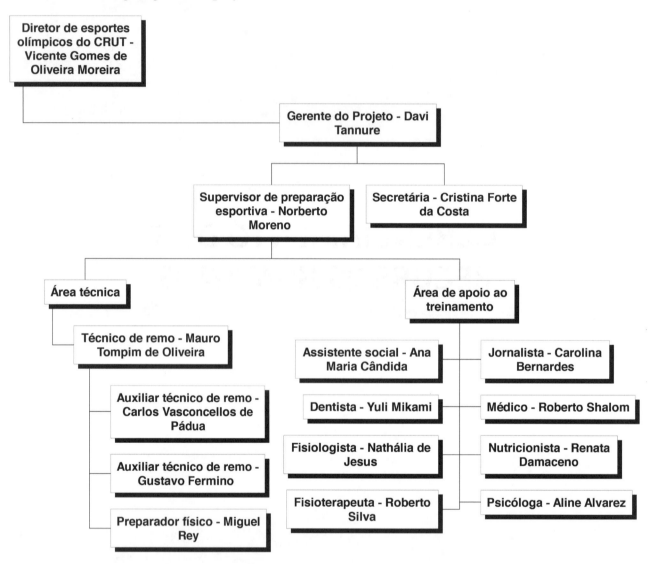

II. Contatos da equipe do projeto

Nº	Nome	Cargo	E-mail	Telefone
1	Davi Tannure	Gerente do projeto	davi.tanure@crut.com.br	21-9 9x99-1234
2	Norberto Moreno	Supervisor de preparação esportiva	norberto.moreno@crut.com.br	21-9 9x99-5678
3	Cristina Forte da Costa	Secretária	cristina.forte@crut.com.br	21-9 9x99-9101
4	Mauro Tompim de Oliveira	Técnico de remo	mauro.oliveira@crut.com.br	21-9 9x99-1213
5	Carlos Vasconcellos de Pádua	Auxiliar técnico de remo	carlos.padua@crut.com.br	21-9 9x99-1415

Nº	Nome	Cargo	E-mail	Telefone
6	Gustavo Fermino	Auxiliar técnico de remo	gustavo.fermino@crut.com.br	21-9 9x99-1617
7	Miguel Rey	Preparador físico	miguel.rey@crut.com.br	21-9 9x99-1819
8	Ana Maria Cândida	Assistente social	ana.candida@crut.com.br	21-9 9x99-2021
9	Yuli Mikami	Dentista	yuli.mikami@crut.com.br	21-9 9x99-2223
10	Nathália de Jesus	Fisiologista	nathalia.dejesus@crut.com.br	21-9 9x99-2425
11	Roberto Silva	Fisioterapeuta	roberto.silva@crut.com.br	21-9 9x99-2627
12	Aline Alvarez	Psicóloga	aline.alvarez@crut.com.br	21-9 9x99-2829
13	Renata Damaceno	Nutricionista	renata.damaceno@crut.com.br	21-9 9x99-3031
14	Roberto Shalom	Médico	roberto.shalom@crut.com.br	21-9 9x99-3233
15	Carolina Bernardes	Jornalista	carolina.bernardes@crut.com.br	21-9 9x99-3435

III. Matriz de responsabilidades

Legenda: R = Responsável / A = Apoio / S = Suplente / I = Informado

Entregas	Gerente do Projeto – Davi Tannure	Secretária – Cristina Forte da Costa	Supervisor de preparação esportiva – Norberto Moreno	Técnico de remo – Mauro Tompim de Oliveira	Auxiliar técnico de remo – Carlos Vasconcellos de Pádua	Auxiliar técnico de remo – Gustavo Fermino	Preparador físico – Miguel Rey	Assistente social – Ana Maria Cândida	Psicóloga – Aline Alvarez	Nutricionista – Renata Damaceno	Fisioterapeuta – Roberto Silva	Dentista – Yuli Mikami	Médico – Roberto Shalom	Fisiologista – Nathália de Jesus	Jornalista – Carolina Bernardes	Jaqueline Britto – Analista do depto. de RH do CRUT	Vicente G. O. Moreira – Dir. esp. olímpicos do CRUT
Planos de gerenciamento do projeto																	
Plano de gerenciamento do escopo	R	A	S														I
Plano de gerenciamento do cronograma	R	A	S														I
Plano de gerenciamento dos custos	R	A	I														S
Plano de gerenciamento da qualidade	R	A	S														I
Plano de gerenciamento dos recursos humanos	R	A	I													S	I
Plano de gerenciamento das comunicações	R	A	I													S	I
Plano de gerenciamento dos riscos	R	A	S														I
Plano de gerenciamento das aquisições	S	R	I														I
Plano de gerenciamento das partes interessadas	R		A						A							A	S
Contratação RH	A															R	I
Aquisições	A	R	I														
Capacitação RH	A	R	I	I	I	I	I	I	I	I	I	I	I	I	I		
Recrutamento	I	A	A	A	A	A	A	A	A	A	A	A	A	A	A	R	

Entregas	Gerente do Projeto – Davi Tannure	Secretária – Cristina Forte da Costa	Supervisor de preparação esportiva – Norberto Moreno	Técnico de remo – Mauro Tompim de Oliveira	Auxiliar técnico de remo – Carlos Vasconcellos de Pádua	Auxiliar técnico de remo – Gustavo Fermino	Preparador físico – Miguel Rey	Assistente social – Ana Maria Cândida	Psicóloga – Aline Alvarez	Nutricionista – Renata Damaceno	Fisioterapeuta – Roberto Silva	Dentista – Yuli Mikami	Médico – Roberto Shalom	Fisiologista – Nathália de Jesus	Jornalista – Carolina Bernardes	Jaqueline Britto – Analista do depto. de RH do CRUT	Vicente G. O. Moreira – Dir. esp. olímpicos do CRUT
Plano do sistema de treinamento																	
Padrão documentos	I		R	A	I	I	S										
Padrão competitivo	I		R	S	A	A	A		I	I	I			I	I	I	
Padrão antropométrico	I		I	I	I	I	S	I	I	A	I			I	R		
Padrão comportamental e valores	I	I	S	I	I	I	I	I	R	I	I	I	I	I	I		
Padrão técnico	I		A	R	S	A	I										
Padrão testes físicos	I		A	I	I	I	S		I	I	I			I	R	I	
Padrão organização do treinamento	I		R	A	I	I	S	I	I	I	I	I	I	I	I		
Catálogo exercícios	I		A	A	A	S	R		A		A			A			
Mapa periodização	I		R	A	A	A	A	I	I	A	I			I	I	I	
Metas preparação esportiva	I		R	A	A	A	A	A	A	A	A	A	A	A	A	I	
Plano do sistema de apoio ao treinamento																	
Plano assistência social	I		A	I	I	I	I	R	I	I	I	I	I	I	I		
Plano psicologia	I		A	I	I	I	I	I	R	I	I	I	I	I	I		
Plano nutrição	I		A	I	I	I	I	I	I	R	I	I	I	I	I		
Plano fisioterapia	I		A	I	I	I	I	I	I	I	R	I	I	I	I		
Plano odontologia	I		A	I	I	I	I	I	I	I	I	R	I	I	I		
Plano medicina	I		A	I	I	I	I	I	I	I	I	I	R	I	I		
Seleção atletas																	
Testes	I	A	A	A	A	A	A	A	A	A	A	A	A	A	R	A	
Estágio	I	A	A	R	A	A	A								I		
Diagnóstico social	I	A	A					R									
Diagnóstico psicológico	I	A	A						R								
Diagnóstico nutricional	I	A	A							R							
Diagnóstico fisioterápico	I	A	A								R						
Diagnóstico odontológico	I	A	A									R					
Diagnóstico médico	I	A	A										R				
Diagnóstico capacidades físicas	I	A	A											R			
Admissão																	
Evento abertura																	
Encerramento F2	R	A	A														
Macrociclo	I	A	R	A	A	A	A	A	A	A	A	A	A	A	A		
Evento encerramento	R																
Encerramento projeto	R																

IV. Contratação de recursos humanos

- Serão contratados os seguintes profissionais:

Recursos humanos	Quantidade	Detalhamento	Responsável pela contratação
Secretária	01	- Forma de contratação: prazo determinado de 18 meses. - Jornada: 20 horas semanais. - Regime: CLT (art. 443). - Remuneração: R$ 2.000,00.	Gerente do projeto
Supervisor de preparação esportiva	01	- Forma de contratação: prazo determinado de 18 meses. - Jornada: 35 horas semanais. - Regime: CLT (art. 443). - Remuneração: R$ 5.000,00.	Gerente do projeto

- As informações necessárias para a contratação de recursos humanos estão detalhadas no documento **Descrição da Entrega da EAP / Pacote de trabalho: 1.1 – Contratação RH**, disponível no plano do projeto.

V. Análise de *gaps* em relação aos requisitos desejáveis para o preenchimento de cargos na equipe do projeto

- A fim de identificar oportunidades de melhorias relacionadas aos recursos humanos, cada uma das pessoas alocadas na equipe do projeto deverá ser avaliada em relação ao padrão contido no documento **Descrição de requisitos de recursos humanos**, disponível na área restrita do site do projeto na pasta "Modelos de documentos".
- Para isso, o gerente do projeto preenche o modelo de documento **Análise de gaps RH**, disponível na área restrita do site do projeto na pasta "Modelos de documentos", conforme mostrado no exemplo a seguir:

\multicolumn{3}{c}{Nome do membro da equipe do projeto}
Cargo	Requisitos desejáveis para o preenchimento do cargo	Atende ao requisito
Preparador Físico	– Graduação em Educação Física e/ou Esporte.	Sim
	– Pós-graduação em treinamento esportivo.	Sim
	– Certificação em *coaching* pela Sociedade Brasileira de Coaching.	Não
	– Registro no Conselho Regional de Educação Física.	Sim
	– Experiência comprovada de no mínimo cinco anos atuando como preparador físico de remo.	Sim

- Cada um dos requisitos não atendidos deverá resultar em uma recomendação de melhoria. Com base na análise anterior, teríamos, por exemplo, a seguinte recomendação:
    - Recomendação de melhoria: concluir em até três meses o curso *Personal & Professional Coaching* da Sociedade Brasileira de Coaching.

VI. Capacitação de recursos humanos

- Os membros da equipe do projeto deverão realizar o curso de aperfeiçoamento *on-line*, oferecido pelo Inbrade, intitulado "Gerenciamento de Projetos de Preparação Esportiva".
- Além disso, de acordo com a análise de *gaps*, o gerente do projeto poderá determinar a realização de outras atividades de capacitação.

VII. Avaliação de desempenho dos membros da equipe do projeto

- Os membros da equipe do projeto serão avaliados pelo gerente do projeto e pelo supervisor de preparação esportiva. Para isso, deve-se atribuir uma nota de 1 a 5 para cada um dos critérios a seguir:

1 = Nunca / 2 = Raramente / 3 = De vez em quando / 4 = Frequentemente / 5 = Sempre

ID	Nota	Critério	Evidência
A		Executa o trabalho pelo qual é responsável de acordo com os padrões descritos no **Plano de gerenciamento do projeto**.	
B		Produz as entregas pelas quais é responsável no prazo acordado.	
C		Colabora com a identificação de problemas que ameaçam o projeto.	
D		Colabora com a análise de problemas a fim de identificar as suas causas fundamentais.	
E		Colabora com a proposição de medidas para solucionar os problemas que ameaçam o projeto.	
F		Colabora ativamente com a implantação de medidas acordadas para solucionar problemas.	
G		Utiliza adequadamente os canais de comunicação, definidos no **Plano de gerenciamento das comunicações**.	
H		Trata os colegas com respeito e cordialidade.	

- De acordo com o quadro anterior, o máximo de pontos possível que um membro da equipe pode alcançar é 40.
- O cálculo do desempenho dos membros da equipe deve ser feito de acordo com a seguinte fórmula: somatória dos pontos alcançados dividido por 40 e depois multiplicado por 100.
- Os avaliadores devem anotar na coluna "Evidências" fatos e dados concretos que suportem cada uma das notas atribuídas.

VIII. Bonificação dos membros da equipe do projeto

- Após o encerramento da fase 3 do projeto, 80% do saldo restante das reservas gerenciais, definidas no **Plano de gerenciamento dos custos**, será dividido em parcelas iguais entre os membros da equipe do projeto que tiverem alcançado desempenho igual ou superior a 85%, conforme critério definido no item **Avaliação de desempenho dos membros da equipe do projeto**.

IX. Sistema de controle de mudanças relacionadas aos recursos humanos

- Caso seja necessário fazer alguma mudança relacionada aos recursos humanos do projeto, uma solicitação de mudança deverá ser encaminhada, em formulário apropriado, ao endereço de correio eletrônico do gerente do projeto conforme descrito no **Plano de gerenciamento das comunicações**.
- Após receber a solicitação de mudança o gerente do projeto deverá classificar o nível de prioridade da mudança. Depois disso, a solicitação de mudança deverá ser encaminhada ao *Comitê de Controle de Mudanças (CCM)* ou ao patrocinador executivo do projeto, conforme fluxo descrito a seguir.

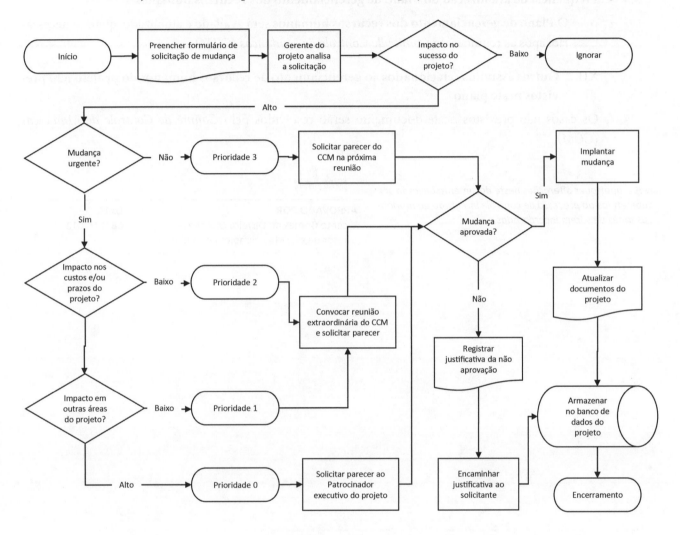

X. Alocação financeira para mudanças relacionadas aos recursos humanos

- Atividades relacionadas ao gerenciamento de recursos humanos que causem impacto adicional nos custos deverão utilizar as reservas gerenciais do projeto, de acordo com critério definido no **Plano de gerenciamento dos custos**.
- Caso essas reservas tenham se esgotado, ou caso sejam insuficientes, o patrocinador executivo deverá especificar no documento de aprovação de onde sairá o recurso para o custeio da mudança.

XI. **Administração do Plano de gerenciamento dos recursos humanos**

- **Responsável pelo plano**
  - Davi Tannure, gerente do projeto, será o responsável pelo **Plano de gerenciamento dos recursos humanos**.
  - Jaqueline Britto, analista do departamento de RH do CRUT, será suplente do responsável pelo **Plano de gerenciamento dos recursos humanos**.
- **Frequência de atualização do Plano de gerenciamento dos recursos humanos**
  - O **Plano de gerenciamento dos recursos humanos** será avaliado e atualizado, quando necessário, após as reuniões do *Comitê de Controle de Mudanças (CCM)*.

XII. **Outros assuntos relacionados ao gerenciamento de recursos humanos do projeto não previstos neste plano**

- Os casos não previstos neste documento serão resolvidos pelo *Comitê de Controle de Mudanças (CCM)*.

Nota: *quaisquer alterações neste documento deverão ser submetidas ao processo de controle integrado de mudanças antes de serem incorporadas.*

APROVADO POR	DATA
Vicente Gomes de Oliveira Moreira – Diretor de esportes olímpicos no CRUT	08/12/2013

PROJETO DE DESENVOLVIMENTO DE REMADORAS

Descrição de Requisitos de Recursos Humanos – Fase de Planejamento do Projeto

PREPARADO POR
Davi Tannure – Gerente do projeto

VERSÃO
01

Cargo	Requisitos desejáveis para o preenchimento do cargo	Atribuições
Secretária	- Estar cursando técnico em secretariado a partir do terceiro semestre. - Apresentar carta de recomendação de dois professores da instituição onde está matriculada.	- Reporta-se ao gerente do projeto. - Apoio direto ao gerente do projeto. - Contato telefônico e envio/recebimento de correio eletrônico. - Envio/recebimento de documentos e correspondências. - Controle e organização do arquivo do projeto. - Reserva e preparo dos locais de reuniões.
Supervisor de Preparação Esportiva	- Graduação em Educação Física e/ou Esportes. - Pós-graduação em treinamento esportivo e/ou gestão esportiva. - Experiência comprovada de no mínimo cinco anos atuando em atividades relacionadas à preparação esportiva de atletas.	- Reporta-se ao gerente do projeto. - Apoia o gerente do projeto para definir todo o trabalho que precisa ser feito no projeto. - Coleta informações que auxiliarão a definir todo o trabalho que precisa ser feito no projeto. - Preenche modelos de documentos que fazem parte do plano do projeto.
Técnico chefe	- Graduação em Educação Física e/ou Esporte. - Pós-graduação em treinamento esportivo. - Certificação em *coaching* pela Sociedade Brasileira de Coaching. - Registro no Conselho Regional de Educação Física. - Experiência comprovada de no mínimo cinco anos atuando com técnico de remo.	- Reporta-se ao gerente do projeto. - Apoia o gerente do projeto para definir todo o trabalho que precisa ser feito no projeto. - Coleta informações que auxiliarão a definir todo o trabalho que precisa ser feito no projeto. - Preenche modelos de documentos que fazem parte do plano do projeto.
Preparador Físico	- Graduação em Educação Física e/ou Esporte. - Pós-graduação em treinamento esportivo. - Certificação em *coaching* pela Sociedade Brasileira de Coaching. - Registro no Conselho Regional de Educação Física. - Experiência comprovada de no mínimo cinco anos atuando como preparador físico de remo.	- Reporta-se ao gerente do projeto. - Apoia o gerente do projeto para definir todo o trabalho que precisa ser feito no projeto. - Coleta informações que auxiliarão a definir todo o trabalho que precisa ser feito no projeto. - Preenche modelos de documentos que fazem parte do plano do projeto.

Cargo	Requisitos desejáveis para o preenchimento do cargo	Atribuições
Psicólogo do Esporte	- Graduação em Psicologia. - Pós-graduação em Psicologia do Esporte. - Registro no Conselho Regional de Psicologia. - Experiência comprovada de no mínimo três anos atuando profissionalmente na área de Psicologia do Esporte.	- Reporta-se ao gerente do projeto. - Apoia o gerente do projeto para definir todo o trabalho que precisa ser feito no projeto. - Coleta informações que auxiliarão a definir todo o trabalho que precisa ser feito no projeto. - Preenche modelos de documentos que fazem parte do plano do projeto.
Fisioterapeuta	- Graduação em Fisioterapia. - Pós-graduação em Fisioterapia Esportiva e/ou áreas afins. - Registro no Conselho Regional de Fisioterapia e Terapia Ocupacional. - Experiência comprovada de no mínimo três anos atuando profissionalmente na área de Fisioterapia Esportiva.	- Reporta-se ao gerente do projeto. - Apoia o gerente do projeto para definir todo o trabalho que precisa ser feito no projeto. - Coleta informações que auxiliarão a definir todo o trabalho que precisa ser feito no projeto. - Preenche modelos de documentos que fazem parte do plano do projeto.

Nota: *quaisquer alterações neste documento deverão ser submetidas ao processo de controle integrado de mudanças antes de serem incorporadas.*

APROVADO POR
Vicente Gomes de Oliveira Moreira –
Diretor de esportes olímpicos no CRUT

DATA
05/11/2013

PROJETO DE DESENVOLVIMENTO DE REMADORAS

Matriz de Responsabilidades da Fase de Planejamento

PREPARADO POR	VERSÃO
Davi Tannure – Gerente do projeto	02

Legenda: R: responsável / A: apoio / I: informado

Entregas	Gerente do Projeto Davi Tannure	Secretária Cristina Forte da Costa	Supervisor de preparação esportiva Norberto Moreno	Técnico de remo Mauro Tompim de Oliveira	Preparador físico Miguel Rey	Psicóloga do esporte Aline Alvarez	Fisioterapeuta Roberto Silva
Plano do projeto							
Descrição de requisitos de recursos humanos p/ equipe de plan. do projeto	R	I	I	I	I	I	I
Matriz de responsabilidades da fase de planejamento	R	I	I	I	I	I	I
Registro das partes interessadas	R	I	A	A	A	A	A
Declaração do escopo do projeto	R	I	A	I	I	I	I
Estrutura analítica do projeto	R	I	A	A	A	A	A
Descrição da entrega da EAP	R	I	A	A	A	A	A
Plano de gerenciamento do escopo	R	I	A	A	A	A	A
Lista de atividades do projeto	R	I	A	A	A	A	A
Lista de marcos do projeto	R	I	A	I	I	I	I
Diagrama de rede do cronograma	R	I	A	A	A	A	A
Requisitos de recursos das atividades	R	A	A	A	A	A	A
Estrutura analítica dos recursos do projeto	R	I	A	A	A	A	A
Estimativas de duração das atividades	R	A	A	A	A	A	A
Cronograma do projeto	R	I	A	A	A	A	A
Plano de gerenciamento do cronograma	R	I	I	I	I	I	I
Plano de gerenciamento dos custos	R	A	A	I	I	I	I
Plano de gerenciamento da qualidade	R	I	A	A	A	A	A
Plano de gerenciamento dos recursos humanos	R	I	A	I	I	A	I
Plano de gerenciamento das comunicações	R	I	A	I	I	I	I
Plano de gerenciamento dos riscos	R	A	A	A	A	A	A
Plano de gerenciamento das aquisições	R	A	I	A	I	I	I
Plano de gerenciamento das partes interessadas	R	I	A	I	I	A	I

Nota: *quaisquer alterações neste documento deverão ser submetidas ao processo de controle integrado de mudanças antes de serem incorporadas.*

APROVADO POR	DATA
Vicente Gomes de Oliveira Moreira – Diretor de esportes olímpicos no CRUT	05/11/2013

GERENCIAMENTO DAS COMUNICAÇÕES

PROJETO DE DESENVOLVIMENTO DE REMADORAS

Plano de Gerenciamento das Comunicações

PREPARADO POR
Davi Tannure – Gerente do projeto

VERSÃO
02

I. Descrição dos processos de gerenciamento das comunicações

- O gerenciamento das comunicações será realizado a partir de:
    - Reuniões presenciais com registro em ata.
    - Envio e recebimento de correio eletrônico.
    - Troca de informações a partir do site do projeto.
    - Distribuição de documentos impressos.
- As reuniões presenciais relacionadas ao gerenciamento do projeto serão realizadas sempre às segundas-feiras.
- As reuniões presenciais relacionadas à preparação esportiva das atletas serão realizadas sempre às quartas-feiras.
- A cada bimestre será realizada uma reunião com os responsáveis pelas atletas.
- As informações do projeto devem ser atualizadas diariamente no site do projeto.
- Toda e qualquer solicitação de mudança deve ser encaminhada para o endereço de correio eletrônico do gerente do projeto (davi.tannure@crut.com.br). Para isso, deve-se preencher o modelo de documento denominado *Solicitação de mudanças*, disponível na área restrita do site do projeto na pasta "Modelos de documentos".
- Todos os membros da equipe do projeto devem fornecer informações verdadeiras, precisas e dentro do prazo para as diferentes partes interessadas.

II. Eventos de comunicação do projeto

Nome	Objetivo	Método	Responsável	Participantes	Quando?	Duração	Onde?
Evento de abertura	1. Comunicar oficialmente as metas do projeto e as estratégias que serão executadas para alcançar as metas 2. Dar visibilidade para as empresas patrocinadoras	1. Apresentação de palestra ministrada pelo Patrocinador executivo 2. Apresentação de palestra ministrada pelo gerente do projeto	Gerente do projeto	Patrocinador executivo do projeto, diretoria do CRUT e do Inbrade, equipe do projeto, mídia, representante(s) da empresa patrocinadora e convidados	26/04/2014	9:00h até 11:00h	Auditório do CRUT
Reunião de gerenciamento do projeto	1. Tratar dos temas relacionados ao gerenciamento do projeto, inclusive controle de mudanças e análise e solução de problemas	Reunião presencial	Gerente do projeto	Membros da equipe de gerenciamento do projeto	Segundas-feiras	9:00h até 11:00h	Sala de reunião do departamento de esportes do CRUT

Nome	Objetivo	Método	Responsável	Participantes	Quando?	Duração	Onde?
Reunião da preparação esportiva	1. Tratar dos temas relacionados à preparação esportiva das atletas	Reunião presencial	Supervisor de preparação esportiva	Membros da área técnica e da área de apoio ao treinamento	Quartas-feiras	17:00h até 18:00h	Sala de reunião do departamento de esportes do CRUT
Reunião com os responsáveis pelas atletas	1. Construir relacionamento de parceria para apoiar o desenvolvimento das atletas	Reunião presencial	Supervisor de preparação esportiva	Membros da área técnica e da área de apoio ao treinamento	Bimestralmente, sempre aos sábados	9:00h até 11:00h	Auditório do CRUT e sala de reunião do departamento de esportes do CRUT
Evento de encerramento	1. Comunicar oficialmente os resultados do projeto e as principais lições aprendidas 2. Dar visibilidade para as empresas patrocinadoras	1. Apresentação de palestra ministrada pelo patrocinador executivo 2. Apresentação de palestra ministrada pelo gerente do projeto	Gerente do projeto	Patrocinador executivo do projeto, diretoria do CRUT e do Inbrade, equipe do projeto, mídia, representante(s) da empresa patrocinadora e convidados	04/10/2014	9:00h até 11:00h	Auditório do CRUT

III. Cronograma das reuniões

Reunião de gerenciamento do projeto	
Nº	Data
1	11/11/2013
2	18/11/2013
3	25/11/2013
4	02/12/2013
5	09/12/2013
6	16/12/2013
7	23/12/2013
8	30/12/2013
9	06/01/2014
10	13/01/2014
11	20/01/2014
12	27/01/2014
13	03/02/2014
14	10/02/2014
15	17/02/2014
16	24/02/2014
17	03/03/2014
18	10/03/2014
19	17/03/2014
20	24/03/2014
21	31/03/2014
22	07/04/2014

Reunião da preparação esportiva	
Nº	Data
1	01/01/2014
2	08/01/2014
3	15/01/2014
4	22/01/2014
5	29/01/2014
6	05/02/2014
7	12/02/2014
8	19/02/2014
9	26/02/2014
10	05/03/2014
11	12/03/2014
12	19/03/2014
13	26/03/2014
14	02/04/2014
15	09/04/2014
16	16/04/2014
17	23/04/2014
18	30/04/2014
19	07/05/2014
20	14/05/2014
21	21/05/2014
22	28/05/2014

Reunião com os responsáveis pelas atletas	
Nº	Data
1	19/04/2014
2	21/06/2014
3	23/08/2014
4	25/10/2014

Reunião de gerenciamento do projeto	
Nº	Data
23	14/04/2014
24	21/04/2014
25	28/04/2014
26	05/05/2014
27	12/05/2014
28	19/05/2014
29	26/05/2014
30	02/06/2014
31	09/06/2014
32	16/06/2014
33	23/06/2014
34	30/06/2014
35	07/07/2014
36	14/07/2014
37	21/07/2014
38	28/07/2014
39	04/08/2014
40	11/08/2014
41	18/08/2014
42	25/08/2014
43	01/09/2014
44	08/09/2014
45	15/09/2014
46	22/09/2014
47	29/09/2014
48	06/10/2014
49	13/10/2014
50	20/10/2014
51	27/10/2014
52	03/11/2014

Reunião da preparação esportiva	
Nº	Data
23	04/06/2014
24	11/06/2014
25	18/06/2014
26	25/06/2014
27	02/07/2014
28	09/07/2014
29	16/07/2014
30	23/07/2014
31	30/07/2014
32	06/08/2014
33	13/08/2014
34	20/08/2014
35	27/08/2014
36	03/09/2014
37	10/09/2014
38	17/09/2014
39	24/09/2014
40	01/10/2014
41	08/10/2014
42	15/10/2014

IV. Atas de reunião

- As atas das reuniões devem incluir, necessariamente, os seguintes itens:
    - Data
    - Local
    - Horário de início
    - Horário de término
    - Participantes
    - Pauta
    - O que ficou decidido
    - Observações

V. Relatórios do projeto

- Serão utilizados os seguintes relatórios no projeto:
    - Relatório de status das atividades
    - Relatório de status do orçamento
    - Relatório de status dos riscos
    - Relatório de análise de problemas
- Os modelos desses relatórios encontram-se disponíveis na área restrita do site do projeto na pasta "Modelos de documentos".

VI. Sistema de controle de mudanças relacionadas às comunicações

- Caso seja necessário fazer alguma mudança relacionada às comunicações do projeto, uma solicitação de mudança deverá ser encaminhada, em formulário apropriado, ao endereço de correio eletrônico do gerente do projeto conforme descrito no item **I. Descrição dos processos de gerenciamento das comunicações**.
- Após receber a solicitação de mudança, o gerente do projeto deverá classificar o nível de prioridade da mudança. Depois disso, a solicitação de mudança deverá ser encaminhada ao *Comitê de Controle de Mudanças (CCM)* ou ao patrocinador executivo do projeto, conforme fluxo descrito a seguir.

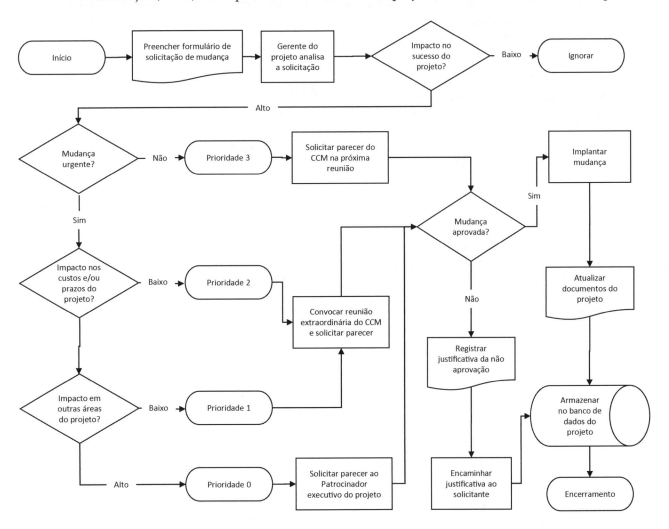

VII. **Alocação financeira das mudanças relacionadas às comunicações**

- As mudanças relacionadas às comunicações aprovadas que tenham impacto nos custos deverão utilizar as reservas gerenciais do projeto, de acordo com critério definido no **Plano de gerenciamento dos custos**.

- Caso essas reservas tenham se esgotado, ou caso sejam insuficientes, o patrocinador executivo deverá especificar no documento de aprovação de onde sairá o recurso para o custeio da mudança.

VIII. **Administração do Plano de gerenciamento das comunicações**

- **Responsável pelo plano**
    - Davi Tannure, gerente do projeto, será o responsável pelo **Plano de gerenciamento das comunicações**.
    - Carolina Bernardes, jornalista, será a suplente do responsável pelo **Plano de gerenciamento das comunicações**.

- **Frequência de atualização do Plano de gerenciamento das comunicações**
    - O **Plano de gerenciamento das comunicações** será avaliado e atualizado quando necessário após as reuniões do *CCM*.

IX. **Outros assuntos relacionados ao gerenciamento das comunicações do projeto não previstos neste plano**

- Os casos não previstos neste documento serão resolvidos pelo *CCM*.

Nota: *quaisquer alterações neste documento deverão ser submetidas ao processo de controle integrado de mudanças antes de serem incorporadas.*

APROVADO POR	DATA
Vicente Gomes de Oliveira Moreira – Diretor de esportes olímpicos no CRUT	12/12/2013

GERENCIAMENTO DOS RISCOS

PROJETO DE DESENVOLVIMENTO DE REMADORAS

Plano de Gerenciamento dos Riscos

PREPARADO POR	VERSÃO
Davi Tannure – Gerente do projeto	02

I. **Descrição dos processos de gerenciamento dos riscos**

- Identificação de riscos:
    - o Serão identificados somente os riscos negativos, ou seja, as ameaças ao projeto.
    - o Os riscos serão identificados a partir de reuniões realizadas entre a equipe do projeto. Quando necessário, participarão dessas reuniões pessoas convidadas que possam fornecer informações relevantes que ajudem na identificação dos riscos.
    - o A documentação do projeto deve estar disponível para que os participantes possam consultá-la a qualquer momento ao longo das reuniões de identificação dos riscos.
    - o A equipe do projeto deverá utilizar a figura a seguir como ponto de partida para identificar possíveis riscos provenientes de diferentes fontes. O gerente do projeto deve enfatizar que outras possíveis fontes de riscos poderão ser exploradas pelas pessoas que estão colaborando com o esforço de identificar riscos. Como foi dito, a figura é apenas um ponto de partida.

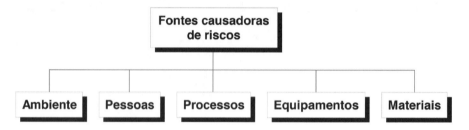

    - o No local das reuniões de identificação de riscos, a imagem da EAP do projeto deverá ser projetada na parede. Além disso, deve-se colocar na parede seis folhas de papel tipo *flip chart*. Em cada folha deve-se anotar uma das cinco fontes causadoras de riscos e, ainda, em uma das folhas deve-se anotar "Outras fontes".
    - o O gerente do projeto pede que os participantes observem um determinado pacote de trabalho da EAP e, em seguida, solicita a eles que, no período de três a cinco minutos, anotem em um bloco autoadesivo (tipo Post-it®) possíveis riscos que afetem negativamente os objetivos do projeto.
    - o Depois disso, o gerente do projeto solicita que os participantes colem suas anotações nas folhas que contêm o nome das categorias de riscos.
    - o Em seguida, ele lê em voz alta cada uma das anotações. Caso algum risco identificado não tenha sido compreendido, a pessoa que o identificou deve prestar esclarecimento para os demais presentes.
    - o Depois de ler todas as anotações, o gerente do projeto faz mais uma rodada de identificação de riscos para o pacote de trabalho que está sendo observado. Essa nova rodada é importante, pois, depois de terem tido a oportunidade de conhecer o que foi identificado pelos colegas, os participantes podem ter novos *insights* sobre outros possíveis riscos.

- o Os passos descritos devem ser repetidos para cada um dos pacotes de trabalho representados na EAP.
- o Uma pessoa deve registrar todos os riscos identificados no modelo de documento denominado **Identificação e avaliação qualitativa dos riscos**, disponível na área restrita do site do projeto na pasta "Modelos de documentos".
- Análise dos riscos:
  - o Nesse projeto será realizada exclusivamente a análise qualitativa dos riscos.
  - o O documento **Identificação e avaliação qualitativa dos riscos**, preenchido com os riscos identificados, deve ser disponibilizado para as pessoas que colaboraram com a identificação dos riscos.
  - o Em seguida, deve-se solicitar a essas pessoas que, com base no seu conhecimento e experiência, preencham o documento atribuindo para cada um dos riscos identificados valores relacionados à probabilidade de um determinado risco ocorrer e, além disso, valores relacionados ao impacto causado no projeto caso o risco de fato ocorra. Para isso, deverão utilizar a escala a seguir:

Probabilidade ou impacto	Desprezível	Baixo	Moderado	Alto	Muito alto
	5%	10%	20%	40%	80%

  - o Os valores de classificação de cada um dos riscos identificados são calculados automaticamente pelo documento **Identificação e avaliação qualitativa dos riscos**, de acordo com a seguinte fórmula:

    Classificação do risco X = [(P1 x I1) + (P2 x I2) + (Pn x In)] / n

    Onde:

    X = um determinado risco.

    P1 x I1 = valor da multiplicação da probabilidade e impacto atribuído pelo avaliador 1.

    P2 x I2 = valor da multiplicação da probabilidade e impacto atribuído pelo avaliador 2.

    Pn x In = valor da multiplicação da probabilidade e impacto atribuído pelo avaliador n.

  - o Depois de calcular o valor de classificação dos riscos, os dados são dispostos em ordem decrescente. Além disso, deve-se atribuir às seguintes cores:

Vermelho	≥ 30
Laranja	$< 30 \geq 23$
Amarelo	< 23

- Respostas planejadas aos riscos:
  - o Deve-se planejar respostas para cerca de 20% a 30% do total de riscos identificados. Nesse caso, serão planejadas respostas para os riscos classificados com os maiores valores.

- De posse dos riscos que foram identificados, o grupo fará uma discussão a fim de analisar se a(s) causa(s) provável(is) de cada risco é(são) consistente(s). O gerente do projeto deve procurar estabelecer um consenso do grupo em relação aos riscos e suas respectivas causas. Porém, quando isso não for possível, uma votação deve ser conduzida verbalmente. Nesse caso, o gerente do projeto mostra uma determinada causa e pergunta aos participantes: "você concorda que essa é causa do risco?". Cada participante pode votar de acordo com o seguinte critério:
  - 5 = Concordo plenamente.
  - 3 = Não concordo nem discordo.
  - 1 = Discordo plenamente.
- O gerente do projeto anota o valor atribuído por cada um e, ao final da votação, soma os valores.
- Serão desenvolvidas respostas planejadas para as causas que obtiveram consenso e ainda para as causas que submetidas à votação obtiveram a maior pontuação.
- De posse dos riscos e suas respectivas causas, o grupo passa então a definir a medida, ou conjunto de medidas, que deverá ser tomada para responder aos possíveis riscos. A técnica utilizada para esse fim deverá ser o *brainstorming*.
- O gerente do projeto deve procurar estabelecer um consenso do grupo em relação às respostas que deverão ser dadas para os possíveis riscos. Porém, quando isso não for possível, uma votação deve ser conduzida verbalmente. Nesse caso, o gerente do projeto mostra um determinado risco e a respectiva resposta e pergunta aos participantes: "você concorda que essa resposta é adequada para tratar o risco?". Cada participante pode votar de acordo com o seguinte critério:
  - 5 = Concordo plenamente.
  - 3 = Não concordo nem discordo.
  - 1 = Discordo plenamente.
- O gerente do projeto anota o valor atribuído por cada um e, ao final da votação, soma os valores.
- As respostas de tratamento aos riscos aprovadas por consenso e, ainda, as respostas que submetidas à votação obtiveram a maior pontuação deverão ser endereçadas às pessoas da equipe do projeto de modo que todas tenham seu respectivo responsável.
- As respostas aos riscos devem ser registradas no modelo de documento intitulado **Plano de respostas aos riscos**, disponível na área restrita do site do projeto na pasta "Modelo de documentos".

II. Sistema de controle de mudanças de riscos

- Caso seja necessário fazer alguma mudança relacionada ao **Plano de respostas aos riscos**, uma solicitação de mudança deverá ser encaminhada em formulário apropriado ao endereço de correio eletrônico do gerente do projeto conforme descrito no **Plano de gerenciamento das comunicações**.
- Após receber a solicitação de mudança, o gerente do projeto deverá classificar o nível de prioridade da mudança. Depois disso, a solicitação de mudança deverá ser encaminhada ao *Comitê de Controle de Mudanças* (*CCM*) ou ao patrocinador executivo do projeto, conforme fluxo descrito a seguir.

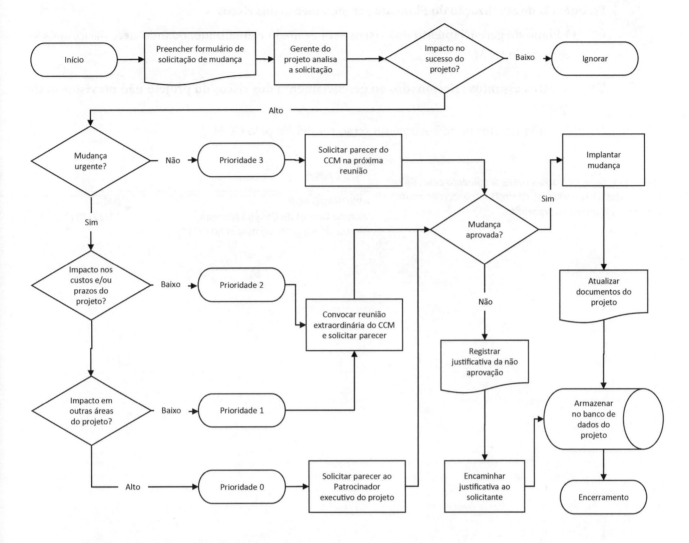

III. Alocação financeira para o gerenciamento dos riscos

- Atividades relacionadas ao gerenciamento dos riscos que causem impacto adicional nos custos deverão utilizar as reservas gerenciais do projeto, de acordo com critério definido no **Plano de gerenciamento dos custos**.
- Caso essas reservas tenham se esgotado, ou caso sejam insuficientes, o patrocinador executivo deverá especificar no documento de aprovação de onde sairá o recurso para o custeio da mudança.

IV. Frequência de avaliação dos riscos do projeto

- Os riscos serão avaliados semanalmente na reunião de gerenciamento do projeto.

V. Administração do Plano de gerenciamento dos riscos

- **Responsável pelo plano**
    - Davi Tannure, gerente do projeto, será o responsável pelo **Plano de gerenciamento dos riscos**.
    - Norberto Moreno, supervisor de preparação esportiva, será o suplente do responsável pelo **Plano de gerenciamento dos riscos**.

- **Frequência de atualização do Plano de gerenciamento dos riscos**
  - O **Plano de gerenciamento dos riscos** será avaliado e atualizado, quando necessário, após as reuniões do *CCM*.

VI. **Outros assuntos relacionados ao gerenciamento dos riscos do projeto não previstos neste plano**
- Os casos não previstos neste documento serão resolvidos pelo *CCM*.

Nota: *quaisquer alterações neste documento deverão ser submetidas ao processo de controle integrado de mudanças antes de serem incorporadas.*

APROVADO POR	DATA
Vicente Gomes de Oliveira Moreira – Diretor de esportes olímpicos no CRUT	12/12/2013

PROJETO DE DESENVOLVIMENTO DE REMADORAS

Identificação e Avaliação Qualitativa dos Riscos

PREPARADO POR
Davi Tannure – Gerente do projeto

VERSÃO
01

Código EAP	Pacote de trabalho	Risco	Av1 P	Av1 I	Av2 P	Av2 I	Av3 P	Av3 I	Av4 P	Av4 I	Av5 P	Av5 I	Av6 P	Av6 I	Av7 P	Av7 I	Classificação (PxI)
1.4	Recrutamento	Receber menos do que 500 inscrições de candidatas	80%	80%	80%	80%	80%	80%	80%	80%	80%	80%	80%	20%	80%	20%	50%
3.2	Evento encerramento	Evento de encerramento não dar retorno de mídia para empresa patrocinadora	80%	80%	80%	80%	80%	80%	40%	80%	40%	80%	80%	20%	80%	80%	48%
2.4	Evento abertura	Evento de abertura não dar retorno de mídia para empresa patrocinadora	80%	40%	80%	80%	80%	80%	40%	80%	40%	40%	80%	40%	80%	80%	43%
3.1	Macrociclo	Membros da equipe não cumprirem os processos definidos no plano do projeto	80%	40%	80%	80%	80%	80%	40%	80%	40%	40%	80%	40%	80%	80%	43%
3.1	Macrociclo	Atletas não descansarem adequadamente	40%	40%	80%	80%	80%	80%	40%	80%	40%	40%	80%	80%	80%	40%	41%
1.3	Capacitação RH	Membros da equipe do projeto não finalizarem as entregas no prazo	80%	80%	80%	40%	40%	20%	40%	40%	40%	80%	80%	80%	40%	40%	33%
3.1	Macrociclo	Atletas não se alimentarem adequadamente	40%	40%	40%	80%	80%	80%	40%	80%	40%	40%	80%	40%	40%	40%	30%
1.4	Recrutamento	Atraso na elaboração dos cartazes	80%	40%	80%	40%	20%	80%	40%	80%	20%	40%	20%	80%	80%	80%	29%
3.1	Macrociclo	Atraso na elaboração dos relatórios	40%	80%	80%	20%	80%	20%	40%	40%	40%	80%	80%	80%	80%	20%	27%

2.1.1.7	Padrão organização treinamento	Atraso na elaboração do padrão para organização do treinamento	40%	40%	40%	80%	20%	80%	40%	80%	40%	40%	40%	80%	40%	80%	25%
2.2.6	Plano medicina	Atraso na elaboração do plano de ação da área de medicina	80%	40%	80%	10%	40%	40%	40%	40%	20%	40%	40%	80%	80%	80%	25%
1.4	Recrutamento	Atraso na elaboração de conteúdo para a página do Facebook	80%	80%	80%	40%	20%	80%	40%	80%	20%	80%	20%	5%	80%	5%	24%
2.1.1.3	Padrão antropométrico	Atraso na elaboração do padrão antropométrico	40%	40%	80%	80%	20%	20%	40%	40%	40%	40%	80%	40%	20%	80%	23%
2.1.1.4	Padrão comportamental e valores	Atraso na elaboração do padrão comportamental e valores	40%	40%	80%	80%	20%	20%	40%	40%	40%	40%	80%	40%	20%	80%	23%
2.3.4	Admissão	Termo de compromisso com condições para a participação e permanência das jovens no projeto não ser compreendido pelos pais e/ou responsáveis	80%	40%	40%	20%	80%	5%	80%	40%	20%	40%	80%	80%	40%	20%	22%
1.5	Encerramento F1	Prestação de contas F1 não conforme	20%	80%	10%	80%	20%	80%	40%	80%	40%	80%	10%	80%	20%	80%	18%
2.3.3	Diagnósticos	Atraso na realização dos diagnósticos	40%	40%	40%	40%	20%	80%	40%	40%	20%	40%	20%	80%	40%	80%	17%
2.3.3	Diagnósticos	Atraso na finalização dos relatórios dos diagnósticos	40%	40%	40%	40%	20%	80%	40%	40%	20%	40%	20%	80%	40%	80%	17%
2.2.5	Plano odontologia	Atraso na elaboração do plano de ação da área de odontologia	80%	40%	80%	10%	40%	10%	40%	40%	20%	40%	40%	40%	80%	40%	17%
2.1.1.5	Padrão técnico	Instrumento para avaliação qualitativa da técnica não apresentar avaliações reprodutíveis	40%	40%	40%	20%	10%	80%	80%	40%	80%	40%	40%	40%	10%	20%	16%

2.2.6	Plano medicina	Atraso na elaboração dos modelos de documentos da área de medicina	40%	40%	80%	10%	40%	40%	40%	40%	20%	40%	40%	40%	80%	40%	16%
2.1.1.5	Padrão técnico	Instrumento para avaliação qualitativa da técnica não ser elaborado de forma colaborativa com as principais partes interessadas	40%	40%	40%	20%	10%	40%	80%	40%	80%	40%	40%	40%	10%	20%	16%
2.1.1.5	Padrão técnico	Instrumento para avaliação qualitativa da técnica não apresentar validade	40%	40%	40%	20%	5%	80%	80%	40%	80%	40%	40%	40%	5%	20%	16%
1.4	Recrutamento	Atraso no envio de cartazes para escolas públicas e privadas	40%	40%	40%	80%	20%	80%	40%	80%	20%	40%	20%	5%	40%	5%	15%
2.1.1.1	Padrão documentos	Atraso na elaboração dos modelos de documentos	40%	40%	40%	40%	20%	80%	40%	40%	40%	40%	40%	40%	20%	40%	15%
2.1.1.2	Padrão competitivo	Atraso na elaboração do padrão competitivo	40%	40%	80%	20%	10%	40%	40%	40%	40%	40%	80%	40%	10%	20%	15%
2.2.5	Plano odontologia	Atraso na elaboração dos modelos de documentos da área de odontologia	40%	40%	80%	10%	40%	10%	40%	40%	20%	40%	40%	80%	20%	80%	14%
2.1.1.6	Padrão testes físicos	Atraso na elaboração do padrão de desempenho em testes físicos	40%	40%	40%	20%	20%	40%	40%	40%	40%	40%	40%	40%	20%	80%	14%
2.2.3	Plano nutrição	Atraso na elaboração do plano de ação da área de nutrição	80%	40%	80%	10%	40%	40%	40%	40%	20%	40%	40%	20%	20%	40%	14%
2.2.4	Plano fisioterapia	Atraso na elaboração do plano de ação da área de fisioterapia	80%	40%	80%	10%	40%	40%	40%	40%	20%	40%	40%	20%	20%	20%	13%

2.1.1.1	Padrão documentos	Modelos de documentos não atender às necessidades dos usuários finais	40%	40%	20%	80%	20%	80%	20%	40%	20%	40%	20%	40%	20%	80%	13%
2.1.1.7	Padrão organização treinamento	Não aceitação do padrão para organização do treinamento	20%	80%	20%	80%	5%	80%	20%	80%	20%	80%	20%	20%	20%	80%	13%
2.1.2	Catálogo exercícios	Atraso na elaboração dos catálogos de exercícios	40%	40%	40%	40%	20%	40%	20%	40%	40%	40%	40%	20%	40%	40%	13%
2.3.1	Testes	Profissionais não saberem proceder em caso de incidente com as jovens	20%	40%	40%	20%	20%	40%	20%	20%	20%	40%	20%	80%	40%	80%	12%
2.2.3	Plano nutrição	Atraso na elaboração dos modelos de documentos da área de nutrição	40%	40%	80%	10%	40%	40%	40%	40%	20%	40%	40%	20%	20%	40%	11%
3.1	Macrociclo	Rotina de treinos prejudicar desempenho acadêmico das atletas	40%	40%	40%	20%	40%	20%	40%	40%	40%	40%	40%	20%	40%	20%	11%
2.1.4	Metas preparação esportiva	Metas da preparação esportiva muito além das possibilidades das atletas	20%	80%	20%	80%	5%	80%	10%	80%	20%	80%	20%	20%	20%	80%	11%
2.2.1	Plano assistência social	Atraso na elaboração do plano de ação da área de assistência social	80%	40%	80%	10%	40%	10%	40%	40%	20%	40%	40%	20%	20%	10%	11%
2.2.2	Plano psicologia	Atraso na elaboração do plano de ação da área de psicologia	80%	40%	80%	10%	40%	10%	40%	40%	20%	40%	40%	20%	20%	10%	11%
2.2.4	Plano fisioterapia	Atraso na elaboração dos modelos de documentos da área de fisioterapia	40%	40%	80%	10%	40%	40%	40%	40%	20%	40%	40%	20%	20%	20%	11%
3.1	Macrociclo	Lesão de atletas	20%	20%	20%	80%	20%	80%	20%	80%	20%	20%	20%	40%	20%	40%	10%

2.3.1	Testes	Candidatas se apresentarem no dia do teste sem material adequado	40%	40%	40%	5%	40%	10%	40%	5%	40%	40%	40%	40%	40%	40%	10%
2.5	Encerramento F2	Prestação de contas F2 não conforme	20%	80%	5%	80%	10%	80%	20%	80%	20%	80%	10%	40%	5%	80%	10%
3.3	Encerramento projeto	Prestação de contas não conforme	20%	80%	5%	80%	5%	80%	20%	80%	20%	80%	5%	80%	5%	80%	9%
2.2.1	Plano assistência social	Atraso na elaboração dos modelos de documentos da área de assistência social	40%	40%	80%	10%	40%	10%	40%	40%	20%	40%	40%	20%	20%	10%	9%
2.2.2	Plano psicologia	Atraso na elaboração dos modelos de documentos da área de psicologia	40%	40%	80%	10%	40%	10%	40%	40%	20%	40%	40%	20%	20%	10%	9%
2.3.1	Testes	Candidatas se apresentarem no dia do teste sem alimentação adequada	40%	40%	40%	5%	40%	10%	40%	20%	40%	40%	40%	20%	40%	20%	9%
3.1	Macrociclo	Avaria de barcos e remos	20%	80%	20%	10%	40%	40%	5%	40%	5%	80%	40%	40%	20%	20%	9%
2.3.4	Admissão	Palestra endereçada às jovens admitidas e pais e/ou responsáveis ser chata	80%	20%	40%	5%	40%	5%	20%	20%	5%	20%	40%	40%	40%	5%	6%
2.1.3	Mapa periodização	Não aceitação do Mapa da periodização	20%	80%	10%	20%	5%	40%	20%	20%	10%	80%	10%	20%	10%	40%	5%
2.3.2	Estágio	Candidatas se afogarem	5%	80%	5%	80%	5%	80%	5%	80%	20%	80%	5%	40%	5%	40%	5%
2.3.1	Testes	Morte súbita de candidatas	5%	80%	5%	80%	5%	80%	5%	80%	5%	80%	5%	40%	5%	40%	3%
3.1	Macrociclo	Afogamento de atletas	5%	20%	5%	80%	5%	80%	5%	80%	5%	20%	5%	80%	5%	80%	3%

Nota: *quaisquer alterações neste documento deverão ser submetidas ao processo de controle integrado de mudanças antes de serem incorporadas.*

APROVADO POR
Vicente Gomes de Oliveira Moreira – Diretor de esportes olímpicos no CRUT

DATA
19/12/2013

PROJETO DE DESENVOLVIMENTO DE REMADORAS

Plano de Respostas aos Riscos

PREPARADO POR
Davi Tannure – Gerente do projeto

VERSÃO
01

Código EAP	Pacote de trabalho	Risco	Classificação (PxI)	Resposta	Responsável
1.4	Recrutamento	Receber menos do que 500 inscrições de candidatas	50%	Mitigar	Norberto Moreno
3.2	Evento encerramento	Evento de encerramento não dar retorno de mídia para empresa patrocinadora	48%	Mitigar	Davi Tannure
2.4	Evento abertura	Evento de abertura não dar retorno de mídia para empresa patrocinadora	43%	Mitigar	Davi Tannure
3.1	Macrociclo	Membros da equipe não cumprirem os processos definidos no plano do projeto	43%	Mitigar	Norberto Moreno
3.1	Macrociclo	Atletas não descansarem adequadamente	41%	Mitigar	Mauro Tompim
1.3	Capacitação RH	Membros da equipe do projeto não finalizarem as entregas no prazo	33%	Mitigar	Norberto Moreno
3.1	Macrociclo	Atletas não se alimentarem adequadamente	30%	Mitigar	Renata Damaceno
1.4	Recrutamento	Atraso na elaboração dos cartazes	29%	Mitigar	Cristina Forte da Costa
3.1	Macrociclo	Atraso na elaboração dos relatórios	27%	Mitigar	Norberto Moreno
2.1.1.7	Padrão organização treinamento	Atraso na elaboração do padrão para organização do treinamento	25%	Mitigar	Norberto Moreno
2.2.6	Plano medicina	Atraso na elaboração do plano de ação da área de medicina	25%	Mitigar	Norberto Moreno
1.4	Recrutamento	Atraso na elaboração de conteúdo para a página do Facebook	24%	Eliminar	Carolina Bernardes
2.1.1.3	Padrão antropométrico	Atraso na elaboração do padrão antropométrico	23%	Mitigar	Norberto Moreno
2.1.1.4	Padrão comportamental e valores	Atraso na elaboração do padrão comportamental e valores	23%	Mitigar	Norberto Moreno

Nota: *quaisquer alterações neste documento deverão ser submetidas ao processo de controle integrado de mudanças antes de serem incorporadas.*

APROVADO POR
Vicente Gomes de Oliveira Moreira –
Diretor de esportes olímpicos no CRUT

DATA
19/12/2013

GERENCIAMENTO DAS AQUISIÇÕES

PROJETO DE DESENVOLVIMENTO DE REMADORAS

Plano de Gerenciamento das Aquisições

PREPARADO POR	VERSÃO
Davi Tannure – Gerente do projeto	01

I. Papéis e responsabilidades relacionadas às aquisições

- Davi Tannure, gerente do projeto, é o responsável por aprovar cada um dos processos de aquisição do projeto.
- Cristina Forte da Costa, secretária, é a responsável pelo preparo e condução de cada um dos processos de aquisição do projeto.
- Membros do *Comitê de Controle de Mudanças (CCM)* são os responsáveis por auditar cada um dos processos de aquisição do projeto.

II. Descrição dos procedimentos para realização das aquisições

- Para cada aquisição a ser realizada no projeto deve-se preencher o modelo de documento denominado **Edital de aquisição**, disponível na área restrita do site do projeto na pasta "Modelos de documentos".
- O edital, depois de preenchido, deverá ser encaminhado para o gerente do projeto, que deverá aprová-lo ou solicitar que sejam feitas correções.
- Depois de aprovado, o edital deverá ser publicado no site do *CRUT*.
- Respeitados os prazos e condições divulgados em cada um dos editais de aquisição, o resultado indicando o fornecedor selecionado deverá ser publicado no site do *CRUT*.
- A aquisição de produtos ou serviços só poderá ser realizada depois que, no mínimo, três fornecedores tiverem respondido adequadamente a um determinado edital de aquisição.
- Quando não houver pluralidade de fornecedores não será preciso elaborar o edital de aquisição. No entanto, dois documentos deverão ser preenchidos, a saber:
    - Modelo de documento denominado **Justificativa de dispensa de cotação prévia de preços**, disponível na área restrita do site do projeto na pasta "Modelos de documentos".
    - Modelo de documento denominado **Carta convite a fornecedor**, disponível na área restrita do site do projeto na pasta "Modelos de documentos".
- Um contrato deve ser firmado com o fornecedor quando forem adquiridos serviços de qualquer natureza e, nos casos de aquisição de produtos, no caso da entrega ser realizada em data diversa à do pagamento. Deverá ser parte integrante do **Edital de aquisição** ou da **Carta convite a fornecedor**, na forma de anexo, o modelo de contrato a ser celebrado com o fornecedor. O modelo de documento denominado **Contrato padrão para fornecedores** encontra-se disponível na área restrita do site do projeto na pasta "Modelos de documentos".
- O pagamento de fornecedores será feito mediante emissão de nota fiscal, cupom fiscal, fatura ou Recibo de Pagamento de Autônomo (RPA). Os referidos documentos, quando couber, deverão ser emitidos em nome do *CRUT*, devendo estar completa e corretamente preenchidos, não podendo haver rasuras ou emendas.

- Cópias de cheques ou comprovantes de operação bancária, relativos ao pagamento de fornecedores, devem ser arquivadas:
  - o Na pasta eletrônica denominada "prestação de contas do projeto", localizada na área restrita do site do projeto.
  - o Na pasta denominada "prestação de contas do projeto", localizada no arquivo físico do projeto que fica na secretaria da organização esportiva.

III. Produtos e/ou serviços que serão adquiridos

Código do orçamento	Item	Detalhamento	Quantidade	Unidade
3	**Equipamentos esportivos**			
3.1	Barco motor 25 HP	Barco com casco de alumínio com motor de popa de 25 HP acompanhado de tanque de combustível (24 litros) com mangueira e bulbo	3	Unidade
3.2	Kettlebell 8kg	Kettlebell feito de ferro fundido	2	Unidade
3.3	Remoergômetro	Remoergômetro Concept 2, modelo D, com monitor de performance PM4	20	Unidade
3.4	Monitor de frequência cardíaca com GPS	Monitor de frequência cardíaca com GPS. Equipamento utilizado pelas atletas em dias de treinamento e competições	33	Unidade
4	**Material de Consumo/Esportivo**			
4.1	Gasolina	Gasolina comum	2.700	Litro
4.2	Óleo 2 T	Óleo para motor de popa 2 T	135	Litro
5	**Uniformes**			
5.1	Agasalho	Calça na cor preta e jaqueta de manga comprida na cor rosa, modelagem feminina, feita de tecido 100% poliéster	152	Unidade
5.2	Bermuda	Bermuda na cor preta, modelagem feminina, feita de tecido composto de poliéster e elastano	304	Unidade
5.3	Boné	Boné na cor rosa, modelagem feminina, feito de tecido 100% poliéster	46	Unidade
5.4	Camiseta	Camiseta regata na cor rosa, modelagem feminina, feita de tecido composto de poliéster e elastano	368	Unidade
5.5	Camisa polo	Camisa polo na cor branca, feita de tecido composto de poliéster e elastano	184	Unidade
5.6	Capa de chuva	Capa de chuva em PVC laminado, soldada eletronicamente, com manga, capuz e botões de pressão no fechamento	46	Unidade
5.7	Chinelo	Chinelo na cor branca, com solado em borracha e tira em borracha flexível	30	Par
5.8	Macaquinho	Macaquinho curto, na cor preta e rosa, feito de tecido 100% poliéster	120	Unidade
5.9	Mochila	Mochila na cor rosa, feita de tecido poliéster, dimensões: 28 x 16 x 38 cm	46	Unidade
5.10	Short	Short na cor rosa, modelagem feminina, feito de tecido poliéster	368	Unidade
5.11	Tênis	Tênis de corrida, nas cores rosa e preto, entressola em EVA, com tecnologia de amortecimento	138	Par
5.12	Top	Top na cor preta, feito de tecido composto de poliéster e elastano	240	Unidade
5.13	Viseira	Viseira na cor preta, feita de tecido 100% poliéster	60	Unidade
6	**Divulgação/Promoção**			
6.1	Cartaz colorido tamanho A3	Impressão de cartazes com quatro cores tamanho A3 115g	1	Unidade

Código do orçamento	Item	Detalhamento	Quantidade	Unidade
7	**Material de Consumo/Expediente**			
7.1	Bloco flip chart com 50 fls.	Bloco flip chart 56g, dimensões: 64x88cm, com 50 folhas	10	Unidade
7.2	Bloco autoadesivo	Bloco autoadesivo, dimensões: 76x76mm. Pacote com 4 unidades de 100 folhas cada	20	Pacote
7.3	Borracha	Borracha macia e suave, aplicável sobre diversos tipos de superfície e para qualquer graduação de grafite. Caixa com 24 unidades	1	Caixa
7.4	Caneta esferográfica	Caneta esferográfica azul	50	Caixa
7.5	Cartucho tinta preta	Cartucho de tinta preta	10	Unidade
7.6	Cartucho tinta colorida	Cartucho de tinta colorida	10	Unidade
7.7	Fita crepe	Fita crepe, dimensões: 19mmx50m. Rolo com 6 unidades	10	Rolo
7.8	Lápis preto	Lápis preto. Caixa com 72 unidades	1	Caixa
7.9	Papel A4 com 500 fls.	Papel sulfite, 75g, alcalino, dimensões: 210x297mm (A4)	15	Pacote
7.10	Pasta suspensa	Pasta suspensa, feita em cartão, dimensões: 360 x 240 mm. Caixa com 50 unidades	3	Caixa
7.11	Pincel atômico	Pincel marcador atômico, escrita grossa. Caixa com 12 unidades	12	Caixa
8	**Material de Informática/Eletrônicos**			
8.1	HD externo portátil	HD com conexão USB, com capacidade de 1TB. Utilizado para armazenamento de arquivos eletrônicos do projeto	1	Unidade
8.2	Notebook	Notebook com tela de LED de 14" com memória RAM de 4 GB ou superior e HD de 500 GB	3	Unidade
8.3	Filmadora	Filmadora Full HD	1	Unidade
9	**Serviços**			
9.1	Correios	Envio de documentação via SEDEX	1	Serviço
9.2	Designer	Contratação de designer para criar: 1. Marca e identidade visual para a campanha de recrutamento. 2. Layout de uma página no Facebook. 3. Banners de divulgação para a página do Facebook. 4. Cartaz que será distribuído nas escolas. 5. Ilustrações que farão parte do conteúdo da página do Facebook.	1	Serviço
10	**Cursos de Capacitação**			
10.1	Curso de aperfeiçoamento profissional	Curso de aperfeiçoamento com 30 horas de duração, oferecido 100% *on-line*, intitulado: "Gerenciamento de Projetos de Preparação Esportiva". Farão o curso 14 integrantes da equipe do projeto	14	Unidade
11	**Alimentação**			
11.1	Kit lanche	Kit composto de: um suco, um sanduíche, uma fruta e uma barra de cereal. Será servido para as atletas e profissionais que compõem a equipe do projeto durante os dias de treinamento e competições	45	Unidade
12	**Seguro Saúde**			
12.1	Plano de saúde para seis colaboradores	Plano de saúde básico sem direito a quarto exclusivo para um gerente do projeto, uma secretária e um supervisor de preparação esportiva	4	Unidade

Código do orçamento	Item	Detalhamento	Quantidade	Unidade
12.2	Plano de saúde para trinta atletas	Plano de saúde básico sem direito a quarto exclusivo para trinta atletas	30	Unidade
13	**Mobiliário**			
13.1	Arquivo quatro gavetas	Arquivo de aço com 4 gavetas para pastas suspensas	1	Unidade

IV. Auditoria interna dos processos de aquisições do projeto

- Cada processo de aquisição será auditado internamente pelos membros do *CCM*. Para isso, deverão utilizar o modelo de documento **Lista de verificação de aquisição**, disponível na área restrita do site do projeto na pasta "Modelos de documentos".

V. Sistema de controle de mudanças relacionadas às aquisições

- Caso seja necessário fazer alguma mudança relacionada às aquisições do projeto, uma solicitação de mudança deverá ser encaminhada, em formulário apropriado, ao endereço de correio eletrônico do gerente do projeto conforme descrito no **Plano de gerenciamento das comunicações**.

- Após receber a solicitação de mudança, o gerente do projeto deverá classificar o nível de prioridade da mudança. Depois disso, a solicitação de mudança deverá ser encaminhada ao *CCM* ou ao patrocinador executivo do projeto, conforme fluxo descrito a seguir.

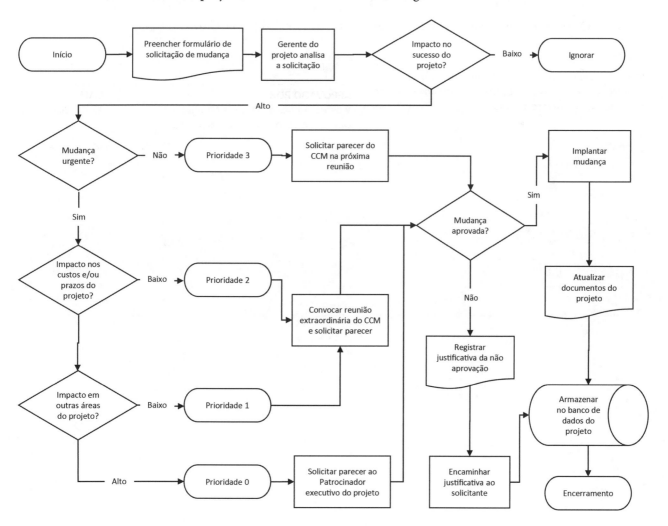

VI. **Alocação financeira das mudanças relacionadas às aquisições**

- As mudanças relacionadas às aquisições aprovadas que tenham impacto nos custos deverão utilizar as reservas gerenciais do projeto de acordo com critério definido no **Plano de gerenciamento dos custos**.
- Caso essas reservas tenham se esgotado, ou caso sejam insuficientes, o patrocinador executivo deverá especificar no documento de aprovação de onde sairá o recurso para o custeio da mudança.

VII. **Administração do Plano de gerenciamento das aquisições**

- **Responsável pelo plano**
  - Cristina Forte da Costa, secretária, será a responsável pelo **Plano de gerenciamento das aquisições**.
  - Davi Tannure, gerente do projeto, será suplente do responsável pelo **Plano de gerenciamento das aquisições**.
- **Frequência de atualização do Plano de gerenciamento das aquisições**
  - O **Plano de gerenciamento das aquisições** será avaliado e atualizado, quando necessário, após as reuniões do *CCM*.

VIII. **Outros assuntos relacionados ao gerenciamento das aquisições do projeto não previstos neste plano**

- Os casos não previstos neste documento serão resolvidos pelo *CCM*.

Nota: *quaisquer alterações neste documento deverão ser submetidas ao processo de controle integrado de mudanças antes de serem incorporadas.*

APROVADO POR	DATA
Vicente Gomes de Oliveira Moreira – Diretor de esportes olímpicos no CRUT	17/12/2013

GERENCIAMENTO DAS PARTES INTERESSADAS

PROJETO DE DESENVOLVIMENTO DE REMADORAS

Plano de Gerenciamento das Partes Interessadas

PREPARADO POR
Davi Tannure – Gerente do projeto

VERSÃO
01

I. **Papéis e responsabilidades relacionadas ao gerenciamento das partes interessadas**

- Davi Tannure, gerente do projeto, é o responsável por aprovar cada uma das estratégias relacionadas ao gerenciamento das partes interessadas do projeto.

- Membros do *Comitê de Controle de Mudanças (CCM)*, quando consultados, deverão emitir parecer sobre as estratégias relacionadas ao gerenciamento das partes interessadas do projeto.

II. **Descrição dos procedimentos para planejar as estratégias que serão adotadas para gerenciar as partes interessadas**

- O gerente do projeto e a equipe de planejamento reúnem-se para planejar as estratégias que serão adotadas para gerenciar as partes interessadas do projeto de preparação esportiva. Para isso, devem levar em consideração as informações registradas no documento **Registro das partes interessadas** que integra o plano do projeto.

- Com base no documento citado anteriormente, a equipe de planejamento aprofunda o levantamento e a coleta de dados das principais partes interessadas a fim de levantar suas necessidades, interesses e impactos que podem causar no projeto. Isso pode ser feito a partir de conversas diretas com as principais partes interessadas, ou, ainda, a partir de conversas feitas com pessoas que possam fornecer informações a respeito de determinadas partes interessadas.

- Depois disso, a equipe de planejamento idealiza estratégias para atingir os seguintes objetivos:
    o Manter ou potencializar a influência das partes interessadas positivas.
    o Conquistar apoio das partes interessadas neutras ou negativas.
    o Neutralizar ou minimizar a influência das partes interessadas negativas.

- De posse das informações coletadas sobre as partes interessadas, a equipe de planejamento passa então a definir a medida, ou conjunto de medidas, que deverá ser tomada para atingir os objetivos descritos. A técnica utilizada para esse fim deverá ser o *brainstorming*.

- O gerente do projeto deve procurar estabelecer um consenso do grupo em relação às medidas que deverão ser tomadas para influenciar as partes interessadas. Porém, quando isso não for possível, uma votação deve ser conduzida verbalmente. Nesse caso, o gerente do projeto mostra uma determinada medida e pergunta aos participantes: "você concorda que essa medida é adequada e deve ser implementada?". Cada participante pode votar de acordo com o seguinte critério:
    o 5 = Concordo plenamente.
    o 3 = Não concordo nem discordo.
    o 1 = Discordo plenamente.

- O gerente do projeto anota o valor atribuído por cada um e ao final da votação soma os valores.

- As medidas aprovadas por consenso e ainda as medidas que, submetidas à votação, obtiveram a maior pontuação deverão ser endereçadas às pessoas da equipe do projeto de modo que todas tenham seu respectivo responsável. Essa pessoa fará, posteriormente, o detalhamento da medida, ou conjunto de medidas, que será implementada para gerenciar determinada parte interessada.
- As informações relacionadas ao gerenciamento das partes interessadas deverão ser registradas no modelo de documento denominado **Estratégias de gerenciamento das partes interessadas**.

III. Sistema de controle de mudanças relacionadas ao gerenciamento das partes interessadas

- Caso seja necessário fazer alguma mudança relacionada ao gerenciamento das partes interessadas do projeto, uma solicitação de mudança deverá ser encaminhada em formulário apropriado ao endereço de correio eletrônico do gerente do projeto conforme descrito no **Plano de gerenciamento das comunicações**.
- Após receber a solicitação de mudança, o gerente do projeto deverá classificar o nível de prioridade da mudança. Depois disso, a solicitação de mudança deverá ser encaminhada ao *CCM* ou ao patrocinador executivo do projeto, conforme fluxo descrito a seguir.

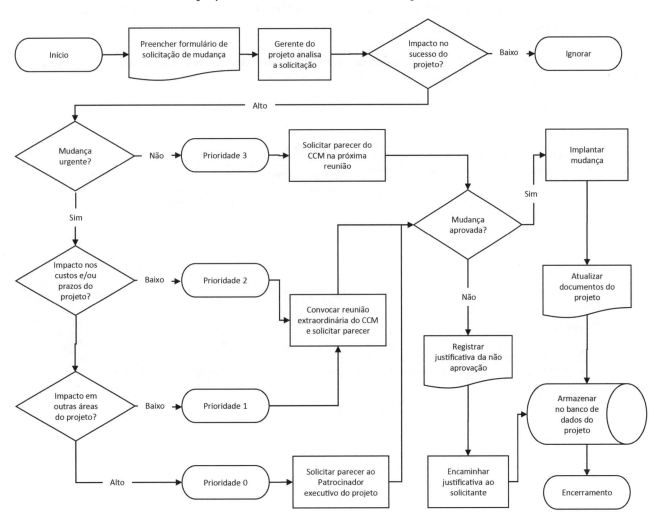

IV. **Alocação financeira das mudanças relacionadas ao gerenciamento das partes interessadas**

- As mudanças relacionadas ao gerenciamento das partes interessadas aprovadas, que tenham impacto nos custos, deverão utilizar as reservas gerenciais do projeto, de acordo com critério definido no **Plano de gerenciamento dos custos**.

- Caso essas reservas tenham se esgotado, ou caso sejam insuficientes, o patrocinador executivo deverá especificar no documento de aprovação de onde sairá o recurso para o custeio da mudança.

V. **Administração do Plano de gerenciamento das partes interessadas**

- **Responsável pelo plano**
    - Davi Tannure, gerente do projeto, será o responsável pelo **Plano de gerenciamento das partes interessadas**.
    - Norberto Moreno, supervisor de preparação esportiva, será o suplente do responsável pelo **Plano de gerenciamento das partes interessadas**.
- Frequência de atualização do plano de gerenciamento das partes interessadas
    - O **Plano de gerenciamento das partes interessadas** será avaliado e atualizado, quando necessário, após as reuniões do *CCM*.

VI. **Outros assuntos relacionados ao gerenciamento das partes interessadas do projeto não previstos neste plano**

- Os casos não previstos neste documento serão resolvidos pelo *CCM*.

Nota: *quaisquer alterações neste documento deverão ser submetidas ao processo de controle integrado de mudanças antes de serem incorporadas.*

APROVADO POR
Vicente Gomes de Oliveira Moreira –
Diretor de esportes olímpicos no CRUT

DATA
17/12/2013

PROJETO DE DESENVOLVIMENTO DE REMADORAS

Registro das Partes Interessadas

PREPARADO POR	VERSÃO
Davi Tannure – Gerente do projeto	02

Nome da parte interessada	Cargo ou função / organização	Telefone celular	Telefone fixo	E-mail	Principais expectativas em relação ao projeto	Apoiador / Neutro / Opositor	Poder de influenciar o projeto (Alto / Médio / Baixo)	Comentários
Alexandre Neves Ibeas	Técnico de remo da equipe masculina do CRUT	21-99121-141X	21-2159-010X Ramal: 16	alexandre.ibeas@crut.com.br	Sente-se ameaçado, pois acredita que o projeto interferirá negativamente no seu trabalho / Deseja atrapalhar o trabalho do técnico da equipe feminina	Opositor	Médio	Não tem poder de interferir diretamente no projeto, porém pode tentar tumultuar o ambiente do projeto fazendo comentários negativos e tentando angariar opositores para o projeto / Nas reuniões da área técnica fica clara a sua intenção de se posicionar contra o trabalho do técnico da equipe feminina
Aline Alvarez	Psicóloga do CRUT	21-99076-935X	21-2159-010X Ramal: 1	aline.alvarez@crut.com.br	Ter a oportunidade de aplicar conhecimentos da área de psicologia / Ganhar experiência na área de gerenciamento de projetos	Apoiador	Alto	Ajudou o técnico de remo a conseguir apoio da diretoria do CRUT para viabilizar a parceria com o Inbrade
Carlos Vasconcellos de Pádua	Auxiliar técnico de remo do CRUT	21-99729-623X	21-2159-010X Ramal: 16	carlos.depadua@crut.com.br	Ser reconhecido por atender às solicitações do técnico de remo / Ser promovido para o cargo de técnico da equipe Júnior Feminina	Apoiador	Médio	
Cristina Forte da Costa	Secretária do projeto	19-99573-034X	19-3242-852X	cristina.costa@crut.com.br	Ser reconhecida por atender às solicitações do gerente do projeto / Obter apoio para ingressar em curso de graduação na área de administração	Apoiador	Baixo	

Nome da parte interessada	Cargo ou função / organização	Telefone celular	Telefone fixo	E-mail	Principais expectativas em relação ao projeto	Apoiador / Neutro / Opositor	Poder de influenciar o projeto (Alto / Médio / Baixo)	Comentários
Davi Tannure	Gerente do projeto	21-98174-0579X	19-3242-852X	davi.tannure@crut.com.br	Satisfação das principais partes interessadas	Apoiador	Alto	Responsável por atingir as metas do projeto. Possui autoridade para chefiar a equipe do projeto podendo convocar reuniões, distribuir o trabalho entre os membros da equipe do projeto e exigir o cumprimento das entregas aprovadas no plano de gerenciamento do projeto
Eduardo Campos	Auxiliar técnico de remo do CRUT	21-98411-895X	21-2159-010X Ramal: 16	eduardo.campos@crut.com.br	Ser reconhecido por atender às solicitações do técnico de remo / Ser promovido para o cargo de técnico da equipe Infantil Feminina / Obter apoio para ingressar em curso de pós-graduação na área de treinamento esportivo	Apoiador	Médio	
Fernanda Kotler	Diretora do departamento de RH do CRUT	21-96787-090X	21-2159-010X Ramal: 22	fernanda.kotler@crut.com.br	Vê no projeto uma oportunidade de utilizar as lições aprendidas para desenvolver os colaboradores do clube	Apoiador	Médio	Pode ajudar a elaborar o Plano de gerenciamento de recursos humanos
José Maria Primo	Presidente do CRUT	21-99432-012X	21-2159-010X Ramal: 1	jose.primo@crut.com.br	Ser reconhecido pela diretoria do clube por aumentar o nível da maturidade gerencial dos projetos de preparação esportiva	Apoiador	Alto	

Nome da parte interessada	Cargo ou função / organização	Telefone celular	Telefone fixo	E-mail	Principais expectativas em relação ao projeto	Apoiador / Neutro / Opositor	Poder de influenciar o projeto (Alto / Médio / Baixo)	Comentários
Luiz Fernando Borboleta	Gerente de patrocínos esportivos do Banco Atena	11-98128-678X	11-3223-096X Ramal: 8	luiz.borboleta@atena.com.br	Exposição da marca na mídia / Realização de ações promocionais que proporcionem experiências positivas e exclusivas para clientes, parceiros e funcionários do banco	Apoiador	Alto	
Mauro Tompim de Oliveira	Técnico de remo da equipe feminina do CRUT	21-98931-254X	21-2159-010X Ramal: 16	mauro.oliveira@crut.com.br	Mostrar que é capaz de atingir resultados de nível internacional / Obter reconhecimento da comunidade do remo / Melhorar remuneração	Apoiador	Alto	Foi um dos grandes responsáveis por viabilizar a parceria entre o Inbrade e o CRUT, o que possibilitou a captação de patrocínio para o projeto
Miguel Rey	Preparador físico do CRUT	21-98629-608X	21-2159-010X Ramal: 16	miguel.rey@crut.com.br	Ser reconhecido por atender às solicitações do técnico de remo / Obter apoio para ingressar em curso de pós-graduação na área de treinamento esportivo / Melhorar remuneração	Apoiador	Médio	
Nathália de Jesus	Fisiologista do CRUT	21-98867-090X	21-2159-010X Ramal: 1	nathalia.dejesus@crut.com.br	Ter a oportunidade de aplicar conhecimentos da área de fisiologia / Aprender sobre periodização do treinamento / Obter apoio para ingressar no curso de mestrado com projeto relacionado à preparação de remadoras	Apoiador	Alto	Ajudou o técnico de remo a conseguir apoio da diretoria do CRUT para viabilizar a parceria entre o clube e o Inbrade
Pedro Paulo Schwache Wissenschaft	Gerente de ciência do esporte do CRUT	21-98743-123X	21-2159-010X Ramal: 15	pedro.wissenschaft@crut.com.br	Deseja poder coletar dados gerados no projeto para utilizá-los em publicações acadêmicas	Opositor	Médio	Assumiu recentemente a área de ciências de esporte do clube, porém não possui experiência prévia no esporte de alto rendimento. Seus estudos foram desenvolvidos na área de saúde e atividade física

Nome da parte interessada	Cargo ou função / organização	Telefone celular	Telefone fixo	E-mail	Principais expectativas em relação ao projeto	Apoiador / Neutro / Opositor	Poder de influenciar o projeto (Alto / Médio / Baixo)	Comentários
Renata Damaceno	Nutricionista do CRUT	21-99825-722X	21-2159-010X Ramal: 15	renata.damaceno@crut.com.br	Ter a oportunidade de aplicar conhecimentos da área da nutrição / Aprender sobre periodização / Obter apoio para ingressar em curso de pós-graduação na área de treinamento esportivo	Apoiador	Médio	
Roberto Shalom	Médico do CRUT	21-99339-409X	21-2159-010X Ramal: 15	roberto.shalom@crut.com.br	Ter a oportunidade de aplicar conhecimentos da área médica / Apresentar trabalho relacionado ao projeto em congresso de medicina	Apoiador	Médio	Possui muitos contatos na Federação Internacional de Remo e no Comitê Olímpico dos EUA; isso pode beneficiar o projeto
Roberto Silva	Fisioterapeuta do CRUT	21-99369-413X	21-2159-010X Ramal: 15	roberto.silva@crut.com.br	Ter a oportunidade de aplicar conhecimentos da área da fisioterapia / Apresentar trabalho relacionado ao projeto em congresso de fisioterapia / Aprender sobre periodização	Apoiador	Médio	
Norberto Moreno	Supervisor de preparação esportiva do projeto	21-99883-091X	21-2159-010X Ramal: 35	norberto.moreno@crut.com.br	Execução do projeto de acordo com o Plano de gerenciamento do projeto	Apoiador	Alto	Responsável por chefiar os profissionais da área técnica e os profissionais da área de apoio ao treinamento alocados para o projeto
Vicente Gomes de Oliveira Moreira	Diretor de Esportes Olímpicos do CRUT	19-91929-091X	19-3242-852X	vicente.moreira@inbrade.com.br	Deseja melhorar a qualidade do treinamento para que as atletas formadas no clube integrem a seleção brasileira de remo a partir de 2015 / Conquista de medalhas no campeonato brasileiro a partir de 2015 / Conquista de medalhas no campeonato estadual de remo a partir de 2015	Apoiador	Alto	É o patrocinador executivo do projeto / Responsável pela aprovação do Plano de gerenciamento do projeto

Nome da parte interessada	Cargo ou função / organização	Telefone celular	Telefone fixo	E-mail	Principais expectativas em relação ao projeto	Apoiador / Neutro / Opositor	Poder de influenciar o projeto (Alto / Médio / Baixo)	Comentários
Wilson Coward Frivol	Vice-presidente do CRUT	21-99557-332X	21-2159-010X Ramal: 22	wilson.frivol@crut.com.br	Não acredita que o projeto trará benefício algum para o clube / Posicionou-se contra a realização do projeto em reunião da diretoria do CRUT	Opositor	Alto	

Nota: *quaisquer alterações neste documento deverão ser submetidas ao processo de controle integrado de mudanças antes de serem incorporadas.*

APROVADO POR
Vicente Gomes de Oliveira Moreira –
Diretor de esportes olímpicos no CRUT

DATA
10/11/2013

PROJETO DE DESENVOLVIMENTO DE REMADORAS

Estratégia de Gerenciamento das Partes Interessadas

PREPARADO POR
Davi Tannure – Gerente do projeto

VERSÃO
02

Nome da parte interessada	Cargo ou função / organização	Principais expectativas em relação ao projeto	Apoiador / Neutro / Opositor	Poder de influenciar o projeto (Alto / Médio / Baixo)	Comentários	Medida
Alexandre Neves Ibeas	Técnico de remo da equipe masculina do CRUT	Sente-se ameaçado, pois acredita que o projeto interferirá negativamente no seu trabalho / Deseja atrapalhar o trabalho do técnico da equipe feminina	Opositor	Médio	Não tem poder de interferir diretamente no projeto, porém, pode tentar tumultuar o ambiente do projeto fazendo comentários negativos e tentando angariar opositores para o projeto / Nas reuniões da área técnica fica clara a sua intenção de se posicionar contra o trabalho do técnico da equipe feminina	1. Influenciar diretor técnico a utilizar indicador para avaliar desempenho individual de cada um dos técnicos do clube. 2. Oferecer apoio para o técnico mostrando, na prática, a aplicação de ferramentas e técnicas que podem ajudá-lo a aumentar o desempenho da equipe dirigida por ele. 3. Influenciar técnico da equipe feminina para que ele não responda aos ataques de forma a retaliar o técnico da equipe masculina, mas, sim, criar estratégias para gerar empatia no seu opositor
Aline Alvarez	Psicóloga do CRUT	Ter a oportunidade de aplicar conhecimentos da área de psicologia / Ganhar experiência na área de gerenciamento de projetos	Apoiador	Alto	Ajudou o técnico de remo a conseguir apoio da diretoria do CRUT para viabilizar a parceria com o Inbrade	Acompanhar desempenho
Carlos Vasconcellos de Pádua	Auxiliar técnico de remo do CRUT	Ser reconhecido por atender às solicitações do técnico de remo / Ser promovido para o cargo de técnico da equipe Júnior Feminina	Apoiador	Médio		Acompanhar desempenho

Exemplo de plano do projeto 281

Nome da parte interessada	Cargo ou função / organização	Principais expectativas em relação ao projeto	Apoiador / Neutro / Opositor	Poder de influenciar o projeto (Alto / Médio / Baixo)	Comentários	Medida
Cristina Forte da Costa	Secretária do projeto	Ser reconhecida por atender às solicitações do gerente do projeto / Obter apoio para ingressar em curso de graduação na área de administração	Apoiador	Baixo		Acompanhar desempenho
Davi Tannure	Gerente do projeto	Satisfação das principais partes interessadas	Apoiador	Alto	Responsável por atingir as metas do projeto. Possui autoridade para chefiar a equipe do projeto podendo convocar reuniões, distribuir o trabalho entre os membros da equipe do projeto e exigir o cumprimento das entregas aprovadas no plano de gerenciamento do projeto	Acompanhar desempenho
Eduardo Campos	Auxiliar técnico de remo do CRUT	Ser reconhecido por atender às solicitações do técnico de remo / Ser promovido para o cargo de técnico da equipe Infantil Feminina / Obter apoio para ingressar em curso de pós-graduação na área de treinamento esportivo	Apoiador	Médio		Acompanhar desempenho
Fernanda Kotler	Diretora do departamento de RH do CRUT	Vê no projeto uma oportunidade de utilizar as lições aprendidas para desenvolver os colaboradores do clube	Apoiador	Médio	Pode ajudar a elaborar o Plano de gerenciamento de recursos humanos	Acompanhar desempenho

Nome da parte interessada	Cargo ou função / organização	Principais expectativas em relação ao projeto	Apoiador / Neutro / Opositor	Poder de influenciar o projeto (Alto / Médio / Baixo)	Comentários	Medida
José Maria Primo	Presidente do CRUT	Ser reconhecido pela diretoria do clube por aumentar o nível da maturidade gerencial dos projetos de preparação esportiva	Apoiador	Alto		Acompanhar desempenho
Luiz Fernando Borboleta	Gerente de patrocínos esportivos do Banco Atena	Exposição da marca na mídia / Realização de ações promocionais que proporcionem experiências positivas e exclusivas para clientes, parceiros e funcionários do banco	Apoiador	Alto		Acompanhar desempenho
Mauro Tompim de Oliveira	Técnico de remo da equipe feminina do CRUT	Mostrar que é capaz de atingir resultados de nível internacional / Obter reconhecimento da comunidade do remo / Melhorar remuneração	Apoiador	Alto	Foi um dos grandes responsáveis por viabilizar a parceria entre o Inbrade e o CRUT, o que possibilitou a captação de patrocínio para o projeto	Acompanhar desempenho
Miguel Rey	Preparador físico do CRUT	Ser reconhecido por atender às solicitações do técnico de remo / Obter apoio para ingressar em curso de pós-graduação na área de treinamento esportivo / Melhorar remuneração	Apoiador	Médio		Acompanhar desempenho
Nathália de Jesus	Fisiologista do CRUT	Ter a oportunidade de aplicar conhecimentos da área de fisiologia / Aprender sobre periodização do treinamento / Obter apoio para ingressar no curso de mestrado com projeto relacionado à preparação de remadoras	Apoiador	Alto	Ajudou o técnico de remo a conseguir apoio da diretoria do CRUT para viabilizar a parceria entre o clube e o Inbrade	Acompanhar desempenho

Nome da parte interessada	Cargo ou função / organização	Principais expectativas em relação ao projeto	Apoiador / Neutro / Opositor	Poder de influenciar o projeto (Alto / Médio / Baixo)	Comentários	Medida
Pedro Paulo Schwache Wissenschaft	Gerente de ciência do esporte do CRUT	Deseja poder coletar dados gerados no projeto para utilizá-los em publicações acadêmicas	Opositor	Médio	Assumiu recentemente a área de ciências de esporte do clube, porém não possui experiência prévia no esporte de alto rendimento. Seus estudos foram desenvolvidos na área de saúde e atividade física	Firmar acordo de cooperação para que ele possa utilizar os dados coletados pelo pessoal da área técnica e da área de apoio ao treinamento em publicações em troca da busca, disponibilização e tradução de resumo de artigos de interesse da área técnica e da área de apoio ao treinamento e, ainda, em troca de prestação de serviços para realização de análise estatística para o projeto
Renata Damaceno	Nutricionista do CRUT	Ter a oportunidade de aplicar conhecimentos da área da nutrição / Aprender sobre periodização / Obter apoio para ingressar em curso de pós-graduação na área de treinamento esportivo	Apoiador	Médio		Acompanhar desempenho
Roberto Shalom	Médico do CRUT	Ter a oportunidade de aplicar conhecimentos da área médica / Apresentar trabalho relacionado ao projeto em congresso de medicina	Apoiador	Médio	Possui muitos contatos na Federação Internacional de Remo e no Comitê Olímpico dos EUA; isso pode beneficiar o projeto	Acompanhar desempenho
Roberto Silva	Fisioterapeuta do CRUT	Ter a oportunidade de aplicar conhecimentos da área da fisioterapia / Apresentar trabalho relacionado ao projeto em congresso de fisioterapia / Aprender sobre periodização	Apoiador	Médio		Acompanhar desempenho

Nome da parte interessada	Cargo ou função / organização	Principais expectativas em relação ao projeto	Apoiador / Neutro / Opositor	Poder de influenciar o projeto (Alto / Médio / Baixo)	Comentários	Medida
Norberto Moreno	Supervisor de preparação esportiva do projeto	Execução do projeto de acordo com o Plano de gerenciamento do projeto	Apoiador	Alto	Responsável por chefiar os profissionais da área técnica e os profissionais da área de apoio ao treinamento alocados para o projeto	Acompanhar desempenho
Vicente Gomes de Oliveira Moreira	Diretor de Esportes Olímpicos do CRUT	Deseja melhorar a qualidade do treinamento para que as atletas formadas no clube integrem a seleção brasileira de remo a partir de 2015 / Conquista de medalhas no campeonato brasileiro a partir de 2015 / Conquista de medalhas no campeonato estadual de remo a partir de 2015	Apoiador	Alto	É o patrocinador executivo do projeto / Responsável pela aprovação do Plano de gerenciamento do projeto	Acompanhar desempenho
Wilson Coward Frivol	Vice-presidente do CRUT	Não acredita que o projeto trará benefício algum para o clube / Posicionou-se contra a realização do projeto em reunião da diretoria do CRUT	Opositor	Alto		1. Neutralizar sua influência negativa mostrando evidências dos benefícios do projeto, baseadas em fatos e dados, para as principais partes interessadas 2. Avaliar a maturidade técnica e gerencial dos projetos de preparação esportiva conduzidos pelos técnicos de remo das demais categorias e compará-la, ao final do projeto, com os indicadores do projeto

Nota: *quaisquer alterações neste documento deverão ser submetidas ao processo de controle integrado de mudanças antes de serem incorporadas.*

Vicente Moreira

APROVADO POR
Vicente Gomes de Oliveira Moreira – Diretor de esportes olímpicos no CRUT

DATA
17/12/2013

Referências

BOMPA, T. **Periodização**: teoria e metodologia do treinamento. São Paulo: Phorte, 2002.

BOURGOIS et al. Anthropometric characteristics of elite female junior rowers. **Journal of Sports Sciences**, 2001.

CAMPOS, V. F. **Gerenciamento Pelas Diretrizes**. Nova Lima: INDG Tecnologia e Serviços LTDA, 2004.

COLINS, J.; HANSEN, M. T. **Vencedoras por opção**: incerteza, caos e acaso – por que algumas empresas prosperam apesar de tudo. São Paulo: HSM, 2012.

G1 EDUCAÇÃO. **Ranking de qualidade da educação coloca Brasil em penúltimo lugar**. Disponível em: <http://g1.globo.com/educacao/noticia/2012/11/ranking-de-qualidade-da-educacao-coloca-brasil-em-penultimo-lugar.html>. Acesso em: 30 jan. 2013.

GALVÃO, J.; ADAS, E. **Super apresentações**: como vender ideias e conquistar audiências. São Paulo: Panda Books, 2011.

MAIA, G. B. M. **Gerenciamento de Projetos de Preparação Esportiva**. Curso on-line. Disponível em: <http://inbrade.com.br/cursos/>. Acesso em: 13 jun. 2016.

MATVÉEV, L. **Fundamentos del entrenamiento deportivo**. Moscou: Editorial Raduga, 1983.

MULCAHY, R. **Preparatório para o exame PMP**. RMC PUBNS INC, 2009.

PLATONOV. V. N. **Teoria Geral do Treinamento Desportivo Olímpico**. Porto Alegre: Artmed, 2004.

PROJECT MANAGEMENT INSTITUTE. **Um Guia do Conhecimento em Gerenciamento de Projetos**: *PMBOK Guide*. 5. ed. Newtown Square: PMI, 2013.

SCHIAVON, L. M. **Ginástica artística e história oral**: a formação desportiva de ginastas brasileiras participantes de jogos olímpicos (1980-2004). 2009. 379 f. Tese (Doutorado em Educação Física), Universidade Estadual de Campinas, 2009.

WORLD BEST TIMES UNDER 23. Disponível em: <http://www.worldrowing.com/results>. Acesso em: 18 mar. 2013.

XAVIER, C. M.; XAVIER, L. F. S.; MAIA, G. B. M. **Gerenciamento de Projetos Esportivos**: uma adaptação da metodologia Basic Methodware®. Rio de Janeiro: Brasport, 2015.

ZAKHAROV, **A Ciência do Treinamento Desportivo**. Rio de Janeiro: Grupo Palestra Sport, 2003.

Acompanhe a BRASPORT nas redes sociais e receba regularmente informações sobre atualizações, promoções e lançamentos.

■ @BRASPORT

■ /brasporteditora

■ /editorabrasport

■ editorabrasport.blogspot.com

■ /editorabrasport

Sua sugestão será bem-vinda!

Envie mensagem para **marketing@brasport.com.br**
informando se deseja receber nossas newsletters através do seu email.

ROTAPLAN
GRÁFICA E EDITORA LTDA
Rua Álvaro Seixas, 165
Engenho Novo - Rio de Janeiro
Tels.: (21) 2201-2089 / 8898
E-mail: rotaplanrio@gmail.com